Gloy

—

Das Projekt interkultureller Philosophie aus interkultureller Sicht

Em. Prof. Dr. Dr. h.c. Karen Gloy promovierte und habilitierte sich in Heidelberg in Philosophie, lehrte dann als Ordinaria an der Universität Luzern (Schweiz), war jahrelang Gastdozentin in Wien und Ulm und lehrt jetzt noch an der Ludwig-Maximilians-Universität München.

Karen Gloy

Das Projekt interkultureller Philosophie aus interkultureller Sicht

Königshausen & Neumann

Bibliografische Information der Deutschen Nationalbibliothek

Die Deutsche Nationalbibliothek verzeichnet diese Publikation in der Deutschen Nationalbibliografie; detaillierte bibliografische Daten sind im Internet über http://dnb.d-nb.de abrufbar.

Gedruckt auf säurefreiem, alterungsbeständigem Papier
Umschlag: skh-softics / coverart
Bindung: docupoint GmbH, Magdeburg

Printed in Germany

ISBN 978-3-8260-7518-6

www.ebook.de
www.buchhandel.de
www.buchkatalog.de

Inhalt

1. Zugänge zu fremden Kulturen

Durch die Globalisierung, die nun schon seit Mitte des letzten Jahrhunderts andauert und immer weitere Teile der Erde erfasst, ist die Welt auf ein globales Dorf zusammengeschrumpft. Länder und Völker auf verschiedenen Kontinenten: in Nord und Süd, Ost und West, die in früheren Jahrhunderten nur in Wochen oder Monaten von Handelsreisenden, Seeleuten, Kaufleuten oder Forschern zu erreichen waren, sind durch die Einführung von Bahn, Auto, Flugzeug in wenigen Stunden erreichbar und seit Ende des letzten Jahrhunderts durch die Einführung des weltweiten Internet in Sekundenschnelle. So kann jede Person an jedem Ort der Erde zu jeder Zeit in Echtzeit mit jeder anderen kommunizieren, Sachverhalte erkunden und Daten und Informationen abrufen. Die Produktion von Waren ist auf diverse Erdteile und Länder distribuiert und muss zum Zwecke des Verkaufs wieder zusammengeführt werden. Mit den materiellen Gütern gehen ideelle von einem Land zum anderen über: Kenntnisse, Werte, Verhaltensweisen u.ä.

Sind durch diese vielfältigen Beziehungen die anderen, fremden Länder, Völker und Kulturen uns damit auch schon nähergerückt, so dass wir sie in ihrer Andersheit und Fremdheit zu verstehen vermögen? Wir stoßen bei der Begegnung auf fremde Sitten und Gebräuche, andersartige soziale, politische, religiöse Einstellungen und Weltanschauungen, die uns attrahieren oder repellieren oder auch beides; aber verstehen wir diese kulturellen Eigenarten damit auch schon; können wir uns in sie hineinversetzen, uns mit ihnen identifizieren, oder schauen wir sie immer nur durch die uniformierende Brille unserer westlichen Wissenschaft, Technik und Technologie an, die die unterschwelligen Eigentümlichkeiten anderer Kulturen verdeckt? Nivellieren und egalisieren sich die ursprünglichen Unterschiede der Völker und Kulturen durch unsere moderne weltumspannende Umgangsform des Internet und dessen Eliadetümlichkeit?

Denken lassen sich verschiedene Zugangs- und Umgangsweisen mit fremden Kulturen, die weitgehend auch schon diskutiert worden sind.[1]

1 Vgl. Franz Martin Wimmer: *Interkulturelle Philosophie.* Eine Einführung, Wien 2004; Hisaki Hashi: *Die Welt der vergleichenden Philosophie.* Begegnung der Kulturen von Ost und West, Wien 2005; Gregor Paul: *Einführung in die Interkulturelle Philosophie.* Darmstadt 2008; Hamid Reza Yousefi, Ina Braun: *Interkulturalität.* Eine interdisziplinäre Einführung, Darmstadt 2011; Wolfgang Müller-Funk unter Mitarbeit von Johanna Chovanec: *Theorie des Fremden.* Eine Einführung, Tübingen 2016; Niels Weidtmann: *Interkulturelle Philosophie.* Aufgaben – Dimensionen – Wege, Tübingen 2016.

(1.) Komparation

Der naheliegendste und übliche Zugang ist der externe Vergleich fremder Kulturen mit der eigenen, um Identität wie Differenz festzustellen. Dies hat sich die komparative bzw. komparatistische Philosophie zur Aufgabe gemacht, deren Programm sich schon im Namen spiegelt. Sie zielt auf Erkenntnisgewinn und Wissenserweiterung, indem sie die objektivierende wissenschaftliche Erkenntnis, die ursprünglich den Naturwissenschaften abgeschaut ist, auf die Kultur- und Gesellschaftswissenschaften überträgt. Bei ihr handelt es sich um ein methodengeleitetes, logisch-rationales Verfahren, das die Gegenstände und Sachverhalte im Blick auf ganz bestimmte objektivierbare Kriterien unter Ausblendung aller anderen erfasst.[2]

Diese Argumentation unterliegt jedoch einem Fehlschluss, da sie, ausgehend von einem gleichsam archimedischen Punkt, sowohl die fremde wie die eigene Kultur von außen objektiv und unter denselben Bedingungen des Denkens wie Sprechens, also neutral zu betrachten und zu beurteilen beansprucht, wobei sie vergisst, dass dies bereits unter den eigenen Ausgangsbedingungen geschieht. Verdeutlichen wir uns dies an einer der bekanntesten und bis heute einflussreichsten Erkenntnistheorien, der Kantischen. Nach ihr sind die Dinge an sich unerkennbar, erkennbar lediglich ihre Erscheinungsweise. Nur die Art und Weise, wie sie sich gemäß unseren Erkenntnisbedingungen, einerseits den Anschauungsformen Raum und Zeit, andererseits den Kategorien und deren System von Gesetzmäßigkeiten, zeigen, ist uns zugänglich. Das bedeutet, dass wir die fremde Kultur immer schon bezüglich unserer Vorstellungen von Raum und Zeit und unserer kategorialen Denk- und Sprachformen beurteilen, unangesehen dessen, mit welchen sie selbst operieren, d.h. im Klartext, wir selbst beurteilen sie nach den Bedingungen des euklidischen Raumes und der linearen Zeitvorstellung, die wir uns zukunftsgerichtet, aus der Vergangenheit kommend, über die Gegenwart gehend, vorstellen, unangesehen dessen, ob sie selbst sich möglicherweise den Raum nach Art der Riemannschen Kugelgeometrie, der Kleinschen hyperbolischen Geometrie oder den Minkowskischen Weltlinien vorstellen und die Zeit zyklisch oder labyrinthisch oder wie immer denken. Analoges gilt für die sprachlich-semiotischen Explikationsformen, die von ganz anderer Struktur sein könnten als Begriffe, nämlich Symbole, Schemata, Determinative, und ebenso einer ganz anderen Logik folgen könnten als unserer klassifikatorischen und spezifizierenden, Widersprüche ausschlie-

2 Zur komparativen Philosophie vgl. Rolf Elberfeld, Johann Kreuzer, John Minford und Günther Wohlfahrt (Hrsg.): *Komparative Philosophie* (Schriften der Académie du Midi, Bd. 6), München 1998; Hisaki Hashi: *Die Welt der vergleichenden Philosophie,* a.a.O.; zur Kritik: Niels Weidtmann: *Interkulturelle Philosophie,* a.a.O., S. 67-72.

ßenden. Ohne dass dieser Frage an dieser Stelle im Detail nachgegangen werden soll und kann, ist klar, dass ein solcher genereller methodengeleiteter Zugang zur Welt und insbesondere zu den verschiedenen Kulturen auf der Prämisse einer Universalität der Kulturen basiert, nach der alle in ihren Grundstrukturen gleichartig, uniform und damit auch allgemeinverbindlich sind, was auf eine genuine Generalität der Erkenntnis zurückzuführen wäre. Eine Andersartigkeit würde aufgrund dieser Vorstellungssituation überhaupt nicht in Betracht kommen.[3] Bei einer objektiven Vergleichsbetrachtung unter universellen Erkenntnisbedingungen entzöge sich die Fremdheit der Kultur im Letzten und bliebe verschlossen, was selbstverständlich auch umgekehrt im Ausgang von der andersartigen Kultur im Blick auf die unsrige gesagt werden müsste.

Berücksichtigt man zudem die fundamentalen Sprachdifferenzen, da es nicht nur eine indogermanische Sprachfamilie gibt, die ego- und ergozentrisch verfährt, d.h. ich-haft und aktiv, die von einem Ich-Subjekt ausgeht und von diesem aus die Welt projektiert, sondern auch pathozentrische, anonyme Sprachen, wie die Indiosprachen, die sich rezeptiv verhalten, die die changierenden Phänomene schlicht hinnehmen und angesichts der Pluralität und Variabilität der Phänomene ein Ich-Zentrum gar nicht aufkommen lassen, bei denen es also nicht wie bei uns heißt „ich rufe", sondern „da ist ein Rufen" bzw. „ein Rufen ergeht an mich", so leuchtet ein, dass aufgrund der Unüberschaubarkeit heterogener Sprachen ein Eindringen und Verstehen in fremde Kulturen schwierig, wenn nicht gar epistemologisch und linguistisch unmöglich ist. Es bleibt stets ein mehr oder minder großer Rest an Unverständnis, ein weißer Fleck, auch wenn man meint, noch so sehr in eine fremde Kultur eingedrungen zu sein.

(2.) Polylog

Eine andere Begegnungsart mit fremden Kulturen ist der Polylog,[4] das Gespräch, das einen verbalen Austausch zwischen diversen Kulturen ermög-

3 Obzwar auch Kant unterschiedliche Kulturen konstatiert und die europäische gegenüber anderen wie den asiatischen für die fortgeschrittenste hält, bleibt dies doch nur eine Bewertung innerhalb eines Grundverständnisses, das alle Kulturen denselben Grundkonstellationen unterwirft.

4 Der Begriff Polylog ist der Titel einer Zeitschrift für interkulturelles Philosophieren. Vgl. auch Franz Martin Wimmer: *Interkulturelle Philosophie.*, a.a.O., S. 66-73; Franz Gmainer-Pranzl und Anke Graneß (Hrsg.): *Perspektiven interkulturellen Philosophierens.* Beiträge zur Geschichte und Methodik von Polylogen, Wien 2012; Niels Weidtmann: *Interkulturelle Philosophie,* a.a.O., S. 72-76.

lichen soll und nicht nur einen Partner wie im Dialog einbezieht, sondern eine Mehrzahl.

Den Hintergrund dieses Ansatzes bilden die unseligen Erfahrungen aus der Kolonialzeit mit der Unterdrückung fremder Völker und Kulturen und das Bemühen, einen Neokolonialismus unter allen Umständen zu vermeiden. Den Stimmen der anderen, fremden Völker soll Gehör verschafft werden, sie sollen die Möglichkeit erhalten, ihre Vorstellungen, Wünsche, Begehrungen auf gleicher Basis zu artikulieren wie alle anderen. Vermieden werden soll wegen der historischen Erfahrungen jede Art von Zentrismus, nicht nur ein Eurozentrismus, sondern wegen des Vorrückens der Handelsmacht China auch ein Sinozentrismus und, wenngleich noch in weiter Ferne, ein Afrozentrismus. Vielmehr sollen alle Kulturen gleiche Chancen und gleiche Voraussetzungen zur Artikulation und Durchsetzung ihrer Anliegen erhalten. Das tendiert in die Richtung von Jürgen Habermas' herrschaftsfreiem Dialog mit dem „zwanglosen Zwang des besseren Argumentes".[5] Der herrschaftsfreie Dialog bzw. Polylog gehört in die Theorie des kommunikativen Handelns, bei der es um die Herstellung koordinierter Bedingungen des Argumentierens und Handelns angesichts differenter, auch kontroverser Positionen geht; denn dass alle Teilnehmer einer Gesprächssituation die gleiche Meinung über eine Sache oder die Welt im ganzen hätten, steht nicht zu vermuten. Ein herrschaftsfreier Dialog, in dem alle gleiche Chancen bekommen, setzt eine Reihe formaler Bedingungen voraus. Habermas hat die Erfüllung dieser Forderung von vier Geltungsbedingungen abhängig gemacht: *erstens* von der objektiven Wahrheit, derzufolge Aussagen mit dem objektiven Sachverhalt übereinstimmen müssen, *zweitens* von der subjektiven Wahrhaftigkeit, d.h. der Ehrlichkeit der Argumentierenden, *drittens* von der normativen Richtigkeit bezüglich der Werte, der Normen, die sich eine Gesellschaft gibt und die richtungsweisend für sie sind, und *viertens* von der Verständlichkeit, nach der die Aussagen von allen Teilnehmern verstanden werden müssen.[6]

Es ist offensichtlich, dass Habermas' Modell *eine* Vernunft für alle Gesellschaften und Kulturen voraussetzt. Angesichts der Heterogenität und oft Unverständlichkeit von Kulturen ist das jedoch eine Illusion, da schon die Menschen einer bestimmten Kultur durchaus nicht die gleichen Voraussetzungen, gleiche Bildung, gleiche Argumentationstechnik, gleiche Fähigkeit zum Widerspruch und zur Verteidigung der eigenen Ansichten, gleiche Fähigkeit zum Zuhören u.ä. mitbringen. Allenfalls kann es sich bei diesem

5 Jürgen Habermas: „Wahrheitstheorien", in: ders.: *Vorstudien und Ergänzungen zur Theorie des kommunikativen Handelns*, Frankfurt a. M. 1995, S. 127-183, bes. S. 137-149, 141.

6 Vgl. a.a.O., S. 144.

Modell um ein rein formales handeln, das die Gesprächsführung im Sinne des abendländischen Argumentierens vorgibt, also um ein Ideal, das an der weltweiten realen Diversität kollabiert. Sowohl die afrikanische Art des Geschichten- und Mythenerzählens einschließlich der Wiedergabe von Sprichwörtern und Lebensweisheiten wie auch die Papua Neuguinesische Art des Anschlussverfahrens beim Diskutieren[7] und selbstverständlich viele andere Argumentations- und Verstehensarten werden hier ignoriert. Und ob von einer Einheit der Vernunft statt von einer Pluralität von Vernunfttypen ausgegangen werden kann, ist mehr als fraglich. Habermas ist ein typischer Vertreter des eingeschränkten eurozentristischen Denkens.[8]

Das anvisierte Problem stellt sich bereits mit der Diskussion um die universellen Menschenrechte. Gibt es tatsächlich, wie Menschenrechtsaktivisten unterstellen, nur eine einzige Version der Menschenrechte, die es rechtfertigt, von ‚den Menschenrechten' zu sprechen, oder nicht vielmehr eine Pluralität, neben den im Westen in der Aufklärung entwickelten und den Stempel westlicher Werte tragenden Menschenrechten die in Kairo 1990 verabschiedeten islamischen Menschenrechte, die die Scharia zur Grundlage haben, und möglicherweise noch ganz andere – heute die der modernen Technik und Technologie angepassten –, die alle historisch kontingent sind, nur für eine bestimmte Gruppe von Menschen und zu einer bestimmten Epoche gelten, aber keine zeitlosen, universell für alle Menschen geltenden Rechte sind?

Statt der *einen* Vernunft und der darauf basierenden Gesellschaft – was auf eine Weltgesellschaft und Weltkultur hinausliefe – begegnet in der Realität eine Vielzahl heterogener Gesellschaften, die eher dem Herderschen Kugelmodell separater, selbständiger, gegeneinander abgeschotteter Kugeln entsprechen, die nichts oder wenig miteinander gemein haben und wegen ihres Individualismus statt auf Solidarität und Harmonie auf Kontroverse und Streit hinauslaufen. Johann Gottfried Herder artikulierte 1774 sein Kulturmodell mit folgenden Worten:

> „Jede Nation hat ihren Mittelpunkt der Glückseligkeit in sich, wie jede Kugel ihren Schwerpunkt! […] Alles was mit meiner Natur noch gleichartig ist, was in sie aßimilirt werden kann, beneide ich, strebs an, mache mirs zu eigen; darüber hinaus hat mich die gütige Natur mit Fühllosigkeit, Kälte und Blindheit bewaffnet; sie kann gar Verachtung und Eckel werden –

7 Siehe später S. 52 und 83 ff. dieser Arbeit.

8 Kritik findet sich schon bei Herbert Schnädelbach: *Vernunft und Geschichte*. Vorträge und Abhandlungen, Frankfurt a. M. 1987, S. 238-259; ders.: *Transformation der kritischen Theorie*, Tübingen 1993, S. 324-344.

> hat aber nur zum Zweck, mich auf mich selbst zurückzustoßen, mir auf dem Mittelpunkt Gnüge zu geben, der mich trägt."[9]

Bei Migration von Angehörigen einer bestimmten Kultur in eine andere zeigt sich häufig, wie schwer die Integration und die Übernahme der Vorstellungen und Werte der aufzunehmenden Kultur in die andere Sichtweise fällt. Die Aufnahmekultur verlangt oder erwartet zumindest die Akzeptanz ihrer Grundgesetze, die den anerzogenen und eingeschliffenen Vorstellungen und Werten der anderen Kultur oft zuwiderlaufen. Die Konsequenz ist dann die Bildung von Parallelgesellschaften, wie dies bei den in Deutschland eingewanderten arabischen Großfamilien häufig der Fall ist. Noch nach Jahren folgen sie ihren eigenen Gesetzen, was Familie, Sippe, Gesellschaft (Asebeia), Eherecht, Sippen- und Ehrenmord, Stellung der Frau u.ä. anbelangt. Umgekehrt müssen wir uns fragen, ob wir bei Einwanderung in arabische Länder zu einer Vollverschleierung und Unterwerfung unter die Dominanz des Mannes bereit wären.[10]

Für Polylog ist gegenwärtig noch ein anderes Wort im Umlauf: Multikulturalität oder kurz Mulikulti. Angesichts des vagen, unpräsisen Allerweltsgebrauchs ist zu fragen, was genau damit gemeint ist.

Multikulturalität kann zum einen meinen ein distinktes Nebeneinander verschiedener Kulturen, wobei jede für sich lebt, sich nicht in die Angelegenheiten der anderen einmischt und diese sich selbst überlässt. Nur kommt auf diese Weise kein Austausch und Dialog bzw. Polylog zustande, da Dialog bzw. Polylog stets den Bezug und die Auseinandersetzung mit den anderen Kulturen bedeutet. Diese Konstruktion erlaubt zwar ein friedliches Nebeneinander – vorausgesetzt, es besteht ein hinreichend großflächiger Raum zum Leben, nicht die Enge Europas –, erlaubt aber keine Beschäftigung miteinander, da diese sofort zu Streitfragen führte und Streitigkeiten evozierte angesichts häufig unvereinbarer Werte- und Glaubensvorstellungen. Allenfalls müssten die Kulturen zu Kompromissen bereit sein und eventuell zur Suspendierung wesentlicher Überzeugungen, was nicht ohne weiteres zu erwarten steht, es sei denn durch die Übermacht und den Zwang einer Kultur oder über langjährige Gewöhnung und Tradition. Politisch entspricht dem ein Föderalismus.

9 Johann Gottfried Herder: *Auch eine Philosophie der Geschichte zur Bildung der Menschheit. Beytrag zu vielen Beyträgen des Jahrhunderts*, in: *Sämmtliche Werke*, Bd. 5, hrsg. von Bernhard Suphan, Berlin 1891, S. 475-586, S. 509 f.

10 Frauen aus dem deutschen Kulturraum, die freiwillig in arabische Länder gingen, nicht nur den islamischen Glauben annahmen, sondern sich dem IS anschlossen, haben diese Schwelle überschritten, zumeist beeinflusst durch die Heirat mit einem Dschihadkämpfer. Gelegentlich sind sie nach Deutschland zurückgekehrt und haben der anderen Kultur wieder abgeschworen.

Zum anderen wird Multikulturalität verstanden als Vermischung oder Verschmelzung der Kulturen mit dem Ziel, eine neue gemeinsame Kultur zu etablieren. Die Idee des Schmelztiegels war oft verbunden mit der Hoffnung, gemeinsame Wertvorstellungen finden zu können. Dies liefe auf eine Weltgesellschaft und auf einen Monismus hinaus, deren Realisierung jedoch eine Illusion ist und wahrscheinlich wieder die Dominanz der stärksten, überlegenen Kultur bedeutete, für die sich bislang wenigstens die europäische Kultur hielt. Ein Eurozentrismus oder ein anderer Zentrismus wäre die Folge.

(3.) Transzensus

Für eine noch andere Art der Begegnung mit fremden Kulturen hat sich Wolfgang Welsch in einem Vortrag vor der Deutschen Gesellschaft für phänomenologische Forschung 1991 stark gemacht, indem er den Begriff der Transkulturalität in die Debatte einführte.[11] Transkulturalität bedeutet die beliebige Übernahme von Komponenten aus fremden Kulturen in die eigene und deren Assimilation, sei es Vermischung, Vermengung oder Angleichung an die eigene Kultur. So beobachten wir, dass die nordische Kultur, die wegen der langen Winterzeiten und Kälteperioden an fett- und kalorienreiche Nahrung gewöhnt war, die bekömmlichere, abwechslungsreichere mediterrane Küche übernommen hat. Umgekehrt wurde die aus Schweden stammende kühle, schnörkelfreie, zweckorientierte, praktische Wohnkultur von anderen europäischen Ländern übernommen. Ähnliches gilt für die Mode: für Kleider, Autos, Möbel, Musik, Literatur, Philosophie. Jazz wurde aus den Südstaaten der USA, Rock'n'roll aus Britannien in viele andere Länder und Kulturen importiert. Bluejeans haben sich weltweit durchgesetzt. Die Vorliebe der Chinesen für die Automarke Mercedes ist bekannt. Aus Ostasien haben wir die Yoga-Technik, die Meditation und Zen-Übungen übernommen und in eine religiös gänzlich anders ausgerichtete Kultur integriert, allerdings mit einer Kontextualisierung und Veroberflächlichung, indem die religiös-praktischen Übungen für medizinische und psychologische Zwecke im Westen eingesetzt werden. Während deutsche und französische Philosophen, Kant, Hegel, Descartes, Bergson, weltweit die Philosophiekongresse beherrschen, spielen Zen-Buddhismus und indische Upanishaden eine eher sekundäre Rolle; völlig hinterher hinkt die afrikanische Philosophie, sie wird kaum berücksichtigt, was sich nur langsam ändert. Jeder nimmt sich aus je-

11 Wolfgang Welsch: *Transkulturalität.* Lebensformen nach der Auflösung der Kulturen, in: *Information Philosophie* (1992), Nr. 2, S. 5-20.

der Kultur das, was ihm beliebt und was zu seiner eigenen Persönlichkeit und zu seinem Lebensstil passt. Kultur A assimiliert sich an Kultur B, und umgekehrt Kultur B übernimmt Züge von Kultur A, so dass die Folge eine zunehmende Vermischung und Assimilation ist. Welsch führt dies so aus:

> „Heute werden für *jede* Kultur tendenziell alle *anderen* Kulturen zu Binnengehalten oder Trabanten. Das geschieht im Gefolge sowohl von Immigrationsprozessen wie von technologischen Entwicklungen. Weltweit leben in der Mehrzahl der Länder Angehörige auch aller anderen Länder dieser Erde. Ein Übriges tragen Unterhaltungs- und Freizeitindustrie, Mode und neue Konsumkultur bei: Indio-Lieder in unseren Hitparaden, Karibik-Studios in jeder Kleinstadt, Exotismus in der Mode und Ananas das ganze Jahr über. Man denke zudem an die globale Vernetzung der Kommunikationstechniken und Fernsehprogramme. Selbst was nicht unmittelbar innerhalb der jeweiligen Kultur verfügbar ist, wird es im Zeitalter der Telekommunikation und des Flugverkehrs doch vergleichsweise unmittelbar. Und man vergesse nicht: Der Tourismus (Kulturtourismus, Vergnügungstourismus, auch Wissenschaftstourismus) ist heute einer der bestimmendsten Kulturfaktoren überhaupt.“[12]

Im Mittelpunkt von Welsch' Konzept steht die These, dass das moderne Subjekt sich beliebig Teile aus jeder anderen Kultur herausgreift und wie Bausteine zu seiner eigenen Gestaltung verwendet. An die Stelle der bisherigen persönlichen Kulturgebundenheit ist der individuelle Lebensstil, die ganz eigene Lebensform, der Lifestyle, getreten, der in jeder Kultur gelebt werden kann und den umfassenden einheitlichen Kulturbegriff aushebelt.

Mit dieser These geht eine zweite einher, nämlich die, dass sich der alte Kulturbegriff, der an Regionen und Nationen gebunden war (Regional- und Nationalkulturen), aufgelöst hat und an seine Stelle differente Lebensstile getreten sind. Das einstige Kulturmodell ist suspendiert. Der Kulturbegriff stellt demnach nur noch eine ideelle hypermonadische Klammer dar mit totaler interner Differenzierung.

Welsch' Kulturanalyse ist richtig und falsch zugleich, richtig insofern, als Händler, Seeleute, fahrende Sänger schon immer für einen kulturellen Austausch und eine Übernahme fremder Kulturgüter – materieller wie geistig-ideeller – sorgten. Nur so lässt sich erklären, dass Mais, das Grundnah-

12 Wolfgang Welsch: *Transkulturalität,* a.a.O., S. 11.

rungsmittel der Indios, sich nicht nur in Südamerika ausbreitete, Reis, das Grundnahrungsmittel Ost- und Südasiens, in alle Länder transportiert wurde, die genügend Wasser und Wärme boten, der Pyramidenbau sich über die gesamte Erde erstreckt, nicht nur über Ägypten und Nubien, sondern über Kleinasien, Indien bis Peru, deren Pyramiden mit den ägyptischen gleich alt oder sogar älter sind, ganz zu schweigen von der weltweiten Verbreitung von Mythen, Symbolen und Religionen. Ob es sich um Gleichrangige, Sieger oder Besiegte handelt, jeder übernimmt etwas aus der anderen Kultur. So wurde während der römischen Herrschaftsperiode über Germanien das römische Recht bei den Germanen eingeführt und institutionalisiert und bildet bis heute die Grundlage des Rechts, die jeder Jurastudent im Grundstudium lernen muss. Ebenso verdankte die rückständige germanische Kultur die Architektur, die Landwirtschaftspflege mit Weinanbau, die Kriegstechnik und vieles andere mehr der fortgeschritteneren römischen Kultur. Umgekehrt wurde die Mode der modebewussten Römerinnen von den blonden Haaren der Germaninnen und die Schmuckvorstellungen von dem begehrenswerten gelben Bernstein beeinflusst. Je durchlässiger Kulturen sind, desto intensiver ist die Übernahme fremder Bestandteile, desto mehr assimilieren sie sich und wachsen zusammen, so dass heute nach Jahrhunderten eine Unterscheidung von römischer und germanischer Kultur unmöglich ist, wenngleich die Herkünfte erkennbar bleiben, z.B. in der Städteplanung, und sich Absetzungen dieser neu entstandenen abendländischen Kultur gegen andere, östliche und fernöstliche, gebildet haben. Allenfalls erinnern bei ähnlichen Vorgängen, etwa der Integration der französischen Hugenotten in die deutsche Kultur, französische Namen[13] oder bestimmte Industriezweige wie das Textil- und Seidengewerbe, die Weberei, an französische Einflüsse, oder bei der Einwanderung der Sorben und Wenden ins Wendland der Kanalbau, der Gemüse-, Kraut- und Gurkenanbau im Spreewald an die Herkunft. Am meisten zur Assimilation trägt die Imitation bei, wie sie bei Kindern in Bezug auf die Eltern, Lehrer und Vorgesetzten zu beobachten ist. Entsprechend pflegen auch unterentwickelte Völker von fortgeschritteneren das zu übernehmen, was sie selbst noch nicht besitzen oder vermögen.

Ganz so, wie sich Welsch die transkulturelle Übernahme und die dadurch zustande kommende Assimilierung von Kulturen – heutigentags durch die modernen Technologien wie Computer und Internet – denkt, verhält es sich allerdings nicht. Trotz aller wissenschaftlichen, technischen und digitalen Überformung konstatieren wir nach wie vor Unterschiede zwischen abendländischer, fernöstlicher, afrikanischer und indianischer Kultur, um nur die wichtigsten herauszugreifen, die sich nicht leugnen lassen. Basiert die

13 Vgl. den Namen de Maizière.

abendländische Kultur auf der Dominanz der Rationalität, so ist die afrikanische untergründig durch Magie, Zauberei, Maskenspiel, Symbolik und vor allem durch Rhythmik und Bewegung bestimmt. Ihre Sprache ist nicht die verbale logische, sondern die ausdrucksstarke Mimik und Gestik, die sich in Rhythmen und Tänzen niederschlägt. Und die fernöstliche Kultur wird auch heute noch trotz aller Modernisierung stark von einer meditativen Haltung geprägt, die sich in physischer, psychischer und mentaler Disziplinierung bis hin zur Versenkung ausdrückt. Die Grundeigenschaften der diversen Kulturen sind nach wie vor existent.

Auch der zweiten These von Welsch, die darauf hinausläuft, dass der einzelne heute mehr denn je nicht durch seine kulturelle Herkunft geprägt ist, sondern durch andere maßgebende Faktoren der modernen Gesellschaft wie ökonomische Situation, Erziehung und Bildung, Universitätsstudium, politische Aktivität und Lifestyle, welche eine neue Beurteilungsgrundlage bilden, kann nicht zur Gänze zugestimmt werden. Auch wenn dies am ehesten für Einwanderungsländer wie Amerika gelten mag, so fällt doch auf, dass gerade in Amerika die Rassenkonflikte unüberwunden sind, und dies nach Jahrhunderten der Aufhebung der Sklaverei, und ebenso, dass jeder Fremde sofort nach seiner Herkunft, seinen Eltern oder Großeltern und Vorfahren befragt wird, weil offensichtlich die Identität als Halt gebende Instanz eine bedeutende Rolle spielt. Die Rassenkonflikte in den USA haben nicht nur mit der Hautfarbe zu tun, sondern mit Mentalitäts- und Emotionalitätsdifferenzen der Schwarzen und Weißen. Jeder Mensch, auch in Einwanderungskulturen, trägt seine Herkunftsgeschichte als Bürde wie als Reichtum und Stolz mit sich. In der Bundesrepublik Deutschland zeigt sich dies auffälligerweise darin, dass Einwanderer als ‚Deutsche mit ausländischen Wurzeln' oder ‚mit Migrationshintergrund' bezeichnet werden. Bei einer Egalität wäre dies unnötig. Offensichtlich zeigt sich hieran, dass die Integration nicht weit genug fortgeschritten ist.[14] Der traditionelle kulturspezifische Hintergrund schwingt auch noch in der Generation der Kindeskinder mit, bedingt durch Genetik und traditionelle Erziehung, die erst bei hinreichender genetischer und kultureller Assimilation zurückgedrängt und aufgehoben werden.[15]

14 Daher ist auch die These von Niels Weidtmann (*Interkulturelle Philosophie*, a.a.O., S. 35), dass es zutreffender sei, jemanden nach seiner gelebten Praxis denn nach seiner Herkunft zu beurteilen, kritisch zu betrachten. Nach Weidmann ist es zutreffender, „jemanden als heterosexuell, vermögend, kinderlieb, fußballbegeistert und Liebhaber des No-Theaters zu beschreiben, denn ihn als Asiaten oder Japaner zu bezeichnen."

15 Genetische Unterschiede lassen sich noch über Jahrhunderte verfolgen. Obgleich heute in Papua Neuguinea auf dem Festland wie auf den Inseln die Moderne mit Wissenschaft, Technik und Technologie Einzug gehalten hat, lassen sich die Menschen deutlich unterscheiden, die leichtlebigeren, freundlichen, eleganten Polynesier und die aus gröberem Holz geschnitzten, kräftigeren und auch deftigeren, ernsten Festländer.

(4.) Einfühlung

Eine weitere Zugangs- und Erschließungsweise fremder Kulturen ist der Weg nicht über Rationalität, sondern über tieferliegende, unterschwellige, der Rationalität substruierte Dimensionen wie die Emotionalität, das Erleben, der lebendige existentielle Mitvollzug bis hin zum Unterbewusstsein. Während wir bisher rationale Zugangsarten beschrieben haben wie Vernunft, Verstand, Diskurs, Argumentation, die sich der wissenschaftlichen Methodologie bedienen, vollzieht sich der eigentliche Zugang und das eigentliche Verstehen des Anderen, Fremden über emotional-psychische Schichten, die sich der rational-begrifflichen Fassung entziehen und erst gedeutet werden müssen, angefangen von der Sensitivität, dem Erspüren, über die sinnliche Wahrnehmung, wie sie im Sehen (Blicken), Hören, Riechen, Schmecken und Ertasten vorliegt, über die Gefühlsdimension, zu der Sympathie und Antipathie, Liebe und Hass, Freundschaft und Feindschaft gehören, über Stimmungen und Gemütslagen bis hin zum Unbewussten, zum nur noch existenziellen Mitschwingen und Mitatmen, wie die Dichter sagen. So heißt es bei Novalis in dessen Naturroman *Die Lehrlinge zu Sais*:

> „Wird nicht der Fels ein eigentümliches Du, eben wenn ich ihn anrede? Und was bin ich anders, als der Strom, wenn ich wehmütig in seine Wellen hineinschaue und die Gedanken in seinem Gleiten verliere?“[16]

Ebenso spricht Novalis von Mitatmen, Mitsingen, Mitschwingen.

Ich möchte diese gesamte, dem Verstand nur schwer erschließbare Dimension die nonverbale Kommunikation nennen, die ursprünglicher und natürlicher ist als jede andere Erschließungsweise und über die die gesamte Natur miteinander kommuniziert, auch wir, sofern wir eine animalische Natur haben, die uns mit unserer tierischen, pflanzlichen und vitalen Umwelt verbindet. Diese Kommunikation vollzieht sich über Mimik und Gestik sowie über physische Dispositionen, ohne dass wir sie sprachlich und begrifflich zu artikulieren vermögen. Wir verstehen die Drohgebärde eines Löwen, die aggressive, nach vorn gebeugte Sprunghaltung, die gefletschten Zähne instinktiv und instantan und reagieren darauf spontan mit Flucht, ohne gedankliche Überlegung und Erwägung. Auch hier liegen *actio* und *reactio* vor, jedoch über Habitus, nicht über Sprache und Begrifflichkeit. Wir merken und spüren sofort, ob der andere uns aufrichtig und echt begegnet

16 Novalis: *Die Lehrlinge zu Sais*, in: *Werke*, hrsg. und kommentiert von Gerhard Schulz, München 1969, 3. Aufl. 1987 auf der Grundlage der 2., neu bearbeiteten Aufl. 1981, S. 118.

oder verstellt und lügenhaft, ohne dass wir ad hoc immer sagen können, woran wir dies merken. Die Gesichtszüge, die Körperhaltung, die Schwingungen sind oft so subtil und subkutan, dass wir sie bewusst nicht zu konstatieren vermögen. Ein Verkäufer, der uns ein teures Automodell verkaufen will, uns extrem zuvorkommend begrüsst und wortgewaltig die Vorzüge dieses Fahrzeugs preist, wird von uns instinktiv des typischen Geschäftsgebarens entlarvt. Obgleich sowohl die rationale Sprache wie auch das irrationale mimetische Verhalten die Möglichkeit zu Lüge und Überdeckung der wahren Situation haben, werden sie von unserem instinktiven Verhalten und Gespür decuvriert. Die Kommunikation und das Verstehen des anderen vollzieht sich über feinste, minimale physische Schwingungen, die wir nur noch unbewusst durch Mitvollzug registrieren und durch Approximation oder Zurückweichen beantworten, also durch existenzielle, praktische Vollzüge.

Europäern und allen, die in der wissenschaftlich rationalen Tradition erzogen und aufgewachsen sind, genügen zur Erkenntnis und zum Wissen die ursprünglichen kreatürlichen Empfindungen und Gefühle, welche die Einfühlung und das Einsfühlen mit dem Fremden ausmachen, nicht. Wir wollen und müssen etwas rational begrifflich ausdeuten und erklären, um es zu verstehen und anderen mitteilen zu können, sehen uns jedoch der Schwierigkeit konfrontiert, dass die emotionale Dimension unergründlich ist. Während ein Dichter mit wenigen Worten und Sätzen eine situative Stimmung vor uns aufbauen kann, ein Maler durch Bilder dieselbe Wirkung erzielt, gelingt es der Rationalität nicht, diese hinreichend auszuloten. Die rationale Interpretation stellt einen unendlichen Prozess dar, wie ihn die Hermeneutik im hermeneutischen Zirkel oder, besser, in der hermeneutischen Spirale zum Ausdruck bringt. Daher vollzieht sich bei Kindern und Indigenen die Verständigung häufig besser und intensiver über Kunst wie in der Musik und im Ausdruckstanz. Man lässt in der Psychotherapie Kinder ihre Gefühle über Malerei und Tanz exponieren, wenn sie diese sprachlich und begrifflich nicht auszudrücken vermögen. Von der afrikanischen Kultur wurde bereits vermerkt, dass sie mehr über Rhythmik, Bewegung und Ausdrucksverhalten wie im kultischen Tanz, in der Maskenschnitzerei und in Narrativen geschieht als über rationale Verständigung. Magie, Mystik, Zauberei und Trance spielen eine weitaus größere Rolle als im sogenannten aufgeklärten Europa; die Zeichen- und Symbolsprache ist weitaus expressiver und aussagekräftiger als die oftmals fade, matte Begrifflichkeit. Unsere rationale Tradition macht es uns zur Aufgabe und Pflicht, Sachverhalte begrifflich interpretierend zu durchdringen. Für ganz Asien und besonders Ostasien ist die meditative Praxis die unterschwellige Dimension der Kommunikation. Bei dieser handelt es sich um ein geistig-mentales Training der Körper- und Geistbeherrschung, das durch Verinnerlichung und Abstraktion von allem

Lauten, Geräuschvollen, Farbigen, d.h. von allem Äußeren durch Lenkung der Atmung und der Gedanken in einen meditativen Zustand versetzt, in dem man sich mit allem anderen eins fühlt. Meditation bedeutet ins Innere Gehen, *in medias res*. Hierzu haben die verschiedenen Yoga-Schulen Stufenwege entwickelt, die über jahrelanges, auch lebenslanges Training in diese Alleinheit des Seienden eintauchen lassen.

In Religionen geschieht offensichtlich etwas Ähnliches durch Versenkung in Andacht, Gebet, Gesang, ritueller Praxis oder gemeinschaftlichen Zusammenkünften wie in Lourdes und anderen Pilgerstätten, an denen Menschen zusammentreffen, um gemeinsam in eine Dimension abzutauchen, in der die Einzelseele über die gemeinschaftliche Aktion eine Stützung und Kräftigung erfährt und auf einen soteriologischen Weg gebracht wird, der einen lebendigen Mitvollzug mit allem Kreatürlichen bedeutet. Auch dies ist eine Art von Kommunikation, wenngleich eine averbale.

Wie weit die verstandesmäßige Durchdringung der letzten, tiefsten Dimension mittels der für uns erforderlichen Rationalität reicht, lässt sich wegen der Unausschöpflichkeit nicht definitiv beantworten. Für unser rationales Verstehen und unsere wissenschaftliche Erklärungsweise bleibt stets ein Rest an Fremdheit, Unauslotbarkeit, Unsagbarkeit, der sich einer Aufklärung entzieht.

Um in fremden Kulturen heimisch zu werden, lassen Ehepartner aus heterogenen Kulturen ihre Kinder bilingual, gelegentlich auch trilingual aufziehen, so dass sie sich sprachlich und mental in mehreren Kulturen auf natürliche Weise zu bewegen vermögen. Würde man jedoch meinen, dass dies zur Übersetzung der einen Kultur in die andere befähigte, so irrt man sich. Als in den 60er und 70er Jahren des letzten Jahrhunderts vermehrt Japaner und Koreaner zum Studium und zur Promotion nach Deutschland kamen und Dissertationen anfertigen wollten, kam es zu Schwierigkeiten der Abfassung. Welche Alternative war besser, zunächst auf Japanisch zu denken und dann ins Deutsche zu übersetzen oder gleich in deutscher Sprache zu denken und zu schreiben? Es zeigte sich, dass eine Übersetzung von einer Sprache mit ihren kulturellen Hintergründen, die sprachlich oft nicht artikulierbar sind, in eine andere nicht gelang, da die Personen quasi schizophren in zwei Kulturen empfanden und dachten. In jeder von ihnen vermochten sie sich mühelos zu bewegen, jedoch die Vermittlung und den Übergang nicht zu leisten, was zu der oft gehörten Äußerung führte, im Japanischen drücken wir das so aus und meinen folgendes damit, im Deutschen explizieren wir es so, bezeichnen diesen oder jenen Umkreis damit.

Die aufgezeigten Versuche zur Erschließung fremder Kulturen, *erstens* die komparative bzw. komparatistische Philosophie, *zweitens* der Polylog, *drittens* die Transkulturalität und *viertens* das Ein- und Einsfühlen, die nonverbale Kommunikation durch Mimik, Gestik und Körperdisposition, machen die möglichen Methoden der interkulturellen Philosophie aus. Sie alle bemühen sich um das Eindringen in fremde Kulturen und deren Verstehen, wobei die genannten Komplikationen resultieren.

2. Definition von Kultur und Kulturtheorien[17]

Wir haben im Vorangehenden von interkultureller Philosophie gesprochen und diverse Wege der Approximation an fremde Kulturen aufgezeigt, angefangen vom Versuch intellektueller Verständigung mittels Komparation, über wechselseitige Kommunikation und sinnlich-haptische Übernahme fremder Elemente aus anderen Kulturen einschließlich ihrer Neuzusammensetzung zum persönlichen Lifestyle bis hin zum emotionalen Mitgehen, dabei jedoch den Begriff der Kultur noch undefiniert gelassen, so dass die Definition jetzt nachgeholt werden muss.

Wie alle Definitionen in gewisser Weise willkürlich und beliebig sind, was ihre Abgrenzung von verwandten Begriffen, ihre externe Abgrenzung gegen die Umgebung und ihre interne Konstitution betrifft, so verhält es sich auch beim Kulturbegriff. Man hat sage und schreibe über 100 Kulturdefinitionen zusammengestellt. Karl-Heinz Kohl[18] kommt auf 150 Kulturbegriffe, die von Alfred L. Kroeber und Clyde Kluckhohn[19] mit 164 Begriffen noch getoppt werden, und schließlich hat es Eugen von Keller[20] auf 270 verschiedene Kulturdefinitionen gebracht. Kultur in diesem weiten, geradezu ausufernden Sinne bezeichnet die diversen Rituale, Sitten und Gebräuche, die Gepflogenheiten des Handelns und Verhaltens, auf die sich eine bestimmte Gruppe von Menschen zu einer bestimmten Epoche geeinigt hat, beispielsweise die Ess- und Trinkkulturen mit Messer und Gabel oder mit Stäbchen oder mit den bloßen Fingern oder die diversen Begrüßungs- und Verabschiedungszeremonien mit Händeschütteln, Umarmung, Verbeugung, Distanzwahrung – während der Corona-Krise mit bloßer Ellbogen- oder Fußberührung. Hier geht es um die speziellen Ausführungen genereller Verhaltensnormen und

17 Zu Kulturbegriffen vgl. Andreas Reckwitz: *Die Transformation der Kulturtheorien.* Zur Entwicklung eines Theorieprogramms, Weilerswist 2000, 2. Aufl. 2008; *Kultur*: in: *Wikipedia*, https://de.wikipedia.org/wiki/Kultur; Hubertus Busch: *Was ist Kultur*? Die vier historischen Grundbedeutungen, in: *Dialektik.* Zeitschrift für Kulturphilosophie 2000, Heft 1, S. 69-90; Gerhart Schröder und Helga Breuninger (Hrsg.): *Kulturtheorien der Gegenwart.* Ansätze und Positionen, Frankfurt a. M. 2001; Ernst Cassirer: *Philosophie der symbolischen Formen*, 3 Bde., Bd. 1: *Die Sprache*, 9., unveränderte Aufl. Darmstadt 1988, reprographischer Nachdruck der 2. Aufl. 1953; Bd. 2: *Das mythische Denken*, 8., unveränderte Aufl. Darmstadt 1987; Bd. 3: *Phänomenologie der Erkenntnis*, 8., unveränderte Aufl. Darmstadt 1982, reprographischer Nachdruck der 2. Aufl 1954.

18 Karl-Heinz Kohl: *Ethnologie.* Die Wissenschaft vom kulturell Fremden. Eine Einführung, München 1993.

19 Alfred L. Kroeber und Clyde Kluckhohn: *Culture.* A critical review of concepts and definitions, New York 1952.

20 Eugen von Keller: *Management in fremden Kulturen.* Ziele, Ergebnisse und methodische Probleme der kulturvergleichenden Managementforschung, Bern 1982.

Regeln einer Gesellschaft in einem bestimmten Bereich zu einer bestimmten Zeit.

Wie schwer unter solchen Bedingungen die Abgrenzung nach außen gegen das Tierreich fällt, beispielsweise wenn man Kultur als spezifisch menschliche Handlungs- und Verhaltensweise von tierischen abzuheben versucht, zeigt, dass es nicht nur im menschlichen Bereich eine Esskultur mit Stäbchen gibt, sondern auch im tierischen bei bestimmten Affenarten, die Stäbchen zum Herausholen von Honig aus Baumlöchern benutzen, oder einen intelligenten Werkzeuggebrauch bei bestimmten Vogelarten (Stararten), die durch gezieltes Herabfallenlassen von Steinchen auf fremde Eier an deren Inneres zu kommen versuchen. Die Unterscheidung und Herausarbeitung eines spezifisch menschlichen Kulturbegriffs wird unter diesen Bedingungen nahezu unmöglich, zumindest schwierig.

Ratsam erscheint es daher, Kulturtheorien zu folgen, die sich auf den menschlichen Bereich konzentrieren, und ebenso ratsam erscheint es, Abgrenzung des Kulturbegriffs nach außen wie innen gegen kontrastierende Begriffe vorzunehmen, wie Natur, Realität, Alltagswelt oder Zivilisation. Es lassen sich dann folgende Typisierungen denken:

(1.) Kultur als Steigerung der Natur und Kultur als Herrschaft über die Natur

Seiner Etymologie nach geht Kultur auf das lateinische *cultura* = ‚Pflege' zurück und dieses auf das lateinische *colere* = ‚bearbeiten', ‚bebauen', ‚pflügen', ‚urbar machen', ‚ausbilden'.[21] Die Begriffe wurden in der Landwirtschaft beim Ackerbau, bei der Bodenkultivierung wie im weiteren Sinne bei der Pflanzen- und Tierzucht verwendet. Dass die Bodenkultivierung durch Umgraben und Umwenden der Scholle erfolgte mittels einer Hacke, eines Spatens oder später eines Pfluges, auf diesen Vorgang weist bereits das Urwort **kurl* = ‚drehen', ‚wenden'. Die Scholle wurde gewendet, um das Erdreich aufzulockern und das Wachstum der Pflanzen und des Getreides zu erleichtern und zu erhöhen. Auf diese Weise wurde das urbar gemachte, fruchtbarere und ertragreichere Ackerland als Kulturland vom bloßen unbearbeiteten Erdreich unterschieden. Der Kulturbegriff fungiert hier als Kontrastbegriff zum Naturbegriff, zwar nicht als dessen Oppositum und Widersacher, der

21 Vgl. Friedrich Kluge: *Etymologisches Wörterbuch der deutschen Sprache*, 18. Aufl. bearbeitet von Walther Mitzka, Berlin 1960, S. 411.

mit der Natur in Streit gerät und sie zurückzudrängen betrachtet, sondern als Fortsetzung und Steigerung der Natur, als Überhöhung der Natur.

Dass es sich auch anders verhalten kann und tatsächlich historisch anders verhalten hat, zeigt die Entwicklung des Kulturbegriffs zum Kontrahenten der Natur in der Neuzeit, die in Descartes' bekannter Formulierung gipfelt, dass der Mensch als Kulturwesen *maître et possesseur de la nature* zu sein habe,[22] einer Formel, die das Dominanz- und Herrschaftsverhalten des Menschen und seines Kulturverständnisses über die Natur bekundet.
Dass der ursprüngliche Kulturbegriff ein positiver war in Bezug auf die Natur und das Ganze derselben, zeigt seine Verwendung nicht nur im ökologischen Bereich, sondern auch im religiösen, sakralen, dort zur Bezeichnung des religiösen Kultes, des Dienstes an der Gottheit und ihrer Verehrung. Dieser Kult besteht bei allen Völkern in der rituellen Wiederholung des Ursprungs- bzw. Schöpfungsgeschehens, das den Menschen einerseits mit Stolz und Dankbarkeit, andererseits mit Selbstbescheidung und Demut erfüllt.

Den Zusammenhang von wiederkehrender Bearbeitung und rituellen, religiösen, geradezu heiligen Vollzügen können wir heute in einer total technisierten Welt kaum mehr nachvollziehen, in der ein Knopfdruck genügt, um ein Garagentor automatisch zu öffnen, die Jalousien automatisch herunterzulassen, den Roboter zur Säuberung des Swimmingpools oder zum Rasenmähen automatisch in Gang zu setzen. Am Verhalten von Naturethnien lässt sich allerdings noch sehr genau studieren, wie Vorgänge, die für uns nicht nur normal und selbstverständlich, sondern ganz simpel sind, wie die Herstellung von Steinklingen für ein Beil, mit großem rituellen Aufwand betrieben und gleichsam als heilige Schöpfungsprozesse verstanden werden. Sie gelten als Wieder-Holung, d.h. als Zurückholung des Anfangs, des Ursprungs. Reproduktion und sakraler Schöpfungsakt bilden hier noch eine Einheit.

Das Forscherehepaar Pierre und Anne-Marie *Pétrequin*[23] hat bei dem Stamm der Uni aus dem Hochgebirge Irian Jayas sowie bei dem Stamm der Sentani vom Sentanisee in Papua-Neuguinea beobachtet, dass nur ganz bestimmte auserlesene Clans und in diesen die Alten, die aufgrund ihrer Erfahrung als Weise gelten, zu bestimmten Handlungen prädestiniert sind. Nur die Ältesten haben ein Wissen von den Abbaustätten des Gesteins für

22 Vgl. „Maitres et possesseurs de la nature" in: René Descartes: *Discours de la Méthode/ Von der Methode* des richtigen Vernunftgebrauchs und der wissenschaftlichen Forschung, übersetzt und hrsg. von Lüder Gäbe, Hamburg 1960, S. 100 (VI,62).

23 Pierre Pétrequin und Anne-Marie Pétrequin: *Écologie d'un outil*: La hache de pierre en Irian Jaya (Indonésie), Paris 1993, bes. S. 219 ff., 294 ff., 349 ff. Vgl. Jens Lüning: *Zwischen Alltagswissen und Wissenschaft im Neolithikum*, in: Johannes Fried und Thomas Kailer (Hrsg.): *Wissenskulturen*. Beiträge zu einem forschungsstrategischen Konzept, Berlin 2003, S. 21-56, bes. S. 23 ff.

die Klingen sowie von den Beschwichtigungsritualen und -formeln der dort hausenden Dämonen. Die dorthin ausgesandte Expedition hat religiösen Charakter. Die weitere Feinbearbeitung obliegt den Dorfbewohnern, die diese ostentativ zur Schau stellen, indem sie, vor der Hütte sitzend, die Weiterbehandlung der Klingen übernehmen und mit rituellen Gesängen begleiten. Ein Vorgang, der für uns ein Allerweltsvorgang ist, trägt hier religiöse Züge, indem er den Schöpfungsprozess nachvollzieht und damit zugleich die Gruppenidentität bestätigt und stärkt.[24]

Eine Reminiszenz an solche Vorgänge, bei denen gewöhnliche Arbeitsvorgänge eine geradezu religiöse Konnotation haben, geschätzt und geachtet werden, findet sich noch in der alten Handwerkerausbildung und ordnung, die nach Lehrling, Geselle und Meister unterscheidet und die Lehre mit einer Prüfung beendet, welche einem Initiationsakt gleicht. Auch in dem Wort Reifeprüfung (schweizerisch Matura) lebt diese Vorstellung weiter, insofern das Wort auf das Ende eines Lern- und Reifeprozesses mit einer Abschlussprüfung weist, die mit dem Ende des Alten zugleich den Eintritt in eine neue Weltordnung bedeutet.[25]

Konträr zu dieser Auffassung, welche die Kultur in den Rahmen eines iterativen Schöpfungsprozesses stellt und als Fortsetzung und Überhöhung der Natur deutet, ist die neuzeitliche, die sich auf der Basis der Herausbildung der neuzeitlichen Naturwissenschaften vollzogen hat. Neben Descartes ist hier vor allem Francis Bacon zu nennen, der die spezifisch menschliche kulturelle Beziehung zur Natur als Herrschaft über die Natur definiert und ebenfalls religiös begründet. Die durch den Sündenfall verlorengegangene einstige Herrschaft des Menschen über die Natur sei wiederzuerlangen durch „Künste und Wissenschaften",[26] gemeint ist Wissen und Technik. Nicht nur führt Bacon das berühmte, von Immanuel Kant später aufgegriffene Beispiel von der Gerichtssituation ein, demzufolge der wissenschaftliche Experimentator die Natur im Experiment wie ein Richter den Angeklagten beim juristischen Verhör unter Anwendung der Inquisitions- und Foltermethode befragt und künstlich stellt, was Martin Heidegger zu seiner berühm-

24 Ähnliche Beispiele aufgrund eigener Erfahrungen im Asmat-Gebiet (Papua Neuguinea) bei Karen Gloy: *Kulturüberschreitende Philosophie.* Das Verständnis unterschiedlicher Kulturen, München, Paderborn 2012, S. 207-209 (Herstellung eines Ritualpfahles).

25 Auch das in gelebter christlicher Religion noch übliche Tischgebet der versammelten Tischgemeinschaft vor dem Essen ist nicht nur Ausdruck eines Dankes, sondern Bewusstsein eines rituellen Speisevorgangs, in welchem die Gemeinschaft ihre Zusammengehörigkeit und Einheit durch den Bezug auf ein Clansymbol, meist ein Tier, durch dessen gemeinsamen Verzehr bestätigt, wie in der christlichen Religion Wein und Oblate als Symbole für Leib und Blut Christi gelten.

26 Francis Bacon: *Neues Organon,* hrsg. und mit einer Einleitung von Wolfgang Krohn, lateinisch-deutsch, Hamburg 1990, Teilband 2, S. 613 (Aphorismus 52 Ende).

ten Auslegung der Natur als „Gestell" geführt hat.[27] Bacon scheut sich auch nicht von einer Versklavung der Natur zu sprechen und den neuen Typ von Naturforschern mit Bergleuten und Schmieden zu vergleichen, mit den ersteren, insofern sie beim Bergbau ins Innere der Natur dringen, um deren „Eingeweide zu untersuchen" und deren Geheimnisse zu entlocken, die letzteren, insofern sie die Natur „gleichsam über dem Amboß" bearbeiten und formen.[28]

Ein interner, nicht externer Gegenbegriff zu Kultur bildet sich im Laufe der Geschichte in der Konfrontation von Kultur und Zivilisation heraus.

Wurde Zivilisation, abgeleitet von lateinisch *civis/civilis* = ‚Bürger'/‚bürgerlich', mit den Verhaltensstandards eines Bürgers in Verbindung gebracht, indem das Wort Gesittung, angemessenes Verhalten und Höflichkeit bezeichnete, so noch im Humanismus des 16. Jahrhunderts, so änderte sich dies bei Kant, der eine Innen- und Außenseite unterschied, Zivilisation auf die letztere bezog und mit bloßer „Artigkeit und Anständigkeit" identifizierte, während er Kultur mit Kunst und Wissenschaft, Bildung und Moralität in Zusammenhang brachte

> „Wir sind im hohen Grade durch Kunst und Wissenschaft *cultivirt.* Wir sind *civilisirt* bis zum Überlästigen zu allerlei gesellschaftlicher Artigkeit und Anständigkeit. Aber uns für schon *moralisirt* zu halten, daran fehlt noch sehr viel. Denn die Idee der Moralität gehört noch zur Cultur; der Gebrauch *dieser* Idee aber, welche nur auf das Sittenähnliche in der Ehrliebe und der äußeren Anständigkeit hinausläuft, macht blos die Civilisierung aus."[29]

Mit dem Ausbau der Technik und Technologie als Kennzeichen der modernen Welt wurde Zivilisation auf den Begriff der technisierten Welt bezogen und verengt, während der Begriff Kultur an Sittlichkeit und Moralität gekoppelt blieb.

27 Martin Heidegger: *Die Frage nach der Technik,* in: *Die Künste im technischen Zeitalter.* Dritte Folge des Jahrbuchs Gestalt und Gedanke, hrsg. von der Bayerischen Akademie der Schönen Künste, München1954, S. 70-108, bes. S. 88 u.ö.

28 Vgl. Lord Francis Bacon: Über die Würde und den Fortgang der Wissenschaften, verdeutschet und hrsg. von J. H. Pfingsten, Pest 1783 (reprografischer Nachdruck Darmstadt 1966), S. 302 f. (Buch 3, Kapitel 3).

29 Immanuel Kant: *Ideen zu einer allgemeinen Geschichte in weltbürgerlicher Absicht,* in: *Werke* (Akademieausgabe), Bd. 8, Berlin 1968, S. 26.

(2.) Kultur als Totalität oder als Teil der Totalität

Ein anderes Verständnis von Kultur legt sich nahe, wenn man Kultur auf die Begriffsrelation Ganzes – Teil appliziert und Kultur entweder als individuelles Ganzes (*singulare tantum*) oder als Teil der Totalität versteht.

Das Modell für die erstere Auffassung hat Herders Kulturkonzept abgegeben, das er in den *Ideen zur Philosophie der Geschichte der Menschheit* entwickelt und an isolierten, gegeneinander abgegrenzten Kugeln, also individuellen Ganzheiten, demonstriert. Kultur bezeichnet für ihn die historisch gewachsene Gesamtheit der Verhaltensweisen und Lebensformen eines Volkes. Jedes Volk hat seine ihm eigene Auffassung, die es von jeder anderen unterscheidet, wobei die Differenzen wertneutral zu beurteilen sind. Kultur steht hier für alles vom Menschen Produzierte, Gebrauchte, Verwendete, Verwaltete, das nicht biologisch fundiert ist, wozu alltägliche Gewohnheiten, Besonderheiten, Sitte, Moralität usw. gehören ebenso wie Wissenschaft, Kunst, Religion, Philosophie, dies jedoch gemäß pluralistischer Auffassung in je spezifischer, individueller Weise. Mit Arnold Gehlen[30] könnte man Kultur auch als Gesamtheit menschlicher Leistungen und Institutionen definieren, die der Mensch als biologisches Mangelwesen aufbaut zum Schutz gegen die Bedrohlichkeiten des Lebens und der Natur, die ihm schließlich zur zweiten (menschlichen) Natur werden.[31]

Der Teilbegriff der Kultur bezieht sich auf ein Konzept von Über- und Unterbau menschlicher Hervorbringungen und Leistungen, das zwischen alltäglichen reproduktiven Arbeitsvorgängen als Unterbau (Niederkultur) und höheren geistig-seelischen Leistungen wie Wissenschaft, Kunst, Religion, Philosophie, Rechtsstaatlichkeit als Überhöhung und Überbau (Hochkultur) unterscheidet. Ein solches Konzept beherrscht vor allem die marxistische Interpretation.

Denken lässt sich aber auch, dass Kultur als Teilbegriff neben anderen Teilbegriffen wie Ökonomie, Ökologie, Politik u.ä. fungiert. So definiert Talcott Parsons[32] Kultur als eines von insgesamt vier funktional differenzierten Teilsystemen einer modernen Gesellschaft neben Politik, Ökonomie und Social Community, wobei das Hauptmerkmal derselben auf religiösen und bildungsrelevanten Einrichtungen wie Kunst und Wissenschaft liegt.

Gegen diese Separation lässt sich allerdings einwenden, dass Ökonomie,

30 Arnold Gehlen: *Anthropologische und sozialpsychologische Untersuchungen*, Reinbek bei Hamburg 1986; ders.: *Urmensch und Spätkultur*, Bonn 1956.

31 Vgl. auch Michael Landmann: *Der Mensch als Schöpfer und Geschöpf der Kultur*, München 1961, S. 17.

32 Talcott Parsons: *An Outline of the Social System*, in: *Theories of Society*. Foundations of Modern Sociological Theory, hrsg. von Talcott Parsons, New York 1965, S. 30-79.

also Geldwirtschaft, die Einführung eines egalisierten Tauschmittels gegenüber den individuellen Sachdingen auf dem Tauschmarkt eine der größten Kulturleistung der Geschichte ist und ohne einen Zusammenhang mit der Religion nicht gedacht werden kann.[33] Und Politik als eine Gestaltung des öffentlichen und rechtlichen Lebens einer Gesellschaft ist ein allumfassendes Kulturprodukt und nicht ein bloß integrativer Teil, der in einer Differenz oder sogar Opposition zur Kultur steht. Kultur ist m.E. die Gesamtheit symbolischer Repräsentationen einer Gesellschaft, die alle Bereiche umfasst. Der differenztheoretische Kulturbegriff hebt sich im symbolorientierten Kulturverständnis auf.

(3.) Kultur als symbolische Repräsentation entweder im hermeneutischen oder transzendentalphilosophischen Sinne

Ein weiteres Kulturverständnisses ist das moderne, dessen Grundlagen Ernst Cassirer mit seinem Begriff der symbolischen Repräsentation oder symbolischen Ordnung geschaffen hat.[34] Es zielt in die Richtung von Sinn- und Bedeutungssystemen. Nach Cassirer ist der Mensch anthropologisch als *animal symbolicum* zu definieren, das über ein symbolisches Universum verfügt, durch das er die Realität interpretiert, aber so, dass nicht noch daneben oder außerhalb eine Realität als zweite Entität existiert, die direkt erfahren werden könnte durch sinnliche Wahrnehmung, vielmehr ist alle Realität symbolisch repräsentiert.

Der Begriff symbolische Repräsentation der Welt hat sich derart eingebürgert, dass er kaum revidierbar erscheint, da er unmittelbar einleuchtet. Dennoch möchte ich ihn als zu eng zurückweisen; denn es gibt nicht nur eine Repräsentation durch Symbole, sondern auch eine durch Begriffe, die etwas gänzlich anderes sind als Symbole. Auch gibt es nicht nur eine verbale Repräsentation durch Denken und Sprache, sondern ebenso eine averbale durch Mimik und Gestik, Rituale und Kunst. Terminologisch genauer dürfte eine ideelle oder semiotische Repräsentation der Welt sein, mag sie wissenschaftlich-intellektuell durch intelligentes Wissen, sinnlich oder zeichenhaft durch averbale wie verbale Interpretation oder religiös durch Glauben erfolgen. Die Erschließung kann auf unterschiedliche Weise geschehen.

Die Konzeption eines symbolischen oder ideellen Universums kann nun

33 Vgl. hierzu Karen Gloy: *Macht und Gewalt.* Politik, Wissen, Psychologie, Geld, Netzwerk, Würzburg 2020, S. 161-191.

34 Vgl, Ernst Cassirer: *Zur Logik der Kulturwissenschaften*, Hamburg 1980; ders.: *Versuch über den Menschen.* Einführung in eine Philosophie der Kultur, Hamburg 2007.

nicht heißen, dass in ihr der Bezug der Repräsentation zum Repräsentierten, sei es der Realität, sei es der Welt oder der Natur an sich, mitzudenken wäre und damit das Problem des Wahrheitsbezugs aufgeworfen würde, was zu einem Dualismus führte. Zur Vermeidung dieser Schwierigkeit sind nur zwei Möglichkeiten denkbar, zum einen eine hermeneutisch-interpretatorische, zum anderen eine genetische bzw. transzendentalphilosophische, die jeweils zu unterschiedlichen Konzeptualisierungen führen.

Wird Kultur als Interpretation verstanden, so geschieht dies nach dem Modell der Phänomenologie oder Hermeneutik. Die hermeneutische Interpretation, die sich im unendlichen hermeneutischen Zirkel oder in der unendlichen Spiralbewegung ausdrückt, ist sinnvoll, wenn und solange es um die Interpretation konkreter begrenzter Dinge und Sachverhalte geht, um solche von Kunstwerken in der Kunst, von Personen in der Psychoanalyse, von Botschaften in der Theologie, da die Begrenzung der Objekte der Interpretation Schranken aufzeigt, der Prozess mag so lang sein, wie er wolle. Die Interpretation wird aber beliebig, ja phantastisch, wenn jede Grenze und Beschränkung wie beim Universum entfällt. Gibt es keinerlei Rahmen, bleibt ein reines, unbekanntes, unerkennbares Ding an sich übrig, dann stehen der interpretativen Kulturtheorie Tür und Tor für Beliebigkeit und Phantasie offen.

Wird die kulturelle Auslegung der Welt auf der Basis eines festen Rahmenschemas vorgenommen, das entweder biologisch vorgegeben, also angeboren ist oder wie im Kantischen Sinne eine transzendentalphilosophische Voraussetzung bildet, dann führt dies zu einer überall gleichen Interpretation, einer Universalität des Kulturverständnisses, es sei denn, man unterschiede noch zwischen allgemeinen, notwendigen Formen und speziellen, variablen Umweltbedingungen geologischer, klimatischer, religiöser oder sonstiger Art. Es entsteht dann auf jeden Fall ein Dualismus zwischen Apriorischem und Aposteriorischem mit der Folge eines formalen Universalismus von Kultur und diverser inhaltlicher empirischer Ausgestaltungen, anders gesagt, einer universellen Homogenität und variabler systemischer Ausgestaltungen. Die Frage ist nur, welches der universelle Rahmen sein sollte und könnte. Da man im Westen dazu tendiert, Rationalität als universelle Rahmenbedingung anzusetzen, hat sich eine heftige Kontroverse an der Frage entzündet, ob es eine universelle, weltweite Logik gebe oder partial verschiedene kulturspezifische Logiken. Da sich nur relativ wenige angeborene bzw. transzendentalphilosophisch vorauszusetzende universelle Verhaltensweisen finden – auch eine einheitliche Ursprache hat sich bislang nicht rekonstruieren lassen und erst recht keine einheitliche Logik und Rationalität –, muss die Frage offen bleiben, es sei denn, man ginge von vornherein von einem umfassenderen Begriff von Rationalität und Logik einschließlich Philosophie aus.

Gewöhnlich konfrontieren wir dem Sach- bzw. Objektbereich der Kultur *(cultura obiectiva)* mit seinen höheren und niederen Ausgestaltungen wie Philosophie, Ethik, Recht, Religion, Wissenschaft, Kunst bis hin zu Sitte und Brauchtum und den im Alltag gelebten routinierten Verhaltensweisen und Verfahren den Erkenntnisbereich oder besser den epistemischen Zugangsbereich (*cultura animae*), den wir mit kognitivem Verstehen identifizieren. Tatsächlich jedoch umfasst er nicht nur ein begriffliches Repertoire: Reflexion und Selbstreflexion, sondern auch Elemente wie sinnliche Wahrnehmung, religiöses Empfinden, existenziellen Mitvollzug. Damit soll ausgeschlossen werden, dass interkulturelle Philosophie, deren Varianten wir in komparativem Verstehen, Polylog, Transkulturalität und Ein- und Einsfühlen aufgezeigt haben, sich bei der Begegnung mit fremden, anders strukturierten Kulturen nur auf Bereiche bezieht, die im westlichen Sinne geistige Ausgestaltungen sind wie Intellektualität, Verstandeskultur, Wissenschaftlichkeit, Philosophie und schon Religion, Kunst, Sitte und Brauchtum, vor allem aber Mimik und Gestik, Zeichen- und Symbolsprache ausschließen würden. Es könnte sein, dass wir mit unserem intellektuellen, kognitiven Verstehen wie in der Komparation oder in der argumentativen Dialogkultur nicht tief genug dringen und tiefer liegende Dimensionen wie Religion, Meditation, Mystik, Magie, rituelle Praktiken, die andere Kulturen präferieren und die Einfühlungsvermögen oder meditative Praktiken voraussetzen, unverstanden blieben.

(4.) Strukturalistisches Kulturverständnis

Mein Vorschlag wäre eine strukturalistische Kulturtheorie, welche ich in dieser Untersuchung verfolgen werde. Sie geht davon aus, dass Kultur durch die Präferenz bestimmter allgemeiner wie spezieller Strukturen und Muster charakterisiert ist, die aus der unendlichen Fülle von Möglichkeiten, welche Natur und Geist vorgeben, herausgegriffen werden und sich dadurch auszeichnen, dass sie das Überleben einer Gesellschaft in einer bestimmten Gegend der Welt unter bestimmten klimatischen Bedingungen und bestimmten ökologischen Voraussetzungen gestatten. Diese kommoden, zum Überleben geeigneten Strukturen werden dann in rituellen Vollzügen und Handlungen unendlich oft wiederholt und schließlich im Weltbild einer Kultur verankert und bilden dort die logischen Strukturen, die gleicherweise den Denkrahmen eines Volkes abgeben, wie sie auch deren Denkkäfig bilden.

Strukturen sind Grenzziehungen, die eine Aus- und Eingrenzung innerhalb eines indifferenten Feldes vornehmen und dadurch bestimmte Formen erzeugen, deren drei der wichtigsten ich in dieser Arbeit verfolgen werde: die Kreisstruktur, die Auffächerung (Spezifikation und Klassifikation) und die Verbindung aller mit allen in der Netzwerk- oder Totalitätsstruktur. Sie ermöglichen einen Vergleich zwischen heterogenen Kulturen, zeigen deren Übereinstimmungen wie Differenzen auf. Die epistemologische Frage, ob es sich um vorgegebene Strukturen der Realität oder des Geistes handeln, die in den jeweiligen anderen Bereich übersetzt werden, bleibt offen.

3. Alterität

In der Diskussion der Gegenwart taucht vermehrt ein Begriff auf, der nicht übergangen werden darf und kann, der Begriff des Anderen, des Fremden.[35] Nicht, dass dieser Begriff und die Diskussion um ihn neu wäre. Er ist seit alters Gegenstand der Philosophie, allerdings in hochspekulativer, metaphysischer Form, so etwa bei Platon, bei dem er einerseits bei der Konfrontation der Ideen mit der empirischen realen Welt das Andere überhaupt (*τὸ ἄλλο*) bezeichnet, das, was selbst nicht begrifflich, wohl aber die Grundlage der Ideen ist, und andererseits im *Sophistes*- und *Parmenides*-Dialog im Kontext der *symploke ton genon* bei der Konfrontation der Genera - demonstriert am Beispiel des Einen - die anderen Ideen außer der Idee des Einen, das Nicht-Eine = Viele, Identische, Differente, Ähnliche, Unähnliche usw. (*τὸ ἕτερον*), bezeichnet, deren Basis das Unendlich-Unbestimmte, das Indifferente ist. Auch in Form des‚ganz Anderen' zur Welt, des Göttlichen, ist das Andere über Jahrhunderte Gegenstand von Religion und Philosophie gewesen; es beherrscht das gesamte christliche Mittelalter. Und im Kontext der Persönlichkeitsanalyse in der Psychologie hat Sigmund Freud das Andere als das Unbewusste zum Thema seiner Analysen gemacht, das bei Verdrängung als Störung (Perturbation, Ungewohntes, Fremdes) in Träumen, Phantasien, Krankheiten durchbricht und sich bemerkbar macht.

Die Diskussion um das Andere, Fremde in der Gegenwart kreist um ein sehr viel konkreteres, politisch-soziales Thema, die anderen, fremden Menschen, die nicht zu unserer Gesellschaft und Kultur gehören und mit denen wir uns in irgendeiner Weise auseinandersetzen müssen, sei es freundschaftlich oder feindselig, durch Integration und Sozialisation oder durch Ausschluss und Zurückweisung. Das Aufflammen dieser Diskussion hat drei Gründe: Zum einen ist die seit Mitte des letzten Jahrhunderts einsetzende Globalisierung zu nennen. Die moderne Form der Technik und Technologie hat die Distribuierung der Produktionsprozesse, der Transporte, des Vertriebs, der Administration und Organisation mit sich gebracht, was diese Prozesse von einzelnen Standorten und Ländern unabhängig gemacht und in einer eigenen, von der lokalen Segmentierung independenten, übergrei-

35 Mit Fremdheit befassen sich eine Reihe von Arbeiten: Emmanuel Lévinas: *Die Zeit und der Andere*, deutsch von Ludwig Wenzler, Hamburg 1984; ders.: *Zwischen uns.* Versuche über das Denken an den Anderen, deutsch von Frank Miething, München 1991; Bernhard Waldenfels: *Der Stachel des Fremden*, Frankfurt a. M. 1990; ders.: *Grenzen der Normalisierung.* Studien zur Phänomenolgie des Fremden 2, Frankfurt a. M. 1998; ders.: *Kulturelle und soziale Fremdheit*, in: *Studien zur interkulturellen Philosophie*, Bd. 9 (1998), S. 13-35; Rudolf Stichweh: *Der Fremde.* Studien zur Soziologie und Sozialgeschichte, Berlin 2010; Wolfgang Müller-Funk: *Theorien des Fremden*, a.a.O.; Karen Gloy: *Alterität*, a.a.O.

fenden Geschäftssphäre lokalisiert hat, in der die Glieder beliebig austauschbar sind. Der Chef einer Nationalbank wie der Schweizerischen braucht nicht mehr wie früher ein Einheimischer zu sein, sondern kann heute ebenso ein dunkelhäutiger Amerikaner mit afrikanischen Wurzeln und Ausbildung in den USA wie ein weißer Deutscher oder Inder sein. Von segmentierten Differenzen wird abgesehen, die ihn als Fremden kennzeichnen. Fremde hören auf, füreinander Fremde zu sein; sie avancieren zu uniformen, homogenen Gliedern eines Funktionszusammenhangs, die beliebig austauschbar sind, wobei Herkunft, Hautfarbe, nationale Zugehörigkeit, religiöse Konfessionalität und andere Kriterien keine Rolle mehr spielen. Dies hat die ehemals Anderen und Fremden einander angeglichen und die Differenzen immer mehr ins Private verschoben oder gar suspendiert.

Der andere Grund ist das Ergießen von Migrationsströmen über bestimmte präferierte Länder, in Europa vor allem Deutschland, England, Frankreich, Schweden, in Amerika den Süden der USA. Krieg, Korruption, ethnische Vertreibung, wirtschaftliche Not, Arbeitslosigkeit, Unterentwicklung waren stets Auslöser von Völkerwanderungen und sind es auch heute wieder. Die gravierenden wirtschaftlichen und sozialen Unterschiede zwischen reichen und armen Ländern locken immer mehr Ärmere in wohlhabende Staaten, in denen sie sich ein besseres Leben erhoffen. Als billige Arbeitskräfte werden sie dann meist eingesetzt, sei es in der Altenpflege, im Gastronomiegewerbe, im Dienstleistungssektor, in Berufen, die die einheimische Bevölkerung nicht mehr verrichten will. Während sie in diesen Bereichen begrüßt und willkommen geheißen werden, stoßen sie in anderen bürgerlichen Kreisen wegen ihrer religiösen und kulturellen Andersartigkeit, der Zunahme von Konflikten und der Kriminalität häufig auf Ablehnung oder werden wegen illegaler Grenzüberschreitung des Landes verwiesen. Das Fremde begegnet hier als Andersartigkeit der Kultur. *The Clash of Civilizations* (deutsch: *Der Kampf der Kulturen*) war bereits 1996 ein Buchtitel von Samuel P. Huntington. Die Fremdartigkeit von Sitten und Gebräuchen, von Werten und Einstellungen zeigt sich konkret in Ehrenmorden oder Zwangsverheiratungen, etwa einer Minderjährigen mit einem 60 jährigen Onkel aus Versorgungsgründen. Hier prallen Welten aufeinander, Sitten und Gebräuche, Lebensauffassungen und Weltanschauungen stehen sich unversöhnlich gegenüber und verlangen zumeist die Integration der ankommenden Fremden in die eigene Kultur, was jedoch nie einseitig verläuft, sondern mit der Zeit auch sukzessive Veränderungen der Einheimischen nach sich zieht.

Moderne Staaten haben ihre Rechtsauffassung und Rechtsprechung den neuen Gegebenheiten angepasst, politisch wie juristisch. An die Stelle der alten Nationalstaatlichkeit mit dem Begriff des Nationalstaates, der auf die gleiche Herkunft eines Volkes, die gleiche Sprache, die gleichen Wertvorstellungen oft auch auf das gleiche Territorium hinweist, ist die offene, liberale Gesellschaft getreten mit den sogenannten Menschenrechten, die universell gültig und unverbrüchlich sein sollen uneingedenk der Tatsache, dass es sich hier um ein historisch in der Aufklärung entstandenes westliches Geistesprodukt handelt. Die Insistenz auf Nationalität ist inzwischen verpönt, zum Nationalismus degradiert und zum politischen Gegner abgestempelt. Das moderne Recht, das für alle gleich gilt, unangesehen der Abstammung, Herkunft, Rasse, des Glaubens, der Sprache, der Meinung, der Zugehörigkeit zu einer bestimmten Gruppierung und dergleichen, ist das juristische Pendant zum politisch angestrebten Ideal einer Weltgesellschaft. Es ist ein Recht, welches Ungleiche gleich behandelt, Gleichheit über Ungleiche stülpt, individuelle, persönliche und kulturelle Unterschiede und Besonderheiten ignoriert, indem es die heterogenen Menschen unter einen formalen Universalismus zwingt.

Spannungen und Konflikte sind damit vorprogrammiert, was ein Vergleich mit Verkehrsregeln zu demonstrieren vermag. Generelle Verkehrsregeln verfolgen die Absicht, den Verkehr zu regulieren, Zusammenstöße und Unfälle zu vermeiden. Das Zulassen diverser Verkehrsregeln auf demselben Territorium – Rechtsverkehr wie auf dem Kontinent, Linksverkehr wie auf der englischen Insel – führt notwendig zu Zusammenstößen und zum Kollaps, da es sich bei dem einen um eine formale Idealvorstellung, bei dem anderen um die konkrete Ausfüllung des Ideals handelt. Das Projekt einer offenen liberalen Gesellschaft ist ein Widerspruch in sich, da Gesellschaften stets Systeme und damit begrenzt sind – bei einer Weltgesellschaft müsste diese Begrenzung gegen hypothetisch angenommene außerweltliche Gesellschaften erfolgen. Offenheit und Begrenzung schließen sich wechselseitig aus und führen sich selber ad absurdum.

Eine Widersprüchlichkeit zeigt sich auch in anderer Hinsicht. Die moderne Gesellschaft definiert sich als Wertegemeinschaft gemäß den Werten der Offenheit und Liberalität im Gegensatz zur Geschlossenheit und Nationalität. Umkehr der Werte ist die Absicht – mit Friedrich Nietzsche zu reden –, und dies nicht nur in dem Sinne, dass neue Werte an die Stelle der alten rücken, sondern dass die Werte überhaupt suspendiert werden und an deren Stelle absolute Offenheit, Unbestimmtheit, Privatheit, Individualität und Freiheit treten in dem Sinne, dass jeder macht, was er will, wie sich dies schon heute in der lifestyle-Politik äußert, was besonders in der Corona-Krise sichtbar wurde.[36]

36 Vgl. Karen Gloy: *Demokratie in der Krise?* Überlegungen angesichts der Corona-Krise, Würzburg 2020; dies.: *Die Selbstsuspendierung des Individualismus.* Eine Auseinandersetzung mit unserer westlichen Kultur, Würzburg 2021.

Der dritte Grund, bedingt durch die schnelleren Transportwege und -mittel: Bahn, Auto Flugzeug, besonders die digitale Technik, welche Kommunikation in Echtzeit erlaubt, hat die Welt zusammengeschmolzen und das Kennenlernen der Völker und Kulturen untereinander massiv gesteigert und damit auch zur Veränderung der Lebenseinstellungen geführt. Der moderne Lifestyle greift aus jeder Kultur das ihm Genehme und adäquat Erscheinende heraus:[37] Der Europäer schmückt seine Wohnung mit Stücken und Kunstwerken, die er sich von Aufenthalten in Afrika oder Ostasien mitgebracht hat, mit afrikanischen Skulpturen und Masken, mit chinesischen oder japanischen Tuschezeichnungen und Kalligraphien; der Ostasiat hängt sich Schwarzwälder Kuckucksuhren oder Wetterhäuschen, die er von westlichen Besuchen heimbringt, an seine Wohnungswände, kleidet sich westlich, speist westlich, hört westliche Musik, beschäftigt sich mit westlicher Literatur und Philosophie. Jeder bedient sich aus jeder anderen Kultur dessen, was ihm beliebt, so dass kulturelle Unterschiede schwinden und im strikten Sinne ein Gemisch an Kulturen entsteht, wobei allerdings das ursprünglich Fremde oft nur extern adaptiert, nicht internalisiert wird. Das Mischmasch grenzt oft an Kitsch; allerdings gibt es auch entgegengesetzte Fälle der Neukombination, denen der Behandelnde seine eigene Note verleiht, was nicht selten in der Kunst geschieht.

Das Thema des Anderen, Fremden ist damit in seiner ganzen Breite wieder auf die Tagesordnung gesetzt. Um seine Analyse bemühen und streiten miteinander sachlich wie methodisch in der Gegenwart drei Wissenschaftsdisziplinen: die Psychologie, die Soziologie und die Philosophie, speziell die Kulturphilosophie, während eine metaphysisch-ontologische und begriffstheoretische Betrachtung fehlt, die auch durch die heute übliche phänomenologische Analyse nicht ersetzt werden kann.

Behandelt die Psychologie die Einzelperson in ihrer Selbstbegegnung und das Auftreten des Fremden, Unvertrauten, oft Erschreckenden, Furchterregenden, sogar Abgründigen, so die Soziologie die Gesellschaft und den Einbruch des Anderen, Fremden in eine Geschlossenheit wie die möglichen Folgen auf beiden Seiten und die Kulturphilosophie die strukturellen Unterschiede zwischen den Kulturen, was Sprache, Schrift, Denkformen, Lebensauffassungen, Weltbilder u.ä. betrifft.

Seit Freuds Entdeckung und Thematisierung des Unbewussten im Menschen, das sporadisch und abrupt in das bewusste, rationale Leben einbrechen kann und dann oft mit Erschrecken festgestellt wird, weil es unvertraut und unbegriffen und in diesem Sinne fremd ist, oft Züge von Gewalt und Brutalität trägt, die bisher durch Erziehung, Disziplinierung, Praxis und Tra-

37 Vgl. S. 13 ff. dieser Arbeit.

dition zurückgedrängt und verdrängt waren, ist das Doppelwesen Mensch in seiner Ambivalenz sichtbar geworden, das in einer offenkundigen, bekannten, vertrauten Seite und einer verborgenen, verdeckten, unvertrauten besteht. Die Frage, wie die psychologische Begegnung mit tiefenpsychologisch Verborgenem erfolgen kann, beantwortet die Psychologie mit Maskierung, wie sie in Träumen, wilden Phantasien und Übertreibungen, abnormen Verhaltensweisen, Depression, Manie und Euphorie sowie in Schizophrenie zutage tritt, denn immer sind es Maskierungen, in denen das Verdrängte sich bemerkbar macht. Während Freud bei empirischen Psychoanalysen blieb, hat Jacques Lacan die Selbstbegegnung auf die Theorie des Spiegelstadiums gebracht. Den Spruch des französischen Dichters Arthur Rimbaud aufgreifend: „Je est un autre" („Ich ist ein Anderer"),[38] hat Lacan dieses Motiv in seinen aufsehenerregenden Seminaren in Frankreich während der 50er und 60er Jahre zum Hauptanliegen seiner Psychologie gemacht: Das Ich-Subjekt ist bei einer Selbstreflexion, die auf das Ich-Objekt zielt, nie ganz und adäquat bei sich selbst, es tritt sich stets als ein Anderes, Fremdes, Maskiertes gegenüber, das der Demaskierung bedarf.[39]

Die Selbstbewusstseinstheorie der Philosophie hat die Identifikationsschwierigkeiten klarer und tiefer noch, als es die empirische Analyse vermag, aufgedeckt, indem die Identifikation von Subjekt und Objekt stets entweder im Subjekt ein Vorwissen, eine Bekanntschaft mit dem Objekt, voraussetzt oder diese im Objekt unterstellen muss. Denn wie sollte das Subjekt, wenn es auf irgendein Objekt der Welt trifft, wissen, dass dieses das ihm zugehörige ist. Dazu muss es ein Wissen von der Subjekt-Objekt-Relation entweder im Subjekt mitbringen oder im Objekt vorfinden, was beides dazu nötigt, nach dem Vorwissen dieses Vorwissens von der Subjekt-Objekt-Relation und Identifikation zu fragen und so in einem regressus ad infinitum zu enden. Die jeweils vorausgesetzte Wissensrelation zwischen Subjekt und Objekt, sei es im Subjekt, sei es im Objekt, entlässt nicht aus der Frage, wie es zu dieser Identifikation kommt, was nur durch ein bereits mitgebrachtes Vorwissen möglich ist.[40]

Die Soziologie als empirische Wissenschaft ist konkreter und lebensnaher und analysiert affirmative oder negierende Verhalten des in eine ge-

38 Arthur Rimbaud: *Seher-Briefe / Lettres du voyant,* übersetzt und hrsg. von Werber von Koppenfels, Mainz 1990, S. 20 (Brief an Paiul Demeny vom 15.5.1871).

39 „Le *je* n'est pas le moi", Jaqcques Lacan: *Le Moi dans la théorie de Freud et dans la technique de la psychanalyse,* in: *Le Séminaire II*, texte établi par Jacques-Alain Miller, Paris 1978, S. 7-21, bes. S. 11, deutsch in: *Seminar I-III,* ausgewählt und hrsg. von Norbert Hass, Olten, Freiburg i. Breisgau 1973-1980, Bd. 2, bes. S. 9.

40 Vgl. Karen Gloy: *Bewußtseinstheorien.* Zur Problematik und Problemgeschichte des Bewußtseins und Selbstbewußtseins, Freiburg, München, 3. Aufl.2004, S. 204 ff., 246 ff.

schlossene Gesellschaft einbrechenden Fremden bei der Migration oder der Aufnahme eines neuen Mitglieds in eine geschlossene Vereinigung wie eine Glaubensgemeinschaft, eine Sekte, einen Kegelclub oder Schützenverein. Wann hört die Fremdheit, die mit emotionaler Distanzierung einhergeht, auf, und wann beginnt das Gefühl der Zugehörigkeit und Vertrautheit, das Nähe signalisiert und ein Wir-Gefühl hervorruft. Worin dokumentiert sich die Spannung zwischen der äußerlichen Integration aufgrund der allgemeinen Rechtsgleichheit und des inneren Nicht-Zugehörigkeitsgefühls aufgrund der emotionalen Fremdheit? Ebenso ist nach den Kriterien des Zerbrechens einer Gemeinschaft und eines ehemals bestehenden Konsenses zu fragen, wie dies nach der Wiedervereinigung von Ost- und Westdeutschland zu spüren war und immer noch ist, indem die Ostdeutschen selbst nach 30 Jahren das Gefühl der Minderwertigkeit, des nicht wirklich Dazugehörens haben, was sich schon äußerlich in der Sprache bekundet: „Wir gehören nicht wirklich mehr zu euch", und auch konkret belegbar ist durch die geringere Besetzung höherer Posten mit Ostdeutschen. Trotz äußerer Modernisierung des Ostens mit Gebäudesanierung, modernem Stadtbild, neuer Infrastruktur, neuen Autobahnen fehlt ein inneres, gewachsenes Wir-Gefühl und lässt die äußere Übergestülptheit und Gekünsteltheit der Moderne spürbar werden.

Des weiteren untersucht die Soziologie die Gründe der Zusammengehörigkeit, angefangen von Clangesellschaften wie Familie, Nachbarschaft, Dorfgemeinschaft bis hin zu Großgesellschaften wie Megacities wie New York, Frankfurt, Tokio oder Staaten, ja bis hin zur intendierten Weltgesellschaft, die nicht auf denselben Voraussetzungen basieren können wie die kleinen Verbände. Beruhen die ersteren auf verwandtschaftlichen und emotionalen Beziehungen, indem jeder jeden kennt und sich für ihn verantwortlich fühlt, so fehlt diese Voraussetzung bereits bei den größeren Städten, in denen kein Nachbar in einem Hochhaus vom anderen Notiz nimmt. Was hält diese noch zusammen, da auch andere Bindungen fehlen, wie ein gemeinsamer Glaube, wie er noch im christlichen, vom Katholizismus geprägten Abendland üblich war, während heute diverse Religionsgemeinschaften nebeneinander existieren und in Spannung oder Streit miteinander leben wie in Irland, das durch diverse Konfessionen geprägt ist, oder in Deutschland, wo Christen und Moslems aufeinander stoßen.

Nicht weniger interessiert sich die Soziologie für Veränderungen aufgrund von Auflösungserscheinungen. Welche Konsequenzen hat die Auflösung der Familie in lockere Patchworkfamilien oder in Singles oder neue Gruppenbildungen wie Wohngemeinschaften für das Großgebilde Staat? Welche juristischen Konsequenzen ergeben sich aus der Auflösung der traditionellen Ehe in gleichgeschlechtliche Partnerschaften (Homosexuelle,

Lesben, Transsexuelle) für die Aufzucht von Kindern, das Erbrecht und Versorgungsansprüche?

Scheint die moderne Entwicklung der Auflösung nationalstaatlicher Einheiten in Richtung auf eine uniforme Weltgesellschaft die Kulturphilosophie überflüssig zu machen, indem diese Entwicklungstendenz die heterogenen Kulturen nivelliert und gleichschaltet, so ist dies bei genauerer Beobachtung nicht der Fall. Trotz aller Auflösungserscheinungen und Veränderungen sind über Jahrhunderte und Jahrtausende gewachsene Kulturen wie die westliche christliche und die östlichen, durch Konfuzianismus, Taoismus, Buddhismus und Hinduismus geprägten oder die andische und afrikanische Kultur wohlunterschieden. Das zeigen nicht nur die immer wieder aufflammenden Konflikte zwischen Indios und den europäischen Einwanderern und Konquistadoren, das permanente Auftreten indigener Stammeskonflikte in Afrika oder gegenwärtig die bewusste Abgrenzung der chinesischen Kultur von der westlichen, äußerlich sichtbar in Handelskonflikten. Man erkennt einen Chinesen oder Japaner, auch wenn er jahre- oder jahrzehntelang in den USA gelebt, dort seine Ausbildung erhalten, sein Studium absolviert hat, genauso wie man einen Aborigines trotz zunehmender Adaptation an die europäische Kultur der Siedler sofort identifiziert, und selbst innerhalb einer einheitlichen Kultur wie der europäischen lassen sich instantan Niederländer von Deutschen unterscheiden, temperamentvolle, lebenslustige Südländer von den eher behäbigen, ruhigen, verschlossenen Nordländern. Es gibt sie also noch, die unterschiedlichen Kulturen, trotz oder gerade wegen aller westlichen Bemühungen um Etablierung einer homogenen, uniformen Weltgesellschaft. Nicht zuletzt hat die Reaktion auf die Uniformierungstendenzen eine Neubesinnung auf die Heterogenität der Kulturen ausgelöst.

Wie die Psychologie und die Soziologie ihr jeweiliges wissenschaftliches Untersuchungsfeld haben, so auch die Kulturtheorie ihr spezielles Forschungsgebiet, und zwar die strukturellen Differenzen, die sich in den unterschiedlichen Denk- und Sprachstrukturen, Schriftzeichen, der Architektur, der Literatur, der Akzentuierung von Emotionalität oder Rationalität (Triebgebundenheit einerseits, Intellektualität andererseits), Gefühlsäußerungen oder Alexithymie u.ä. zeigen. Während etliche differente Strukturen dem Betrachter sofort in die Augen springen, ist es bei anderen weniger gravierend, was insbesondere bezüglich der Rationalität – ihrer Universalität oder Partikularität – zu Kontroversen geführt hat.

Es wäre leicht, diesbezüglich eine Entscheidung zu treffen, wenn man von einer prinzipiellen Übereinstimmung der Menschen in allen Erdteilen ausgehen könnte, was auf eine genetische Verwandtschaft schließen ließe. Dies ist Irenäus Eibl-Eibesfeldt zufolge nur bei wenigen Gesten und Mimiken der Fall, vor allem deiktischen, was verständlich ist, da Hinweise auf

Futterquellen oder drohende Gefahren schon Tieren eigen sind. Nicht einmal eine Ursprache hat sich bisher rekonstruieren lassen. Dazu gibt es zu viele erratische Sprachen, die sich in die großen Sprachfamilien nicht integrieren lassen, geschweige denn sind die großen Sprachfamilien aufeinander reduzierbar. Und selbst wenn die diversen Schriftzeichen, ob Piktographien, Hieroglyphen, Keilschrift, Buchstaben, ursprünglich auf Abbildung konkreter Gegenstände zurückgehen und sich durch zunehmende Abstraktion und Modifikation entwickelt haben,[41] sei es aufgrund geographischer, geologischer, klimatischer, ethnischer, religiöser oder sonstiger Unterschiede, so besagt dies noch nichts über die Phonetik. So bleibt der Forschung nur die empirische Annäherung an die jeweiligen Kulturen, ihr Vergleich und indirekte Rückschlüsse aufeinander.

Scheint es zunächst auch, als sei Forschung ein behutsames Herangehen an fremde Kulturen durch bloßes Hinschauen, diskretes Beobachten unter bewusster Vermeidung von Experimenten, so verhält es sich doch nicht auf diese Weise. Es gibt kein naives, unschuldiges Schauen aus der Distanz ohne Eingriffe in die fremde Kultur. Die Fremdheit fasziniert und stößt zugleich ab. Wir werden gleicherweise attrahiert wie zurückgestoßen von der Unbekanntheit, der damit verbundenen Undurchschaubarkeit und Unheimlichkeit, die uns auffordert, dem Fremden, Unvertrauten näherzutreten, es zu bewältigen und in den Griff zu bekommen. Das bedeutet, dass man den Blick unter einer bestimmten Perspektive, die einer bestimmten Hypothese entspricht, auf die zunächst mehr oder weniger indifferente fremde Welt richtet, um diese Hypothese bestätigen oder widerlegen zu lassen. Da sie angesichts der heterogenen Ausgangsposition gegenüber der beobachteten Kultur zu allermeist zur Widerlegung führen wird, modifiziert man seine Bedingungen, und zwar so oft, bis eine Anpassung an die fremde Vorgegebenheit stattfindet. Kurzum, man tastet sich sukzessiv an das Fremde heran. Exakt dieses Verfahren, das den beobachteten Gegenstand nicht untangiert lässt, sondern ihn gemäß der Fragestellung herrichtet, entspricht dem experimentellen Vorgang und stellt das Beobachten auf eine Stufe mit dem naturwissenschaftlichen Experiment, das Eingriffe in das Gegenüber durch Ausgrenzung des Gegenstandes aus seiner Umgebung vornimmt. Experimentator wie experimentell ausgerichtetes Gegenüber verändern sich ständig und passen sich einander an, was bei jeder Begegnung mit einem fremden Volk und einer fremden Kultur geschieht, insbesondere, wenn man eine Zeit lang bei Fremden lebt und in ihre Kultur eintaucht. Das Begreifen einer fremden Kultur basiert auf einem konkreten haptisch-sinnlichen Vorgang des Ausgrenzens, Abgrenzens und Ergreifens, um Herrschaft und Macht

41 Siehe die Keilschrift, die auf konkrete Pfeilspitzen zurückgeht.

über das Fremde zu gewinnen. Es ist im Prinzip derselbe Vorgang, der auch das naturwissenschaftliche Experiment bestimmt.[42] Ein Unterschied zum naturwissenschaftlichen Experiment besteht nur darin, dass das naturwissenschaftliche Experiment zu jeder Zeit unter denselben Bedingungen reproduzibel ist, da Experimentator und experimenteller Gegenstand stets unter dieselben Bedingungen gestellt werden, während sich im lebendigen, kulturellen Experiment beide ständig modifizieren. Ein Beispiel mag dies belegen:

Als ich im August 2008 einen indigenen Stamm, die Kombai in Irian Yaya, besuchte, die in Baumhäusern von 8-20m Höhe leben, ein großes Männerhaus besitzen, teils noch Steinäxte zum Fällen der Sago-Palmen benutzen, sich von Capricornkäfern, Lurchen, Fröschen, Schlangen und Vögeln, gelegentlich auch Erdferkeln ernähren, vor allem aber von Sago, spärlich bekleidet sind – Frauen tragen ein Röckchen aus Palmenfasern, Männer einen Koteka und ihre obligatorischen Accessoires Pfeil und Bogen –, interviewte ich jeden Abend den Clanchef mittels eines Dolmetschers. Eines Abends verweigerte er das Interview und war nur bereit, wenn er ‚dasselbe' zu trinken bekäme wie wir. Er hatte beobachtet, dass wir das aus den Sümpfen geschöpfte Wasser mittels eines Filters reinigten, dann aufkochten, um die Krankheitserreger abzutöten, und einen Teebeutel in die Tasse taten und etwas Zucker nachfüllten. Wir versprachen ihm, dasselbe Getränk zuzubereiten. Wir reinigten und kochten das Wasser und füllten dann eine Tasse ab und reichten ihm das Getränk. Das war ihm nicht genug, es musste noch ein Teebeutel hinzukommen, auf den wir bewusst verzichtet hatten, um durch ungewohnte Narkotika nicht unbedacht die Eingeborenen zu schädigen. Auch der Teebeutel reichte nicht aus, es fehlte noch Zucker. Erst als er genau dasselbe Getränk erhalten hatte wie wir, war er befriedigt und zum Interview bereit. Nicht nur wir hatten die Kombai beobachtet, sondern auch sie uns, und zwar sehr genau. Es war ein gegenseitiger Eingriff in die Welt des anderen mit Rückwirkungen auf die eigene Kultur. Der Clanchef hatte seine Kultur und Eigenart verändert durch Beobachtung und Begehren, es unserem Verhalten gleichzutun. Dasselbe ist der Fall, wenn Eingeborene unsere Medikamente, etwa Tabletten, beobachten und für sich begehren – vernünftigerweise reicht man ihnen dann ungefährliche Bonbons – oder wenn sie Uhren begehren, obgleich sie weder lesen noch schreiben können und die Uhr während der gesamten Dschungeldurchquerung stolz in der Hand vor sich hertragen, oder wenn sie Außenbordmotoren erheischen, wie sie

42 Vgl. dazu Kants Analyse des Experiments in Karen Gloy: *Das Verständnis der Natur*, Bd. 1: *Die Geschichte des wissenschaftlichen Denkens*, München 1995, S. 193-199..

diese an unseren Booten feststellen, weil sie sich ebenso Vorteile wegen des schnelleren Transportes davon versprechen.

Das Erlernen einer anderen Kultur geht nur über ein trial and error-Verfahren. Auch das mag ein Beispiel demonstrieren. Als ich in den 60er Jahren des letzten Jahrhunderts das erste Mal Naturethnien, die Korowai in Papua Neuguinea, besuchte und alles für mich neu war, die Baumhäuser, die an einem Bein angebundenen Erdferkel, die im Wettstreit mit den quakenden Fröschen grunzten, die Frauen mit ihren Baströckchen, die Krieger mit ihren Waffen, die sie nur während des Schlafes ablegen, musste ich erfahren, dass ich offensichtlich einen Fehler machte.. Der Clanchef, neben dem ich zufällig auf einem Baumstamm zu sitzen kam, drehte mir ostentativ den Rücken zu, was ein Zeichen der Ablehnung ist. Später erfuhr ich, dass er mich sogar hätte töten wollen. Als ich ihm eine Banane, dann eine Orange reichte, legte er sie gleichfalls ostentativ zur Seite, mag er nun diese Früchte gekannt haben oder nicht, ebenfalls ein Zeichen der Ablehnung. Ich war mir bewusst, einen Fehler begangen zu haben, nicht aber welchen. Als er plötzlich unbemerkt seinen Platz neben mir verlassen und das beiseite gelegte Obst mitgenommen hatte, erkannte ich meine Chance. Es war offensichtlich nicht ganz zu spät. Ich schenkte ihm fortan meine ganze Aufmerksamkeit, folgte ihm, fotografierte ihn bei der Arbeit, zeigte ihm sein Konterfei auf dem Monitor, das er ganz gewiss nicht erkannt haben wird, da man auch Spiegelbilder zu lesen lernen muss, aber er genoss jetzt meine Aufmerksamkeit und änderte sein Verhalten und erlaubte mir schließlich sogar, ihn auf der Jagd zu begleiten, er leichtfüßig, barfuß mit Pfeil und Bogen voranschreitend, ich schwerfällig mit hohen Stiefeln zum Schutz gegen Schlangen mühsam hinterher kommend. Mein Fehler war es gewesen, ihm als Clanchef nicht genügend Aufmerksamkeit geschenkt zu haben. Ich hatte meine Lektion bekommen! Das Kennenlernen einer fremden Kultur ist ein subtiles Herantasten und Einfühlen in Handlungs- und Verhaltensweisen sowie Mentalitäten, ein hermeneutischer Interpretationsprozess, von dem man niemals weiß, ob er wirklich gelingt, selbst wenn man meint, sich relativ sicher in einer fremden Kultur bewegen zu können.

4. Einheit oder Vielheit der Kulturen?

Wir begegnen einer Pluralität heterogener Kulturen, die zwar viele Gemeinsamkeiten aufweisen mögen, andererseits jedoch eine Reihe gravierender Differenzen zeigen, was die Frage nach ihrer Subsumption unter einen gemeinsamen Oberbegriff Kultur aufwirft oder, im gegenteiligen Fall, nach ihrer Partikularität und Separatheit. Im letzteren Falle würde es sich um unverbindbare, isolierte, erratische Blöcke handeln, die nebeneinander auftreten und sich nicht miteinander vergleichen lassen, so wenig wie Äpfel und Birnen. Sie würden sich sich kaum unter einen Generalbegriff Kultur fügen.[43]

Gewöhnlich finden wir Kulturen nebeneinander existierend vor, die sich an den Grenzen überlappen und vermischen und selten streng getrennt sind, es sei denn, dass hohe, unüberwindliche Gebirgszüge als natürliche Barrieren wirken, wie in früheren Zeiten die Alpen oder der Himalaya, oder politische Entscheidungen künstliche Grenzziehungen veranlassen wie hohe, unüberwindliche Mauern, wie einst der Eiserne Vorhang zwischen Ost- und Westdeutschland oder der Grenzzaun zwischen Israel und den palästinensischen Gebieten, zwischen Nord- und Südkorea oder zwischen den USA und Mexiko. Bei Okkupation eines neuen Gebietes wird die Siegermacht versuchen, ihre Kultur den Unterlegenen aufzuoktroyieren, während umgekehrt dessen Kultur auf längere Sicht auch auf die erstere zurückwirkt. Wenn sich Kulturen dennoch unterscheiden, so durch die Dominanz bestimmter auffälliger Merkmale, die trotz aller Übergangsformen die einen von den anderen abheben, wie die westliche abendländische Kultur von der fernöstlichen oder die US-amerikanische Kultur von der indigener Stämme, welche letzteren, wenn nicht ausgerottet, so in Rückzugsgebiete und Reservate zurückgedrängt wurden.

Sollten diverse Kulturen gleichzeitig an verschiedenen Orten entstanden sein ohne Kontakt miteinander, so hätten sie sich dennoch durch Völkerwanderungen innerhalb von Jahrtausenden vermischt, nicht zuletzt auch genetisch, und hätten inzwischen neue Abgrenzungen gegeneinander gebildet. Eher steht jedoch zu vermuten, dass die Menschheit einen gemeinsamen biologisch-anthropologischen Ursprung hat, den Homo sapiens, auch wenn es diesbezüglich abweichende Theorien gibt und die simultane Entstehung ähnlich gearteter Urmenschen diskutiert wird. Je nach kontingenten Um-

43 Eine ähnliche Situation verzeichnen wir im Falle der Zeit. Die Tatsache, dass es die unterschiedlichsten Zeitformen gibt, die Fließzeit, die stehende Präsenzzeit, die Ewigkeit, die zyklische, rhythmische Zeit, die nicht im eigentlichen Sinne zeitlichen Aspekte und Aktionsarten, wirft auch hier die Frage auf, was eigentlich unter Zeit zu verstehen sei und ob sich die heterogenen Formen unter einen gemeinsamen Generalbegriff subsumieren lassen.

ständen und notwendigen Bedingungen geographischer, klimatischer, sozialer, politischer oder religiöser Art hätte sich die Menschheit dann in diverse Kulturen differenziert und unterschiedliche Entwicklungsschübe durchgemacht. Die gemeinsame Basis dieses Universalismus wäre in der biologischen Ausstattung des Menschen mit seinen spezifisch anthropologischen physischen, psychischen und mentalen Konditionen zu suchen, wie sie sich in Mimik, Gestik und Körperdisposition, in emotionalen und intellektuellen Fähigkeiten sowie in religiösen Verhaltensweisen darbieten, die alle von starker Ausdruckskraft sind und in nonverbaler wie verbaler Sprache bestehen.

Die Humanethologie hat eine Reihe mimischer und gestischer Gemeinsamkeiten ausfindig gemacht, die weltweit bestehen, wie das Lächeln. Anhand von Fotos von Männern und Frauen aus diversen Kulturen: einer Französin, eines Yanomami-Mannes sowie einer jungen Yanomami-Frau, einer !Kungfrau aus der zentralen Kalahari, eines Huli (Papua-Neuguinea) und eines Balinesen hat Irenäus Eibl-Eibesfeldt[44] die weltweite Verbreitung und Verständlichkeit des Augengrußes bzw. des Lächelns demonstriert, das als Annäherungs- und Freundschaftsgeste, als Zeichen der Kontaktaufnahme fungiert. Ebenso ist die Abwehrgeste, wie sie schon der Säugling bei Abwendung von der Mutterbrust demonstriert, wenn er gesättigt ist, weltweit verbreitet. Sie drückt Distanzierung, Abwendung aus und kann bis zum Rückenkehren gehen. Es handelt sich meist um deiktische Gesten, die auf eine genetische Veranlagung des Menschen zurückgehen und schon im Tierreich zu konstatieren sind.

Hierzu gehören auch heitere, frohe wie traurige Gesten, die eine anziehende oder abstoßende Wirkung haben. Sie bestehen entweder in hochgezogenen oder herabfallenden Mundwinkeln, in hellen oder getrübten Augen, in gehobener oder bedrückter Stimme und sind jedermann verständlich. Ebenso werden aggressive und beschwichtigende Gesten verstanden, die sich entweder in der Aufrichtung und Vergrößerung des Körpers, in der Ausbreitung der Arme, in vorgebeugter Angriffsstellung, Stirnrunzeln, Gebrüll äußern[45] und jedermann die Drohung signalisieren, oder im Kleinmachen und Zu-Boden-Werfen wie in den Unterwerfungs- und Demutsgesten. Auch sie lassen sich bis ins Tierreich hinein verfolgen. In Masken werden sie oft vergröbert dargestellt.

Daneben finden sich auch Gesten wie das Kopfnicken, das in verschiede-

44 Irenäus Eibl-Eibesfeldt: *Die Biologie des menschlichen Verhaltens.* Grundriß der Humanethologie, München 1984, 3. überarbeitete und erweiterte Aufl. 1997, S. 634.

45 Bei indigenen Kriegern und beim Militär dient der Kopfaufsatz, der Federschmuck, der Helm, erhöhende Schulterklappen und Schuhe oder das Lametta zur Steigerung der Aggressivität und Demonstration der Kampfbereitschaft.

nen Kulturen verschieden ausgelegt wird. Während in Europa das Kopfnicken nach vorn Bejahung bedeutet, das seitliche Kopfschütteln Verneinung, das Zurückwerfen des Kopfes Aufforderung, bedeutet das Nicken in anderen Ländern wie in Teilen Italiens Distanzierung und Verneinung (sogenanntes sizilianisches Nein),[46] Seitliches Kopfschütteln hat in Indien die Bedeutung von Bejahung, nicht von Verneinung. In der Alternative zeigt sich die Möglichkeit der Ausbildung unterschiedlicher kultureller Eigenarten auf der Basis gleicher Strukturen und Strategien.

Die biologisch-anthropologische Gemeinsamkeit und ihre entwicklungsgeschichtlich bedingte Ausdifferenzierung, die in verschiedenen Richtungen und unterschiedlichen Schüben vorangegangen sein dürfte und zu heterogenen Entwicklungsstadien geführt hat, erklärt, dass trotz aller Fremdheit ein Verstehen anderer Kulturen prinzipiell, zumindest in Teilen möglich ist, da in der Tiefendimension auf eine gemeinsame genetische Grundlage zurückgegriffen werden kann, auch wenn sich diese oft nicht mehr rekonstruieren lässt. Es verhält sich mit ihr ebenso wie bei der Suche nach einer Ursprache. Wir treffen heute auf die heterogensten Sprachen, die sich in Sprachfamilien zusammenfassen lassen, wie das Indogermanische, das die europäischen Sprachen mit dem indischen Sanskrit verbindet, oder das Semitische, das das Hebräische mit dem Assyrisch- Babylonischen verbindet, oder das Australopolynesische, das die Südseesprachen eint. Angesichts der vielen, auch disparaten Sprachen, die sich mittels ihrer Grammatik nicht einordnen lassen, ist es bislang nicht gelungen, eine Ursprache ausfindig zu machen, so wenig wie sich eine indogermanische Ursprache hat finden lassen. Wahrscheinlich haben sich immer wieder Gruppen lokal absentiert, die ein neues Repertoire oder eine neue Aussprache erfunden haben. Gerade die Sprache als lebendiges Vermittlungsgut verändert und erneuert sich permanent, was wir nicht nur in der Vergangenheit durch Latinismen, Franzismen, Anglizismen erlebten, sondern heute durch das Jugendsprachenidiom, das bereits die ältere Generation nicht mehr versteht. Genauso dürften sich Sprachen wie das Indogermanische, das egologisch und ergozentrisch ist und die Welt von einem Subjekt aus interpretiert und konstruiert, von anderen Sprachen wie den Indiosprachen abheben, die passiv und pathozentrisch sind. Sie haben jeweils eine andere Entwicklung eingeschlagen und durchgemacht, je nachdem, welche Lebenserfahrungen, Einstellungen oder welcher Habitus in sie eingingen. In der Tiefe jeder Auseinanderentwicklung, sei es durch Differenzierung oder Spezifikation, bleibt ein Rest, der auch bei noch so extremem Auseinanderdriften der Kulturen sich dem Verständnis erschließt, wenn nicht rational, so über die Symbol- und Zeichensprache wie in der

46 Vgl. Irenäus Eibl-Eibesfeldt: *Die Biologie des menschlichen Verhaltens*, a.a.O., S. 668

nonverbalen Kommunikation, in der Kunst und Religion. Dass jede Ausdeutung auch fehlschlagen und an der Wahrheit vorbeigehen kann, versteht sich, zumal Verstellung, Verheimlichung, Täuschung eine in der Natur angelegte Lebensstrategie ist, die bereits in der vorbewussten Dimension im Mimikry begegnet und bis zur bewussten Verstellung, Lüge, Täuschung und zum Meineid reicht. Insofern bleibt immer ein Rest an Unverständnis oder Zweifel.

Ob wir den gemeinsamen Ursprung punktualistisch wie in der logischen Tradition oder dimensional wie in der Phänomenologie und Hermeneutik ansetzen, die den Zeitfaktor und damit die zeitliche Ausdehnung der Wahrnehmung mit berücksichtigen und wie Edmund Husserl ein Datum mit einem Netz von Urimpression, Retention, Retention der Retention sowie Protention und Protention der Protention usw. überzieht, hängt von der jeweiligen philosophischen Ausdeutung ab. Während die statisch-logische Interpretation das Spezifikationssystem präferiert, das die Urinstanz einer Spezifikation unterwirft und diese wiederum einer Spezifikation der Spezifikation und so die Gewichte verlagert, sprechen Phänomenologie und Hermeneutik von Horizonten oder Dimensionen und deren Überlappung, was zu einer Abschattung führt, die sich zwar mit der Zeit vergrößert, aber nie in Vergessenheit geraten kann. Diese Theorien können das Vergessen und Versinken der Urimpression bzw. der Urerfahrung nie ganz eliminieren. Hier wie dort bleibt ein Schimmer des Ursprungs erhalten, auch wenn der Bewusstseinsgrad minimal ist. Mit Gottfried Wilhelm Leibniz könnte man diese kaum bewussten Zustände schlafende Monaden nennen.[47]

Dadurch dass unterstellt wird, dass die Menschheit in ihrer geschichtlichen Entwicklung diverse Stufen durchlaufen hat, angefangen von der natürlichen, biologisch-anthropologischen, präreflexiven Ebene, über die rituelle, religiöse, sowohl die gewohnheitsmäßige wie die glaubensmäßige in Offenbarungsreligionen, des weiteren über die bewusst ästhetische und schließlich die selbstbewusst reflexive philosophische mittels des Geistes und der Sprache, lassen sich verschiedene Ausgestaltungen nachvollziehen. Danach scheint sich für die interkulturelle Philosophie zugleich ein Kriterium der Beurteilung der diversen Stufen zu ergeben, das auf die selbstbewusste philosophische Stufe als fortgeschrittenste weist. Ob diese in der westlichen Kultur vorliegt, wie zumindest Kant sie einschätzte und als höchste und fortgeschrittenste einstufte, worin ihm Heidegger und Gadamer gefolgt sind, oder in der östlichen, die eine andere Auffassung vom Geistigen hat, sei dahingestellt. Während die eine Kultur – unsere – auf präzisierender Begrifflich-

47 Eine ausführliche phänomenologische Darlegung findet sich bei Niels Weidmann: *Interkulturelle Philosophie*, a.a.O., S. 90 ff., 157 ff.

keit basiert, zielt die andere – die östliche – auf Ganzheit und Totalität. Rationalität wie Meditation sind zwei Weisen der Welterschließung, von denen die eine ein- und ausgrenzend, separierend verfährt, wodurch sie Präzision erreicht, die andere holistisch-ganzheitlich, vereinigend, indem sie alle Oppositionen aufhebt. Welche hier progressiver und wertvoller zu nennen ist, bleibt unentschieden.

Zum anderen ist zwischen einer rein sachlichen Stufung und einer ethischen Bewertung zu unterscheiden. Oft hört man in der fortgeschrittenen westlichen Welt die selbstgerechte Meinung, unsere Zivilisation grenze sich von den wilden barbarischen Naturethnien durch Fortschritt, Technik und Technologie, durch Humanität und Verantwortungsbewusstsein ab. Heißt dies, dass es humaner und ethisch vertretbarer sei, einen Krieg mit Robotern zur Tötung von Menschen zu führen, als wie bei Naturethnien Mann gegen Mann zu kämpfen, oder dass unsere souveräne Naturbeherrschung, die im Grunde ein Raubbau an der Natur ist, ethisch vertretbarer sei als der moderate Umgang von Naturethnien, der der Natur nicht mehr entnimmt als unbedingt notwendig ist und gebraucht wird? Was als ethisch und moralisch gut betrachtet wird, unterscheidet sich von Kultur zu Kultur und unterliegt dem Perspektivismus und Relativismus. Eine bestimmte Ethik ist nur für diejenige Gesellschaft verbindlich, die sie sich selbst gibt. Sie einer anderen vorschreiben zu wollen, wäre Anmaßung und Hybris.

Im morphologischen Aufbau der Kulturen stechen bestimmte Formen hervor, wie die zyklische, die spezifizierende bzw. klassifizierende und die Netzwerkstrultur als Totalverbindung, die sich als kulturkonstitutiv erweisen.

Daneben gibt es eine Pluralität anderer prägnanter Strukturen wie Linearität, Steigerung, Potenzierung, Parallelität, Rhythmik mit Auf- und Abstieg und Klimax, Paradoxie, Parataxe, Hypotaxe, Organizität usw. Teils werden sie zur Strukturierung und Interpretation bestimmter Bereiche herangezogen, teils – jedoch nur wenige wie die oben genannten – zur Strukturierung und Interpretation ganzer Kulturen,. In diesem Falle drücken sie der jeweiligen Kultur ihren Stempel auf. Es sind Formen, mittels deren der Mensch die chaotische, ihn umgebende Welt ordnet und formt um sie beherrschbar zu machen, nicht nur geistig, sondern auch physisch.

Die Frage nach den Gründen, warum gerade die eine Form vor der anderen präferiert wird und warum gerade zu welcher Epoche, ist eine, die seit Hans Leisegang die Forschung umtreibt, jedoch bislang keine Beantwortung gefunden hat. Möglicherweise hängt sie mit dem Umstand zusammen, welche sich gemäß dem darwinistischen Prinzip des *survival of the fittest* am besten und adäquatesten zum Leben und Überleben qualifiziert. Das sind bekanntlich natürliche, biologisch begründete Formen wie die Kreislaufstruktur oder die spezifizierend-klassifizierende Ordnungsstruktur oder auch eine in die Natur sich einfügende meditative, jedoch auch solche, die durch technische Innovationen und Entwicklungen erst ermöglicht und forciert werden, wie die universale Netzwerkstruktur.

5. Philosophie – ein europäisches oder ein internationales Projekt?

Wenn es gemäß dem Programm der interkulturellen Philosophie eine Verständigung zwischen heterogenen Kulturen geben soll, dann ist von der Prämisse auszugehen, dass alle Kulturen in irgendeiner Weise Philosophie treiben, bewusst oder unbewusst, und ein Welt- und Selbstverständnis kennen. Diese These ist nicht unumstritten. Martin Heidegger und sein Schüler Hans-Georg Gadamer gehen davon aus, dass Philosophie im engeren Sinne ein spezifisch europäisches, genauer griechisches Produkt ist. An dem einmaligen Ort in der Welt: Griechenland und in der einmaligen Zeit: etwa um 600 v. Chr. sei Philosophie als spekulative, methodisch geleitete Beherrschung der Welt und Ableitung aus Prinzipien entstanden und alle folgenden Philosophien seien nur die Fortsetzung der griechischen Philosophie. In einem Vortrag konstatiert Heidegger:

> „Die oft gehörte Redeweise von der ‚abendländisch-europäischen Philosophie' ist in Wahrheit eine Tautologie. Warum? Weil die ‚Philosophie' in ihrem Wesen griechisch ist -, griechisch heißt hier: die Philosophie ist im Ursprung ihres Wesens von der Art, daß sie zuerst das Griechentum, und nur dieses, in Anspruch genommen hat, um sich zu entfalten."[48]

In dieselbe Kerbe schlägt Gadamer, wenn er immer wieder von der Einzigartigkeit der abendländischen Philosophie spricht.

Dem liegt eine ganz bestimmte, restringierte Auffassung von Philosophie als methodengeleiteter geistiger Disziplin zugrunde, und zwar das Modell kognitiver Erkenntnis, wie es konsequent in die neuzeitliche wissenschaftliche Erkenntnis führt und in den mathematischen Naturwissenschaften und der Technik seine höchste Kulmination erlangt, allerdings auch, wenn es keine Änderung erfährt, seinen Untergang vorbereitet. In einem postum erschienenen *Spiegel*-Interview, in dem Heidegger von den Journalisten wiederholt nach konkreten Ratschlägen zur Steuerung des Vorgangs bedrängt wurde, heißt es:

> „Die Philosophie wird keine unmittelbare Veränderung des jetzigen Weltzustandes bewirken können. Dies gilt nicht nur von der Philosophie, sondern von allem bloß menschlichen Sinnen

48 Martin Heidegger: *Was ist das – die Philosophie?* (1955), Pfullingen 1956, S. 12 f.

und Trachten. Nur noch ein Gott kann uns retten. Uns bleibt die einzige Möglichkeit, im Denken und im Dichten eine Bereitschaft vorzubereiten für die Erscheinung des Gottes oder für die Abwesenheit des Gottes im Untergang; daß wir im Angesicht des abwesenden Gottes untergehen."[49]

Der These von der Singularität der abendländischen Philosophie und ihrem Ursprung in Griechenland ist Karl Jaspers' Auffassung konfrontiert. Gemäß seinem auf Joachim von Fiore zurückgehenden Modell einer Achsenzeit, die zwischen 800-200 v. Chr. durch einen Quantensprung in der menschlichen Geistesgeschichte charakterisiert ist, seien in dieser Zeit an drei verschiedenen, voneinander unabhängigen Orten: China, Indien und Griechenland selbständige autochthone Philosophien entstanden, die für Jaspers aus drei heterogenen Hochkulturen hervorgingen.[50] Für China nennt er Konfuzius, Lao-tse und den Taoismus, für Indien die Veden mit dem letzten, jüngsten Stück, den Upanishaden, sowie den Buddhismus und für Griechenland die Philosophen ab den Vorsokratikern. Der Eindruck einer Zäsur, die im explosionsartigen Hervorbrechen von Geistesprodukten besteht, dürfte allerdings auf die Entdeckung und massive Verbreitung der Schriftkultur zu jener Zeit zurückgehen, die seriöse Vergleiche erst ermöglicht.

Gegen Jaspers' These separater Ursprünge spricht, dass die Handelsbeziehungen auf den damaligen Routen des Land- und Seeverkehrs für eine länderübergreifende Verbreitung von Geistesprodukten sorgten, die im Gepäck der materiellen Güter mitreisten. Wie sehr sich Mythen desselben oder ähnlichen Inhalts, etwa von der Weltentstehung und dem Weltuntergang, von der Schlange (Drachen), Nykea-Mythen (Nachtfahrtmythen) über die ganze Welt verbreiteten, nicht weniger bestimmte Architekturen wie der Pyramidenbau, der nicht nur in Ägypten, sondern im Vorderen Orient, in Indien, in Peru und Mexiko zu finden ist, ist allbekannt. So dürften auch inhaltliche Vorstellungen wie methodische Strategien von einem Ort der Welt zum anderen gewandert sein, wenngleich sie unterschiedlich aufgenommen wurden je nach Mentalität, geographischen und geologischen Gegebenheiten, spezifischen Überlebenschancen u.ä.

Dass die frühen Griechen nicht nur mit der altägyptischen Kultur und Denkweise vertraut waren, bezeugen laut verschiedenen Zeugnissen die Reisen von Solon, der von den Ägyptern die Staatskunst (Politik) erlernt haben soll, von Pythagoras, der bei ihnen Mathematik und Astronomie studierte –

49 Martin Heidegger: „Nur noch ein Gott kann uns retten", *Spiegel*-Gespräch mit Martin Heidegger am 23. September 1986, in: *Der Spiegel*, Nr. 23, 1976, S. 193-219, bes. S. 209.

50 Vgl. Karl Jaspers: *Vom Ursprung und Ziel der Geschichte*, München 1949, S. 19 ff.

Cheikh Anta Diop spricht sogar davon, dass die Errungenschaften Altägyptens: Naturwissenschaft, Mathematik, Architektur, Medizin und Philosophie (Weisheitslehre) die Grundlage der griechischen und damit der gesamten abendländischen Kultur wurden.[51] Die frühen Griechen waren auch mit der indischen Philosophie vertraut, deren Philosophen sie ‚Gymnosophisten' (‚nackte Philosophen') nannten. Es gibt eine Reihe von Übereinstimmungen zwischen beiden Kulturen. Die Lehre vom Kreislauf der Existenzen aus den indischen Upanishaden findet eine Fortsetzung in der Palingenesis-Theorie der Pythagoräer, die auch bei Platon auftritt,[52] in der Lehre von der Weltentstehung und dem Weltuntergang und ihrer Wiedererstehung bei Empedokles oder in der Theorie vom Wechsel der Aggregatszustände. Ebenso sind Diskussionen über Monismus oder Dualismus in beiden Philosophien bekannt. Die indische Lehre von den Erscheinungen bzw. dem Schein (Maya) und dem Wesen der Dinge kehrt in der platonischen Philosophie in der Unterscheidung von realer, empirischer und ideeller Welt wieder, und der Transzendenzgedanke, der den Aus- und Überstieg über die diesseitige Welt in ein Jenseits, Nirvana thematisiert, das unerkennbar und unsagbar ist und nicht nur Nichts, sondern auch Fülle bedeutet und Grund der Welt ist, entspricht Platons Theorie der *ἐπέκεινα τῆς οὐσίας*, dem, was jenseits des Seins und der Erkenntnis ist, folglich unzugänglich ist und doch als Grund der Welt angenommen werden muss. Die Veden, die schon dem Namen nach auf Wissen und Weisheit deuten,[53] nehmen das Hauptthema der griechischen Philosophie vorweg, den Begriff der *σοφία*, wie er in *φιλοσοφία* (Liebe zur Weisheit) vorliegt und nicht nur das sachkundige Fachwissen bezeichnet, das *know-how*, wie es der Schiffer haben muss, der sein Schiff sicher durch Wind und Wellen in den Hafen leitet, oder der Politiker, der das Staatsschiff zu lenken vermag, oder der kompetente Flötenspieler, der sein Spiel virtuos beherrscht, sondern immer auch ethische Implikationen vom richtigen, guten Leben, vom Heilsweg, einschließt. Ethische Forderungen spielen sowohl in Indien wie in Griechenland eine bedeutende Rolle und haben sich bis heute im Weisheitsbegriff erhalten, der Lebenserfahrung, menschliche Reife, Abgeklärtheit ausdrückt und das rein kognitive, theoretische Wissen übersteigt, allerdings in den einzelnen Ländern unterschiedliche Gewichtung erfahren hat. Während in Indien Pragmatismus und Spiritualismus Hand in Hand gehen,[54] emanzipierte sich in Griechenland das

51 Vgl. Afrikanische Philosophie, https://de.wikipedia.org/wiki/Afrikanische_Philosophie, S. 4 von 8.

52 Vgl. Platon: *Phaidon* 105b ff.; *Politeia* 608c ff.

53 Lateinisch videre, griechisch ἰδεῖν, deutsch ‚wissen'.

54 Vgl. Lutz Geldsetzer: *Die klassische indische Philosophie* (Vorlesung an der HHU Düsseldorf, Sommersemester 1982, Wintersemester 1993/94, Wintersemester 1998/99), https://www.phil-

logisch-methodische, mathematische Denken vom praktischen und ging zunehmend eigene Wege.

Bis in Äußerlichkeiten hinein reichen die Übereinstimmungen. Die Upanishaden, die den spätesten Teil der Veden bilden, bedeuten genau genommen ‚um den Lehrer herumsitzen' oder ‚ihm zu Füßen sitzen', was eine Fortsetzung in Griechenland in den Philosophenschulen der Pythagoräer, in den Zirkeln der Sophisten, in Platons Akademie und Aristoteles' Lyzeum fand und bis heute im Akademiebetrieb zu spüren ist in Schüler- und Studentenkreisen, wenn auch nicht mehr wie in den vergangenen Jahrhunderten in den ausgesprochenen Philosophenschulen. Teamarbeit, wie sie in den Naturwissenschaften stattfindet, wäre die moderne Fortsetzung.

Durch die Christianisierung des Westens und die Islamisierung Kleinasiens riss die Beziehung nach Indien für lange Zeit ab. Die islamischen Eroberungen bildeten eine undurchdringliche Barriere für das Mittelalter, bis in der Renaissance über die Wiederanknüpfung an die griechische Philosophie auch eine an das indische Denken erfolgte.[55] Während der erste deutsche Philosophiegeschichtsschreiber Jakob Brucker die indische Philosophie in seiner *Historia Critica Philosophiae* (Leipzig 1742)[56] noch für barbarisch hielt und nach der vorsintflutlichen Philosophie, aber vor der griechischen Philosophie eingeordnete und neben die hebräische, chalkidische, persische, arabische, phönizische, ägyptische, keltische, etruskische und skythische Philosophie stellte,[57] beschäftigte sich Gottfried Wilhelm Leibniz im 18. Jahrhundert und Friedrich Schlegel im 19. Jahrhundert in seinem Buch *Sprache und Weisheit der Inder* (Heidelberg 1808) intensiver mit der indischen Philosophie. Sein Bruder August Wilhelm Schlegel erhielt sogar eine eigene Professur für Sanskrit in Bonn und machte die Deutschen mit der Bhagavad-Gita bekannt, die Wilhelm von Humboldt in seinen einschlägigen Betrachtungen *Über die unter dem Namen Bhagayad-Gita bekannte Episode des Mahabharata* (Berlin 1826) kommentierte. Paul Deussen übersetzte die Upanishaden (*60 Upanishads des Veda,* Leipzig 1897) und brachte dem westlichen Publikum damit die Philosophie der Veden näher; Arthur Schopenhauer und andere legten den Grundstein für das moderne Indienbild, das

fak.uni-duesseldorf.de/philo/geldsetzer/indotit.htm#Indische%20Philosophie, S. 15 von 116.

55 So bei Gemistos Plethon und Giovanni Pico della Mirandola, vgl. dazu John Duncan Martin Derrett: *Artikel Gymnosophisten*, in: *Der kleine Pauly*. Lexikon der Antike, Bd. 2, München 1979, Spalte 892 f. Die indischen Gymnosophisten, eine Klasse der Brahmanen, die nackt in den Wäldern lebten, eine strenge Lebensführung innehielten, sich Gebeten widmeten, wurden als vorchristliche Heilige angesehen und waren zwischen dem 14- und 17. Jahrhundert auch Thema im Westen.

56 Jakob Brucker: *Historia Critica Philosophiae*, Leipzig 1742, S. 190-212.

57 Vgl. Lutz Geldsetzer: *Die klassische indische Philosophie*, a.a.O., S. 8 von 116.

bereits im 17. und 18. Jahrhundert durch Missions- und Reiseberichte präzisiert worden war.

Dass zwischen Indien und China ebensolche Verbindungen über Handels- und Missionswege bestanden haben, belegt zumindest die von Indien ausgehende Verbreitung des Buddhismus in den gesamten ost- und südostasiatischen Raum.

Bewusst gepflegte Beziehungen zwischen europäischer und fernöstlicher (chinesischer und japanischer) Philosophie datieren erst aus der Moderne und spielen sich weitestgehend auf universitärer Ebene ab in Form historischer Aufarbeitungen, so in der vergleichenden Religionswissenschaft und der Sinologie, die das Gesamtpaket Literatur, Musik, Kunst, Religion, Philosophie gleichzeitig aufrollen. Die lange westliche Zurückhaltung gegenüber den philosophischen Praktiken in Japan und China, die weit mehr als im Westen praktisch-ethischen Motiven entstammen, hängt mit deren Disqualifizierung als bloße Vorstufe von Philosophie zusammen und der Weigerung, sie als eigentliche Philosophie anzuerkennen – dies auch heute noch –, was für das wechselseitige Verhältnis fatal ist. Dabei gibt es durchaus auf theoretischem Gebiet Schnittmengen mit der europäischen Philosophie wie die Dialektik und die Selbstbewusstseinstheorie, was das Verhältnis des Ich zum Selbst und dieses zum Über-Ich betrifft. Wenn es in der Moderne zu einem interkulturellen Dialog kommt, dann geht das Interesse bislang von Seiten der östlichen Philosophen, nicht von Seiten der westlichen aus. Nach der langen Abschottung Japans und der späten Öffnung in der zweiten Hälfte des 19. Jahrhunderts waren es japanische Philosophen wie Nishida (1842-1910) und die Kyoto-Schule, die Kontakt zum Westen suchten, was dann auch Reaktionen im Westen hervorrief. Gespürt aber wird deutlich, dass die fernöstliche Philosophie, wenn man diesen Begriff beibehält, anderer Art ist als die europäische und weit mehr mit der frühgriechischen Weisheitsphilosophie zu tun hat, deren ursprüngliche Einheit von Denken und Handeln sich im Westen aufgelöst hat.

Ob frühe, vorjüdische und vorchristliche Kontakte zwischen Europa und Asien einerseits und Afrika andererseits bestanden, zumindest Ostafrika, dem Land der Königin von Saba, das früh schon das Christentum einführte, ist denkbar und nicht auszuschließen. Da sich aber in Afrika keine Schriftkultur entwickelt hat und Philosophie in der Sammlung von Lebensweisheiten, Sprüchen und Mythen besteht, zudem die afrikanische Art der Weltdeutung sich eher in der Kunst ausdrückt, müssen hier weitere Forschungen abgewartet werden. Der kenianische Philosoph Henry Odera Oruka unterscheidet für Afrika vier Spielarten der Philosophie: *erstens* die Ethnophilosophie, *zweitens* die nationale, *drittens* die moderne akademische und *viertens* die *sage*-Philosophe, die sich aus Sentenzen weiser Männer und Frauen (*sage*) zusammensetzt. Während die ersten drei neueren Datums sind, dürfte die *sage*-Philosophie auf alte Traditionen zurückgehen und so noch am meisten Ähnlichkeit mit westlichen Sammlungen von Weisheitssprüchen haben. Sie hat es jedoch zu keiner Systematik gebracht.[58]

Dass auch diese oralen Traditionen, ebenso die rituellen symbolischen Praktiken Philosophisches enthalten, sei anhand einer Schilderung der Palaver-Tradition in Mali und ihrer quasi-rationalen Strategie demonstriert.

Dort kommen die Ältesten, die wegen ihres Alters und ihrer Lebenserfahrung und Reife hochgeschätzt werden, in sogenannten Palaverhütten zusammen, um über die Angelegenheiten des politischen und sozialen Lebens der Dorfgemeinschaft zu beraten und zu entscheiden. Da nicht davon auszugehen ist, dass alle Teilnehmer von Beginn an die gleiche Meinung haben,wird so lange diskutiert, bis sich ein Konsens abzeichnet. Böse Zungen lästern zwar, dass so lange palavert wird, bis Müdigkeit einsetzt und alle zunicken, um endlich zu einem Abschluss zu gelangen, wie heute in westlichen Parlamenten oft bis Mitternacht und auch darüber hinaus diskutiert wird und schließlich wegen Übermüdung einem Vorschlag zugestimmt wird. Dem ist jedoch nicht so. Vielmehr geht es um ein typisch sokratisches Gesprächsverfahren. Trotz anfänglicher Kontroversen hört man die Argumente der Gegner an, erwägt sie, findet einige schlecht, andere vielleicht erwägenswert, die zu ergänzen und zu modifizieren sich lohnt durch eigene Überlegungen und Vorschläge, verfolgt sie weiter, und so bei jedem Schritt, bis sich ein Mainstream herausbildet, dem schließlich alle zustimmen können, nicht aufgrund der Oktroyierung fremder Meinungen, sondern durch positives Mitdenken und Mitmachen. Dieses Verfahren gleicht der sokratischen Gesprächstechnik, der Maieutik, bei der das Ziel vorher nicht bekannt ist, sich aber im Verlauf der Diskussion sukzessiv herauskristallisiert und von allen schließlich akzeptiert wird, da alle mehr oder weniger daran beteiligt sind. Aus jeder echt platonischen Diskussion kommt man gereinigter und wissender heraus, als man hineinging, so dass der Prozess einer Katharsis gleicht.

58 Was die Hochkulturen der Indios in Süd- und Mittelamerika betrifft, so wird man aufgrund ihres hohen astronomischen und mathematischen Wissensstandes davon ausgehen dürfen, dass ihnen philosophische Weltdeutungen, sei es in schriftlicher oder mündlicher oder künstlerischer Form, nicht fremd waren, die fatalerweise durch die Konquistation und den Versuch der Jesuiten zur Gründung eines Jesuitenstaates ausgelöscht wurden. Bis heute haben sich in der Andenregion, in den Regenwäldern und im Pantanal Medizinmänner, Weise, Magier, Zauberer, ähnlich wie in Afrika die Sangomas und Divinas, erhalten, bei denen philosophische Deutungen in den magisch-mythischen Praktiken und religiösen Vollzügen enthalten und verschlüsselt sind. Vgl. Josef. F. Estermann: *Andine Philosophie.* Eine interkulturelle Studie zur autochthonen andinen Weisheit, Frankfurt a. M. 1999; ders.: *Hacia una filosofia del escuchar.* Perspectivas de desarrollo para el pensamiento intercultural desde la tradicion europea, in: Raúl Fornet-Betancourt (Hrsg.): *Kulturen der Philosophie.* Dokumentation des I. Internationalen Kongresses für interkulturelle Philosophie, Aachen 1996, S. 119-149.

Das Verfahren hat große Ähnlichkeit mit einer Methode, die Bernd-Olaf Küppers,[59] zurückgehend auf Manfred Eigen, an einem Beispiel demonstriert hat, das weder einen rein kontingenten, zufälligen Prozess darstellt noch einen rein teleologischen, sondern einen quasi- teleologischen. Ziel ist die Herleitung eines bestimmten Wortes, beispielsweise des Wortes ‚Evolutionstheorie', aus einer anfänglich Zufallssequenz von Buchstaben wie ULOWTRSMIKLABTYZC. Bei jeder Vervielfältigung des Wortes entstehen Mutationen. Nach einer bestimmten Anzahl von Generationen und nach Festlegung eines bestimmten Selektionswertes, der jeder Sequenz, die um 1 Bit besser ist als die Referenzsequenz, einen differenziellen Vorteil verschaffen soll durch schnellere Reproduktion, bildet sich eine zunehmende Selektion in Richtung auf das Ziel heraus. Das hängt damit zusammen, dass der Spielraum der Regenerationsalternativen nicht bei jedem Schritt gleich bleibt, sondern zunehmend eingeschränkt wird, so dass am Ende nur noch eine Möglichkeit übrig bleibt, die sich ständig iteriert.

Während die erste Generation noch eine extrem abweichende Buchstabenkombination aufweist:

1. Generation
CLOWTBCKIKLAFTYJ / ELWWCBCKIKTAFTYJ / ELOWTBCKIKLAJVYJ /

ELWWSBCKLIFFUJ / ELWWSBCKIKLAFTYJ / ELWWSRCLAKL!FTYJ /

ELWWSBCKEKLIJTYJ / CLOWTBCKIKLA,VYJ / ELWOSBCKEKLAJTYJ / CLOOTBCKIKLAFTYJ,

lässt die 15. Generation bereits eine Annäherung an das Ziel erkennen:

15. Generation
EVQLVDGONS?HEOQUI / EVOVDGONSLHE,QIC/ ETOLVDGONS?HEOQIE / EVOLVDGONS?LUOQUC / EVOLVDGNSLHEOQIC / EVOLVDGONS?HEOQIE / EVOLVEDONSLHOQIC / EVOLVDGONDHEOQUI.

59 Bernd-Olaf Küppers: *Zur Selbstorganisation informationstragender Systeme*, in: Günter Altner (Hrsg.): *Die Welt als offenes System*. Eine Kontroverse um das Werk von Ilya Prigogine, Frankfurt a. M. 1986, S. 70-84.

Die 30.Genration:
EVOLUTIONSTHEORIE / EVOLUTIONSTHEORIE / EVOLUTIONSTHEORIE / EVOLUTIONSTHEORIE / EVOLUTIONSTHEORIE /EVOLVDIONSTHEORIE / EVOLUTIONSTHEORJE /EVOPUTIONSTHEORIE / EVOLVTIONSTHEORIE /EVO?UTIONSKXHEORI

verzeichnet das Wort ‚Evolutionstheorie' bereits etliche Male, obwohl noch einige Abweichungen vorkommen. Auf diese Weise wird ersichtlich, dass sich hier durch Selbstorganisation ein anfangs nicht bekanntes – hier jedoch potentiell antizipiertes – Ziel herausbildet.

Den Hintergrund für dieses Beispiel bildet die Überlegung des Physikers E. Wigner, dass durch reine Zufallsmutationen die Entstehung eines selbstreproduktiven Systems infolge der gigantischen Fluktuation unwahrscheinlich wäre.[60] Schon im einfachsten Falle eines Bakterienbauplans würden die Sequenzalternativen die unvorstellbare Größe von $10^{2,4}$ Millionen annehmen. Der Prozess muss also durch einen Selektionsmechanismus gesteuert werden, der beliebig festgelegt werden kann, während des Weges jedoch festgehalten werden muss, und auf ein a priori unbekanntes Telos zusteuert.

An diesem Beispiel sollte gezeigt werden, dass auch in oralen Kulturen rationale teleologische bzw. quasi-teleologische Strategien verfolgt werden können, die der Methode der von uns so geschätzten griechischen Philosophie gleich-, zumindest nahekommen, deren Markenzeichen Rationalität ist. Auch Narrative können gestaltete Vorgänge sein; aus solchen dürfte sich überhaupt das rationale, logische Denken entwickelt haben.[61]

Wird damit nicht, so könnte man fragen, der Philosophiebegriff zu sehr ausgedehnt auf alles, was in irgendeiner Weise methodisch verläuft, angefangen *erstens* von wiederkehrenden Naturvorgängen wie in Mimik und Gestik, über *zweitens* wiederkehrende rituelle Vorgänge in Religionen und sonstigen rituellen Praktiken, die in der Nachahmung von Naturvorgängen be-

60 Vgl. a.a.O., S. 75.

61 Ein ähnliches Beispiel lässt sich von Nordzypern berichten, wo noch intakte Dorfgemeinschaften existieren, wie in dem kleinen Dorf Bellapais in unmittelbarer Nähe der berühmten Prämonstratenser Abtei gleichen Namens aus der Zeit der Kreuzritter. Auf dem dortigen Marktplatz treffen sich die meist älteren Bewohner, um stundenlang über größere und kleinere soziale, wirtschaftliche und politische Angelegenheiten des Dorfes zu diskutieren. Einmal wurde ein Mitbürger beschuldigt, sein Wassergeld nicht entrichtet zu haben, was er bestritt und zu heftigen Kontroversen führte. Argumente wurden hin und her getauscht, bis die Situation durchdiskutiert war und Ruhe einkehrte. Schließlich verließ der Mann unauffällig seinen Platz und hinterließ auf demselben den erforderlichen Geldbetrag, womit die Sache bereinigt und der Dorffriede wiederhergestellt war. Damit hatte der Mann sich aus gesellschaftlicher Vernunft dem in der Diskussion entstandenen Mainstream gebeugt und die Einheit und das Gemeinwohl des Dorfes wiederhergestellt.

stehen, über *drittens* bewusst gestaltete symbolische Vollzüge in der Kunst bis hin zu *viertens* den bewussten, rational methodischen Vollzügen in der spekulativen Philosophie. Würden wir nur auf die aus unserer Tradition bekannte spekulative abendländische Philosophie setzen, so würden wir viele Manifestationen in anderen Kulturen abwerten, welche andere Akzente setzen, während wir im Falle ihrer Akzeptanz in einen ungehinderten Dialog mit ihnen treten können, auch wenn sie nur oralen Charakter haben oder sich mimisch, kultisch oder künstlerisch ausdrücken. An dem griechischen Begriff des Dramas, der ein hochartifizielles Theaterstück ist und seine Herkunft in rituellen Handlungen im Kult hat (griechisch *δρᾶν* =‚handeln',‚vollziehen') und noch reduzierter in einfachen Handlungen in der Natur, wird die Herkunft der spekulativen Philosophie aus der Handlung sichtbar, was die so schwer durchschaubare Verbindung von Spekulation, Kunst und Religion einschließlich Ethik erkennbar macht, die alle Philosophien zur Grundlage haben.[62]

62 Auch für die indische Philosophie ist das Wesentliche das geistige Handeln. In diesen Handlungen tritt dessen Charakter in Erscheinung. Erscheinung ist Wirkung des Geistes. Dem entspricht in der abendländischen Philosophie die Auffassung, dass die Wirklichkeit ein Gewirktes einer geistigen Kraft (Gottes) ist. Dazu auch Lutz Geldsetzer: *Die klassische indische Philosophie*, a.a.O., S. 15 von 116.

6. Universalität oder Partikularität der Logik?

Im Kontext interkultureller Betrachtungen kommt man relativ schnell auf die Frage nach dem Status der Logik, ihrer Universalität oder Partikularität. Ist die Logik – darunter verstehen wir gewöhnlich die aristotelische Logik, gegebenenfalls die von der Scholastik revidierte und vervollständigte traditionelle klassische Logik (nicht die moderne) mit dem Satz des ausgeschlossenen Dritten (*tertium non datur*), der den Satz des auszuschließenden Widerspruchs und den Satz der Identität zur Voraussetzung hat – allgemein gültig für alle Völker, Kulturen, Sprachen einschließlich der ostasiatischen und indischen Logik, oder gelten in der chinesischen und japanischen und buddhistisch-indischen Logik andere Sätze? Die Diskussion entzündet sich vor allem am *tertium non datur* und damit indirekt auch an den anderen logischen Prinzipien. Eine tiefgründigere Frage zielt darauf zu erkunden, ob diese Prinzipien immer und durchgängig in der westlichen Logik gegolten haben oder nicht schon von Aristoteles selbst, dem Begründer der abendländischen Logik, wie das *tertium non datur* in Bezug auf die Zukunft in der Seeschlacht-Diskussion, ob morgen eine Seeschlacht stattfinden werde oder nicht, infrage gestellt wurden.[63]

Es finden sich Vertreter sowohl der einen wie der anderen Position. Zu den Universalisten gehört als vehementester Vertreter Gregor Paul in seinen Aufsätzen und Beiträgen,[64] während andere wie Ram Adhar Mall[65] eher für eine Eigenständigkeit ostasiatischer und buddhistisch-indischer Philosophie und Logik plädieren, was nicht ausschließen soll, dass es nicht auch Übereinstimmungen mit der westlichen Logik gibt. Paul begründet seine These mit dem Hinweis, dass Logik eine rationale Disziplinierung des Denkens und Sprechens sei, eine Methodologie des Argumentierens und Verstehens, die aus dem Disputationsbetrieb der Antike hervorging. Schon Platon bekennt in dem vielzitierten Satz des *Parmenides*-Dialogs (135b f.), dass, wenn jeder

63 Vgl. Aristoteles: *De interpretatione*, Kap. 9.

64 Gregor Paul: *Konzepte der Kritik und der kritischen Diskussion im älteren Konfuzianismus.* Thesen zur Entwicklung eines universalen Rationalitätsbegriffs, in: *Conceptus*, Bd. 20, Nr. 50 (1986), S. 7-30; ders.: *Equivalent Axioms of Aristotelian*, or Traditional European, and later Mohist Logic, in: Hans Lenk und Gregor Paul (Hrsg.): *Epistemological Issues in Classical Chinese Philosophy*, New York, 1993, S. 119-135; ders.: *Argumente für die Universalität der Logik.* Mit einer Darstellung äquivalenter Axiome aristotelischer Syllogistik, spätmohistischer Logik und buddhistischer Begründungstheorie, in: *Horin*, Nr. 1 (1994), S. 57-86; ders.: *Logik, Verstehen und Kulturen*, in: Notker Schneider, Ram Adhar Mall und Dieter Lohmann (Hrsg.): *Einheit und Vielheit.* Das Verstehen der Kulturen (*Studien zur interkulturellen Philosophie*, Bd. 9), Amsterdam 1998, S. 111-132.

65 Vgl. Ram Adhar Mall: *Das Konzept einer interkulturellen Philosophie*, in: *Polylog.* Zeitschrift für interkulturelle Philosophie, Bd. 54 (1998,) S. 54-69.

nur Widersprüchliches äußere, sinnvolles Reden, Argumentieren und Kommunizieren (διαλέγισθαι = ‚Philosophieren') unmöglich sei. Die Geschichte der klassisch-aristotelischen Logik als in sich konsistente formale Konstruktion in Richtung auf die Moderne und deren nicht-klassische Logiken hat jedoch gezeigt, dass sie komplettierungsbedürftig und fähig ist teils durch Hinzufügung epistemischer Begriffe wie Erkennen, Wissen, Meinen, Überzeugtsein, Glauben in der epistemischen Logik, teils durch Hinzufügung von Zugeständnissen oder Verboten wie erlaubt, nicht erlaubt in der deontischen Logik, teils durch Hinzufügung von Modalbegriffen wie möglich, wirklich, notwendig in der Modallogik, teils durch Ergänzung wahrheitstheoretischer Mehrwerte außer der Alternative ja/nein durch eine dritte Möglichkeit ‚jein' oder weitere, unendlich viele Werte in der mehrwertigen Logik. Sie alle stellen die Gültigkeit des *tertium non datur* in Frage und damit auch die anderen Sätze wie den des Widerspruchsausschlusses und den der Identität. Paul versucht eine Rettung dadurch, dass er die Grundprinzipien der aristotelischen Logik für metatheoretische, metalogische Prinzipien erklärt, d.h. solche, die selbst den nicht-klassischen Logiken zugrunde liegen und deren Argumentation ermöglichen, dergestalt dass selbst der Widerspruch Widerspruchslosigkeit voraussetzt, um verstehbar zu sein.[66] Seine These beruht unter Bezugnahme auf die Unterscheidung von Realität und Logik auf der Konsistenz und Kohärenz einer rationalen Struktur der klassischen Logik gegenüber einer wie immer gearteten Ontologie. So heißt es an einer Stelle: „Dem entspricht, daß – abgesehen von rein mathematischen Kalkülen alle nichtklassischen Logiken Wirklichkeitsbeschreibungen sind, während die universale Logik beschreibungs- bzw. wirklichkeitsstrukturierende Funktion hat. Anders gesagt, sind die Regeln nichtklassischer Logiken in Interpretationen der Wirklichkeit entwickelte und in diesem Sinne der Wirklichkeit ‚abgelesene' aposteriorische Prinzipien, während etwa das Gesetz der Widerspruchsfreiheit ein apriorisches Prinzip ist."[67] Und an einer anderen Stelle bemerkt Paul in Bezug auf eine Kritik Thomas Göllers auf seinen zu eng gefassten Unterschied zwischen der *Interpretation* eines Textes oder eines anderen Kulturphänomens und der *logischen Struktur* des Textes oder des Kulturphänomens, dass die bei jedem Interpretationsversuch „notwendige Orientierung an allgemeingültigen logischen Prinzipien keinerlei Hypothese über die spezifische logische Struktur des Gegenstandes selbst einschließt oder vorwegnimmt."[68] Hieraus ist ersichtlich, dass für Paul die Prinzipien der aristotelischen Logik in den Kontext konsistenten Sprachgebrauchs über

66 Vgl. Gregor Paul: *Argumente für die Universalität der Logik*, a.a.O., S. 57 f., unter Berufung auf Aristoteles' *Metaphysik* IV, 1005b 15 ff.

67 Gregor Paul: *Argumente für die Universalität der Logik*, a.a.O., S. 58 f.

68 Gregor Paul: *Logik, Verstehen und Kulturen*, a.a.O., S. 117.

die Wirklichkeit gehören,[69] also zur Methodologie des Sprechens und Argumentierens, nicht zur Strukturierung der Wirklichkeit. Sie sind der Interpretation, d.h. dem Verstehen, Begreifen und Erklären zuzurechnen.[70] Die Logik ist somit kein Mittel der Erkenntnis „wahrer Wirklichkeit" oder der „Dinge an sich",[71] „keine Quelle (neuer) inhaltlicher Erkenntnis."[72] Die radikale Differenz zwischen methodologischen und ontologischen Gesetzen führt bei Paul zu der These, dass die logischen Grundgesetze zwar notwendige Instrumente und Kriterien jeder ontologischen Analyse der Wirklichkeit sind, aber keine der Wirklichkeit inhärenten Strukturierungsprinzipien. „Normen wie das Principium contradictionis sind danach überhaupt nur insofern ontologische Gesetze, als sie notwendig unsere Sicht alltäglicher Wirklichkeit *bestimmen*."[73] Die Konsequenz einer solchen Argumentation ist die, die universelle Rationalität der klassisch-aristotelischen Logik entweder als eine genuin menschliche, angeborene Struktur anzusetzen oder als eine allgemeine transzendentalphilosophische Voraussetzung von Verstehen, Erklären und Argumentieren, was auf eine Allgemeingültigkeit der Erkenntnis des Homo sapiens, „unabhängig von […] spezifischen Faktoren wie Kultur, Sprache, Wahrheitskonzepten und Ontologie"[74] schließen lässt. Eine solche These zielt darauf ab, Logik in rein formale Logik und Mathematizität zu transferieren, die überall an jedem Ort und zu jeder Zeit auf alles applikabel ist. Diese Richtung hat die Geschichte tatsächlich eingeschlagen im mathematischen Kalkül. An ihm wird sichtbar, dass es letztlich um ein Strukturproblem geht.

Abgesehen davon, dass die aristotelische Logik bei dieser Interpretation eine von der Realität völlig abgehobene formale, quasi mathematische Struktur wäre, und abgesehen auch von dem Widerspruch, dass genau diese total abgehobene Struktur zur Interpretation der Wirklichkeit dienen soll, widersprechen der Paulschen These von der Universalität etliche Kulturphilosophen, Ethnologen und Kenner der ostasiatischen und indischen Logik unter Verweis auf das *Zhong lun*, das oft gerade als Paradigma für die Leugnung des *tertium non datur* herangezogen wird, ebenso auf die Dialektik im Zen-Buddhismus bei Dogen, die Paradoxien bei Nagarjuna (ca. 150 n. Chr.), dem wohl radikalsten Philosophen des Mahayana-Buddhismus, und die vielen sogenannten Koans, die den schwierigen Weg zur Überwindung des Wi-

69 Vgl. a.a.O., S. 122.

70 Vgl. a.a.O., S. 117.

71 A.a.O., S. 114.

72 A. a.O., S. 114.

73 Gregor Paul: *Argumente für die Universalität der Logik*, a.a.O., S. 66.

74 A.a.O., S. 86.

derspruchs beschreiben, sowie die Selbstbewusstseinstheorie Nishidas, eines modernen, freilich auch von Hegel beeinflussten japanischen Philosophen, der im Unterschied zur okzidentalen Philosophie den Widerspruch und die Annahme eines Dritten nicht als Mangel der Logik betrachtet, sondern sich zu einer Philosophie der absolut widersprüchlichen Selbstidentität bekennt (japanisch *zettai mujunteki jiko doitsu*).[75]

Das schließt nicht aus, dass es in der östlichen Logik, besonders in der spätmohistisch chinesischen, Beispiele für den Ausschluss von Widerspruch gibt; ebenso hat J. M. Bocheński,[76] der als erster die indische Logik dem westlichen Publikum vorgestellt hat, eine gewisse Nähe der indischen Logik zur westlichen konstatiert. So heißt es im buddhistischen *Zhong lun*, das wahrscheinlich im 4. Jahrhundert n. Chr. verfasst wurde und nach der Übersetzung ins Chinesische sowohl in China wie in Japan zur Pflichtlektüre erhoben wurde:

> „Existieren die *dharma* [d.h. irgendetwas] wirklich, so können sie nicht nicht existieren." „Existenz und Nicht-Existenz bilden einen Widerspruch."[77]

Oder im *Satasastra* des Aryadeva:

> „Die Eigenschaften der Existenz und Nicht-Existenz können nicht an ein und demselben *dharma* wahrgenommen werden."[78]

Umgekehrt lässt sich zeigen, dass die Gültigkeit des Widerspruchs in der dialektischen Logik des Abendlandes und die Gültigkeit des *tertium* an der Spitze der Rationalität und Logik in der (platonischen) Klassifikations- und Spezifikationslogik durch sein dortiges Vorkommen belegt wird und damit schon innerhalb der westlichen Logik auf die Nicht-Universalität der klassisch-aristotelischen Logik hingewiesen wird.

Es ist müßig, die Prinzipien der Gegenseite in der jeweils anderen nach-

75 Vgl. die Schriften von Hisaki Hashi: *Das Paradoxon in der Philosophie*. Zum Aufbau der humanistischen Welt (*Komparative Philosophie für eine globale Welt*, hrsg. von Hisaki Hashi und Karen Gloy, Bd. 5), Wien 2019; dies.: *Lebendiger Zen – lebendige Philosophie*. Dōgen: shōbō genzō – Besinnen im wahrhaften *dharma* Buddhas, Wien 2020 (*Komparative Philosophie für eine globale Welt*, hrsg. von Hisaki Hashi und Karen Gloy, Bd. 7).

76 J. M. Bocheński: *Formale Logik*, Freiburg, München 3. Aufl., unveränderter Neudruck der 2., erweiterten Aufl. 1956.

77 Übersetzung von M. Walleser: *Die Mittlere Lehre des Nagarjuna*, Heidelberg 1912, S. 3 und 8. Weitere Beispiele S. 37, 49, 50 u.ö.

78 Guiseppe Tucci: *Pre-Dignaga Buddhist Texts on Logic from Chinese Sources*, Baroda 1929, S. 8.

zuweisen. Es kommt einzig und allein auf die Grundeinstellung an, auf die Absicht und das Ziel der jeweiligen Logik, und diese sind in Ost und West verschieden.

Um die Kontroverse zu entscheiden, sei von der uns nächstliegenden und meist vertrauten aristotelischen Logik ausgegangen. Die aristotelische Logik, wie sie systematisch im *Organon* als Begriffs-, Urteils- und Schlusslogik expliziert wird, basiert auf Vorarbeiten von Platon und anderen antiken Logikern. In der *Politeia* 436b ff.[79] offeriert Platon eine ausführliche Formulierung des Satzes vom auszuschließenden Widerspruch, der sowohl die ideelle wie die reale Welt berücksichtigt.

> „Offenbar ist doch, daß dasselbe nie *zu gleicher Zeit Entgegengesetztes tun und leiden* wird, wenigsten nicht in *demselben Sinne* genommen und in *Beziehung auf ein und dasselbe.* So daß, wenn wir etwa finden sollten, daß in diesen dies vorkommt, wir wissen werden, daß sie nicht dasselbe waren, sondern mehreres."[80]

Der Satz nennt eine Reihe von Bedingungen, die erfüllt sein müssen, um echten Widerspruch auszuschließen, *erstens* das Festhalten an der Identität des Subjekts, *zweitens* das Festhalten an der Identität des Prädikats, *drittens* das Festhalten an der Identität des Sinnes, *viertens* das Festhalten an der Identität der Relation zu anderen Relata (Sokrates kann größer und kleiner sein, größer als A, aber kleiner als B) und *fünftens* das Festhalten an der Identität der Zeit (Sokrates kann kleiner und größer sein in verschiedenen Zeiten, klein als Kind, groß als Erwachsener). Nur wenn eine oder mehrere dieser Bedingungen verletzt sind, liegt echter Widerspruch vor, sonst nicht. Da die Analyse jedoch auf die Empirie mit Raum und Zeit rekurriert, insbesondere auf die letztere, die von einer Veränderung von Sein zu Nichtsein und von Nicht-Sein zu Sein lebt, mithin von einem Umschlag kontradiktorischer Positionen, kann sich eine widerspruchsfreie Aussage eigentlich gar nicht auf Zeitliches beziehen.[81]

Nur in einem zeitlosen ideellen System, einem Begriffs- oder Ideensystem, das gegenüber der Realität mit ihren entstehenden, vergehenden und sich verändernden Gegenständen unentstanden, unvergänglich und un-

79 Vgl. auch Platon: *Politeia* 439b, 602e, 604b.

80 Kursiv von Verfasserin.

81 Wenn Platon die Logik auf die Realität anwendet, so scheint er im Vulgärverständnis ein gewisses Zeitfenster im Auge zu haben, das Beharrung und Dauer der Gegenstände und Zustände zulässt wie in der Aussage „Der Baum ist grün (während des Sommers)", während er im Herbst braun ist; denn tatsächlich verändert er sich ja permanent.

wandelbar ist, sind schlechthin allgemeine und zeitunabhängige Analysen gemäß dem Satz des auszuschließenden Widerspruchs möglich. Daher hat Kant später die Logik auf Begriffsanalysen und analytische Urteile eingeschränkt (analytische Logik), ebenso die Gültigkeit des Satzes vom auszuschließenden Widerspruch als Prinzip. Der Begriff Schimmel impliziert immer und überall das Prädikat weiß und schließt notwendig und generell das Prädikat nicht-weiß aus. Ein nicht-weißer Schimmel wäre nach der Begriffsfestlegung ein Widerspruch in sich.[82] Da die konkrete zeitliche Realität immer und überall im Wechsel besteht, ist in der Realität durchgängig Widersprüchlichkeit gegeben. Mit der Behauptung der Widerspruchsfreiheit erhebt die Logik den Anspruch auf reine Formalität, die etwas Widernatürliches ist.

Platon hat allerdings im *Parmenides* und *Sophistes* gezeigt, dass auch innerhalb des ideellen Begriffssystems bei den obersten, höchsten Begriffen, den Genera, Bewegung und Wandel herrscht, insofern beispielsweise das Eine (der Begriff Eins) auch nicht Eines ist, sondern Vieles, insofern das Eine *ist* (= Sein an sich hat), *identisch mit sich* und *different von sich* ist (= Identität und Differenz an sich hat), *erkennbar* ist usw. und damit im Selbstwiderspruch steht und zum dialektischen Übergang zu einer Pluralität anderer generischer Begriffe auffordert, mit denen es in einer *symploke ton genon* (*συμπλοκὴ τῶν γενῶν*), einem Netzwerk gleichoriginärer und gleichallgemeiner Begriffe, verbunden ist. Als Platons Schüler war Aristoteles selbstverständlich die Relationalität von Einem und Sein bekannt, was die Formulierung *ens et unum convertuntur* beweist, die er so an das Mittelalter weitergegeben hat, ohne sie jedoch wie Platon in den Mittelpunkt seines Interesses zu rücken. Obwohl Aristoteles mit dem Widerspruch der höchsten Begriffe vertraut war, geht er im Gegensatz zu Platon gewöhnlich von der Einheit und Identität der Spitze des Begriffssystems aus.

Die von Aristoteles formalisierte und systematisierte, im *Organon* explizierte Logik setzt eine bestimmte Ontologie voraus und ist ohne eine solche nicht verständlich. Der grammatikalische Satz ‚S ist P' bezieht sich auf einen ontologischen Sachverhalt von der Art eines Substanz-Akzidens-Verhältnisses, das auf einem *hypokeimenon* (ὑποκείμενον), einer unveränderlichen identischen Substanz, und wechselnden Akzidenzien basiert und zu der Aussage berechtigt: „Dieser Baum ist grün", die im Verlaufe einer gewissen Zeit im Herbst zur Aussage wechselt: „Dieser Baum ist braun". Angesichts der Tatsache, dass Aristoteles mit seiner Ontologie eine bestimmte Weltsicht

82 Im Grunde gelten Universalität und Notwendigkeit nur für formale, mathematische Gegenstände, nicht für reale.

zur Voraussetzung seiner Logik hat, hat Heinrich Schulz[83] in *Mathesis universalis* die Ansicht vertreten, dass die aristotelische Logik ausschließlich ontologisch begründet sei, und Günther Patzig[84] hat daraus den Schluss gezogen, dass Aristoteles überhaupt keine Philosophie der Logik entwickelt habe. Die aristotelischen Sätze der Identität, des auszuschließenden Widerspruchs und des ausgeschlossenen Dritten dokumentieren eine bestimmte realitätsbezogene Weltsicht und Interpretation, von deren universaler Gültigkeit nicht a limine ausgegangen werden kann, da andere Völker und Kulturen andere Weltanschauungen haben können.

Die Tendenz der aristotelischen Logik geht jedoch in Anlehnung an Platon auf die Aufstellung eines axiomatischen Systems und die richtige Gliederung und Einordnung, wie es Platon im *Sophistes* anhand des Angelfischer-Beispiels vorgeführt hat, wonach der Angelfischer unter den *technites*, den Kunstfertigen, fällt, innerhalb dessen Umfangssphäre unter die erwerbende, nicht die produzierende Kunst, innerhalb dieser unter die nachstellende, und zwar die Jagd auf Wasser- und Lufttiere, nicht unter die auf dem Lande, und innerhalb der ersteren wieder unter die mit Haken, nicht mit Netzen. Für das *atomon eidos* und alle konkreten Beispiele gilt, dass sie umfangsmäßig in einen Teil der von den höheren Begriffen abgedeckten Sphäre fallen, während das jeweilige Gegenteil ausgeschlossen ist, so dass der Angelfischer außer Nachsteller immer auch Erwerbender und dieser allgemeiner Kunstfertiger ist. Es geht um eine quantitative Subordination unter bestimmte Begriffe, was sich anhand kleinerer und größerer Gebiete (Kreise oder Vierecke) demonstrieren lässt, so dass wir hier eine Quantorenlogik vor uns haben.

Dies wirft zugleich ein Licht auf die Art der gebrauchten Zeichen, die Begriffsstruktur aufweisen und im europäischen Denkraum eine andere Funktion haben als der Symbolgebrauch im asiatischen Denkraum. Da zudem beispielsweise im Chinesischen materielle wie immaterielle, geistige Zeichen verwendet werden, ist die Auslegungsbreite sehr viel weiter als bei den auf Exaktheit und Präzision abzielenden ein- und ausgrenzenden Begriffen, die dem Motto *omnis determinatio est negatio* folgen. Während Symbole entsprechend ihrer Wortbedeutung Zusammenziehungen von Vielem auf Eines und umgekehrt Ausstrahlungen von Einem auch Vieles sind und eher wie Gedichtinterpretationen zu behandeln sind, zielen die europäischen begrifflichen Klassifikations- und Spezifikationssysteme auf wissenschaftliche und das heißt artifizielle Präzisierung, auch wenn sie diese wegen der un-

83 Heinrich Schulz: *Mathesis universalis*, 2. Aufl., Darmstadt 1969, S. 399-436.

84 Günther Patzig: *Die Aristotelische Syllogistik*. Logisch-philologische Untersuchungen über das Buch A der ‚Ersten Analytiken', 1958, 3., verbesserte Aufl. Göttingen 1969.

vermeidlichen Konkretheit der Bedeutungen und schwankenden Festlegung der Begriffe nicht wie in der Mathematik vollständig erreichen. Aus diesem Grunde werden in der Exposition – gerade von Aristoteles – abstrakte Buchstaben präferiert. Absolute Präzision ist nur in mathematischen Kalkülen zu erreichen.

Die möglichen Subordinationen, die Aristoteles entwickelt hat, sind die vier Schlussweisen, die Petrus Hispanus im Mittelalter Barbara, Celarent, Darii und Ferio genannt hat, wobei Barabara bedeutet: Wenn alle A unter B fallen und C unter A fällt, dann fällt C auch unter B, was auch so ausgedrückt werden kann: Wenn B von A ausgesagt werden kann und A von C, dann kann B auch von C ausgesagt werden. Die Formulierung kann wechseln. Gewöhnlich wird der Schluss Barbara so wiedergegeben:

Alle Menschen sind sterblich (*maior*). Alle A sind B.
Sokrates ist ein Mensch (*minor*). C ist ein A.
Also ist Sokrates sterblich (*conclusio*). Also ist C auch B.[85]

Fassen wir zusammen:

1. Diese Logik arbeitet mit Begriffen, mit möglichst exakten, präzisen, aus- und ein- sowie abgrenzenden Vorstellungen, die quantitative Verhältnisse zwischen den von ihnen bezeichneten Bereichen zum Ausdruck bringen.

2. Diese Logik kann in Bezug auf die Empirie nur ein regulierendes, methodologisches Verfahren abgeben, das um wissenschaftliche Genauigkeit bemüht ist, aber Widersprüche wegen der schwankenden empirischen Fixierungen nicht vermeidet, ebensowenig ein *tertium*.

3. Da sich Widersprüche auch im begrifflichen Bereich auf höchster Ebene nicht ausschließen lassen, gibt es hier eine dialektische Bewegung, die jedoch die Klarheit, Deutlichkeit und Präzision auf wissenschaftlicher und insbesondere rein formaler Ebene nicht behindert.

Dass eine in einem gänzlich anderen Kulturkreis wie Fernost (China, Japan, Korea usw.) oder Indien entstandene Logik exakt dieselben Prämissen haben sollte wie die okzidentale Philosophie und Logik ist a limine unwahrscheinlich, es sei denn, man ginge von einer genetischen Gleichheit der Ra-

85 Während der Schluss namens Barbara allgemein und positiv ist (Alle Menschen sind sterblich), ist der Schluss Celarent partial und positiv (Einige Menschen sind weiß), der Schluss Darii allgemein und negativ (Kein Mensch ist ein Ochse) und der Schluss Ferio partial und negativ (Einige Menschen sind nicht weiß).

tionalität aus, was aber nicht nur für das Denken und den Intellekt aufgrund der kulturellen Unterschiede zu negieren ist, sondern auch für die Sinne, so für das perspektivische Sehen, da es alle Arten von Perspektivität gibt: Aperspektivität wie Zentralperspektivität wie Multiperspektivität. Es unterliegt daher keinem Zweifel, dass die logischen Operationen in China und Indien gänzlich andere Voraussetzungen und Zwecksetzungen haben als im Westen. Während die westliche Logik ein Interesse an wissenschaftlicher Generalisierung bekundet, gründen die fernöstlichen und indischen logischen Bestrebungen in praktisch-ethischer Lebensgestaltung. Buddha hat einmal beim Auftauchen antinomischer Problemstellungen dem Boten der Gegenseite gegenüber bewusst Stillschweigen bewahrt: „Zu diesen Aporien gebe ich bewusst keine Antwort, denn die Beschäftigung mit diesen Fragen bringt keine heilsame Folge. In meiner Lehre (*dharma*) geht es in erster Linie darum, Menschen von Leid zu retten und sie zur Erlösung zu begleiten."[86] Die Hauptintention der Philosophie und der Logik im Osten, ob buddhistischer oder taoistischer Provenienz, resultiert aus der Erfahrung des Leids, des Unglücklichseins, der Trauer der Menschen und aus dem Bestreben, dies zu ändern und die Menschen in ihrer leiblich-psychisch-geistigen Konstitution zur Glückseligkeit zu führen, sie auf den Heilsweg zu bringen. Dieser besteht nicht primär in der Disziplinierung des Denkens, sondern in der Disziplinierung der Leid verursachenden Begierden. So erklärt sich die Entstehung der Philosophie im Osten nicht wie im Westen aus dem Staunen über die Natur und aus der Neugierde zur Erforschung der Ursachen, wie es Aristoteles[87] am Anfang der *Metaphysik* formuliert hat, sondern aus der Leiderfahrung im Leben und dem Bestreben, aus dem Rad der Wiedergeburten und der Wiederholung von Trauer und Schmerz auszubrechen in einen Zustand der Erlösung, Nirwana genannt. Asiatische Logik ist in Ethik und Religion begründet, besser noch, in Heilssuche und Weisheitslehre, da Götter oder eine Gottheit auch fehlen können wie im Taoismus. Es geht nie nur um das reine Denken, sondern um lebenspraktische Vollzüge, wodurch Weisheit, die den ganzen Menschen betrifft, sich von reinem Verstandeswissen unterscheidet. Die Philosophen des Ostens werden daher auch Meister genannt, die praktische Lebensmeisterung beherrschen. Dieses Ziel setzt eine entwicklungsfähige Seele und damit eine dynamische Seinskonzeption voraus, nicht eine statische. Dynamik, Bewegung, Entwicklung, Fortschritt basieren auf dem Begriff des Werdens, nicht des starren, statischen Seins und damit auf dem Übergang von Nichtsein zu Sein und umgekehrt, anders ausgedrückt, auf dem Übergang von einem besonderen Sein zu einem anderen besonderen

86 Vgl. Hisaki Hashi: *Das Paradox in der Philosophie*, a.a.O., S. 60.

87 Aristoteles: *Metaphysik* I,2 (982b 12f.); vgl. Platon: *Theaitet* 155d.

Sein, das die Negation des ersteren ist und im Fortschreiten die vorangehenden Stadien überwindet und negiert. Nagarjuna (ca. 150 n. Chr.), einer der radikalsten Vertreter des Mahayana-Buddhismus, hat dies auf die Formel gebracht: *Erstens* Alle Dinge existieren, *zweitens* Alle Dinge existieren nicht, *drittens* Alle Dinge existieren und existieren zugleich nicht,[88] und Nishida hat dies in der Moderne, wenngleich unter dem Einfluss Hegels, durch die absolut widersprüchliche Selbstidentität des Ich ausgedrückt. Welchen Sinn haben die absoluten Widersprüche, Antinomien, Paradoxien in der östlichen Logik?

Der Heilsweg des Buddhismus, den Zeami Motokiyo (1363-1443), der Begründer des klassischen Noh-Dramas, in Form eines neunstufigen Heilsweges konzipiert hat, oder den Mircea Eliade anhand des auf Patañjali zurückgehenden yogischen Heilsweges verfolgt, ist ein Reinigungsweg, der zum Erlösungszustand des *samadhi* führen soll. Im Falle von Motokiyo geschieht dies über sogenannte Koans, kurze, prägnante Sprüche, die, in einer ästhetischen Sprache verfasst, Antinomien aufweisen, welche zum Nachdenken und veränderten Handeln anregen und dem Suchenden in ihrer Steigerung letztlich den Weg zum Nirwana weisen sollen, wobei das Letzte und Höchste, das *Mu* (Nichts), nicht Leere, sondern ebenso Fülle bedeutet. Diese Koans, die in konfuzianischen Schriften des Hsün-tze ebenso enthalten sind wie im *Tao-te-king* des Lao-tse, in der berühmten Sammlung *Bi-yan-lu*, einer Sammlung von Berichten aus der Tang- und Sungzeit, die auf Hsüeh-tou (980-1052) zurückgeht, ebenso in Gedichten,[89] operieren mit Symbolen wie Sonne und Mond, Kranich, Silberschale und Schnee und sind oft antithetischen Charakters, die der Adept zu deuten und zu befolgen hat. So heißt es beispielsweise: „Der Weg, der erklärt werden kann, ist nicht der wirkliche Weg", „Der Schatten des goldenen Hammers fällt", „Das heilige Schwert blitzt kalt", „Die Sonne versinkt in leuchtendem Dunst und taucht die zehntausend Berge in Scharlachrot", „In Silberschale Schnee gehäuft", „Im hellen Mond (weiß) Reiher weiß verbergen", „Verwandt und nicht gleich, wenn sie sich mischen, erkennt man den Ort." Die Wörter sind Symbolträger wie das Schwert, das Unterscheidung, Differenzierung bedeutet und zur Weisheit führt, oder die Sonne, die Ausdruck von Vollkommenheit ist; wahre Einsicht aber wird nicht über Denkunterschiede errungen, sondern erfolgt oft plötzlich wie in manchen Meditationen des Westens auch.[90]

88 Vgl. Thomas Immoos. *Koan*. Das Paradox als Weg zur Erleuchtung, in: Paul Geyer und Roland Hagenbüchle (Hrsg.): *Das Paradox*. Eine Herausforderung des abendländischen Denkens, Tübingen 1992, S. 661-668, bes. S. 664.

89 Von den 1700 erhaltenen sind noch 500-600 in der Zen-Pädagogik gebräuchlich.

90 Zum Vorherigen vgl. Thomas Immoos: *Koan*. Das Paradox als Weg zur Erleuchtung, in: Paul Geyer und Roland Hagenbüchle (Hrsg.): *Das Paradox*. Eine Herausforderung des abendlän-

Die Endstufe dieses Erlösungsweges ist logisch ausgedrückt die *coincidentia oppositorum*,[91] die Aufhebung der Gegensätze, wobei in den einzelnen Meditationssystemen sublime Stadien unterschieden werden, so das Weder-noch, das Sowohl-als-auch, das Weder-noch und Sowohl-als-auch.[92]

Das Motiv für die Artikulation von Widersprüchen ist das Mitleiden, das Arthur Schopenhauer als einer der ersten westlichen Philosophen an der buddhistischen Ethik herausgearbeitet hat. Es ist das Ansprechen einer Gefühlsdimension, die alle Lebewesen verbindet und nicht in den Rahmen des bloßen Denkens, sondern des Miterlebens und Mitfühlens gehört.

Wenn die Gültigkeit des dritten aristotelischen logischen Prinzips, des *tertium non datur*, ebenso im Osten wie im Westen auftaucht, wofür Gregor Paul eine Anzahl von Beispielen liefert, so ist doch der Horizont mit zu bedenken, in dem kulturell solche Aussagen stehen. Die Geltung von Widersprüchen, Antinomien und Paradoxien gehört im Osten nicht so sehr in die Gedankendimension als vielmehr in die Gefühlsdimension, die eine andere, umfassendere menschliche Lebensdimension ist und ihre vollkommenste Ausgestaltung in der Yin- und Yang-Symbolik gefunden hat, die keine begriffliche Konstruktion, sondern eine anschaulich ästhetische Symbolik ist, bei der die Gegensätze zusammengehören, ineinander übergehen, nicht sich schroff gegenüberstehen und negieren, sondern ein zirkuläres Werden symbolisieren.

Dasselbe trifft für die Syllogistik, ihre Entstehung und Entwicklung sowie ihre Intention zu. Auch wenn rein äußerlich, dem Anschein nach, zwischen aristotelischer Schlusslogik und buddhistisch-indischer Begründungstheorie eine gewisse Ähnlichkeit besteht, so sind sie doch von ihrem Hintergrund aus gesehen etwas gänzlich Verschiedenes. Aristoteles‘ Syllogistik ist eine extensionale Theorie, die auf Quantoren: alles, einiges, eines, keines basiert und die Subsumtion von Elementen in eine Klasse, entweder die gänzliche oder die teilweise, oder deren Ausschluss formuliert.

Gegenüber der aristotelischen, auf Quantoren beruhenden extensionalen Strategie ist die buddhistisch-indische ein Analogieverfahren, basierend auf Vergleich und Zuordnung von Wesenheiten bzw. Charakteristika, wobei Quantoren zunächst keine Rolle spielen. Erst im letzten Stadium der Fassung zwischen dem 5. und 7. Jahrhundert n. Chr. tritt das Wort „*eva*“ = ‚nur‘ hinzu, das einen Ausschließlichkeitsanspruch formuliert und der Prämisse einen generellen Charakter verschafft.

Die indische Syllogistik unterscheidet zwischen einem Beweisverfahren

dischen Denkens, Tübingen 1992, S. 661-668.

91 Vgl. Nikolaus Cusanus, S. 167 f. dieser Arbeit.

92 Vgl. ebenfalls S. 168 dieser Arbeit.

für einen selbst und für den anderen. Der große fünfteilige Syllogismus, der *erstens* aus der These, *zweitens* aus dem Grund, *drittens* aus dem Beleg und dem Nicht-gewahr-Werden eines Belegs, *viertens* der Anwendung und *fünftens* der Conclusio besteht, hat folgende Gestalt:[93]

1. Auf dem Berg gibt es Feuer (These)
2. Weil es Rauch gibt (Begründung, Grund, auch Rad der Gründe genannt)
3. Wo immer Rauch ist, da ist auch Feuer wie in der Küche, wo Rauch ist (Beleg) (meist mit Negation: nicht wie im Teich, wo es kein Feuer gibt)
4. Auf dem Berg gibt es Rauch und der wird stets von Feuer begleitet (Anwendung)
5. Folglich gibt es auf dem Berg Feuer (Conclusio).

Im dreiteiligen, reduzierten Schluss, der sich aus dem zweiten, dritten und ersten Element des großen Syllogismus zusammensetzt, geht es um das individuelle Kennenlernen und die psychologische Selbstüberzeugung:

1. Auf dem Berg gibt es Rauch (Begründung)
2. Wie in der Küche, wo es Feuer gibt, nicht wie im Teich, wo es kein Feuer gibt (Beleg)
3. Also gibt es auf dem Berg Feuer (These).

Es handelt sich bei dieser indirekten Erkenntnis nicht im eigentlichen Sinne um ein streng logisches Schlussverfahren, eine deduktive Ableitung, sondern um eine auf wiederholter empirischer Beobachtung basierende Feststellung einer Zusammengehörigkeit von zwei Merkmalen wie Feuer und Rauch, die man in der Küche oder andernorts häufig, sogar meist beobachtet. Zugrunde liegt ein Vergleichsverfahren, das auf Analogie basiert. Statt eines streng deduktiven Schlusses kann man hier eher von einem Analogieschluss sprechen, der auf oftmaliger Beobachtung beruht und somit ein psychologischer Erkenntnisgewinn ist, der bei Nichtbeobachtung eines Gliedes den Rückschluss auf das Nichtvorliegen des damit zumeist zusammenhängenden Merkmals gestattet.

Will man die asiatische Syllogistik verstehen und richtig einordnen, so muss man ihren Hintergrund mit in Betracht ziehen. Er weist mehr Ähnlichkeit mit der Leibnizischen Vorstellung von der Welt als mit der formalen aristotelischen Logik auf, d.h. einer Welt, die als Alleinheit konzipiert ist, in der jeder Teil mit jedem anderen zusammenhängt und damit zugleich das

93 Vgl. J. M. Bocheński: *Formale Logik*, a.a.O., S. 505 und 507 ff.; Ram Adhar Mall: *Das Konzept einer interkulturellen Philosophie*, a.a.O., S. 62-64.

Ganze in je besonderer Modifikation präsentiert, wie es die Formel *pars pro toto* ausdrückt. Ein Beleg hierfür ist die Anleitung zum geistigen Erwachen bei Dogen.[94] Dieser zeichnet ein Gespräch mit einem Schülermönch nach, in dem die Frage erörtert wird, ob auch ein Hund Buddhanatur (ein anderer Ausdruck für das Ganze) haben könne. Hund ist Hund und Buddha ist Buddha, würde man argumentieren, doch gibt es nach dem Zen-Buddhismus nichts, was der Buddhanatur entgegengesetzt wäre, was nicht selbst Buddhanatur an sich hätte. Buddhanatur ist also in jedem spezifischen Wesen vorhanden, was dem Leibnizischen Logikmodell entspricht. Es wird durch kein individuelles Wesen negiert oder beschränkt, sondern tritt nur in verschiedenen Modifikationen auf: Dies erklärt auch die Bedeutung des Analogiedenkens, das für Ostasien so typisch ist und auf derselben Argumentation beruht, der zufolge in jedem Teil das Ganze präsent ist und folglich jeder mit jedem anderen Teil zusammenhängt. Die Beziehung zwischen den Teilen mag kontingent sein, der Grund ist es nicht, sondern notwendig. Er ermöglicht die ständige Wiederholung der Beziehung und den Vergleich und damit den Analogieschluss.

Im Folgenden möchte ich diverse Logiktypen vorstellen und ihre Entwicklung aus empirisch beobachtbaren Naturformen über rituelle Imitationen bis zur Symbolisierung bzw. Vergeistigung aufzeigen.

94 Ryōmin Akizuki: *Dōgen nyūmon* (*Dogen*. Eine Einführung), Kapitel 3, Tokio 2004, S. 115 ff.

7. Zyklische Logik

Die Kreisfigur ist eines der markantesten und deswegen auch bedeutendsten Zeichen, das nicht nur als Symbol unter anderen fungiert, sondern als Kultursymbol. Es beschreibt eine Bewegung, die von einem Punkt ausgeht und zu diesem zurückkehrt, indem sie einen Bogen schlägt. In ihr fallen Anfang und Ende zusammen, so dass die Möglichkeit eines erneuten Umlaufs besteht und so in infinitum. Angesichts der Rückläufigkeit der Bewegung und des Wiederzusammenfalls von Anfang und Ende ist der Prozess gleicherweise als Fortschritt von A nach B wie als Rückschritt von B nach A zu verstehen. Insofern fallen hier die Gegensätze zusammen und bilden eine Einheit.

Diese Gestalt lässt sich in zweierlei Weise interpretieren, je nachdem, ob man dem dynamisch-zeitlichen Prozess folgt oder auf die statisch-räumliche Kreisgestalt achtet. Im ersteren Fall signalisiert der Abschluss der Bewegung durch den Zusammenfall des Endes mit dem Anfang zwar Vollendung, Abgeschlossenheit und Ruhe, jedoch auch die Möglichkeit der beliebigen Iteration und damit zugleich auch Unabgeschlossenheit, Unruhe, Bewegtheit. Beim Blick auf die statisch-räumliche Kreisgestalt grenzt die Kreislinie ein Inneres von einem Äußeren, Offenen, Unbestimmten ab, mit dem wir gewöhnlich die Vorstellung einer indifferenten, undeterminierten Vielheit im Unterschied zur Vollendung im Innern verbinden. So stehen sich Vollkommenheit und Unvollkommenheit, Schutz und Geborgenheit im Innern und Undurchschaubarkeit und Feindlichkeit im Draußen gegenüber.

Nicht zufällig wird seit alters die eingrenzende geschlossene Kreislinie als magischer Kreis bezeichnet, der das Eindringen von Feinden abwehrt und Schutz dem im Inneren Befindlichen gewährt. Schon im sumerisch-babylonischen *Gilgamesch*-Epos beschützt Enkido seinen Freund Gilgamesch, den Herrscher von Uruk, während der Nacht mit dem Ziehen eines Mehlkreises gegen die Gefahren der Nacht und die Dämonen, und in Goethes *Faust I* weist Mephistopheles darauf hin, dass nur ein Rattenzahn einen magischen Kreis anzunagen und zu öffnen vermag. In alten Zeiten war es üblich, Götterfiguren innerhalb eines Kreises aufzustellen, da dies ein geheiligter, geschützter Ort war, und bei Gericht mussten die Angeklagten in den geheiligten Bezirk treten und dort schwören. Eine Fortsetzung hat sich bis in die Gegenwart in der Bannmeile erhalten, dem Ring, der geheiligte Gebäude umgibt, in England die Dorfkirchen, in Europa und der Neuen Welt die Parlamentsgebäude, und das Eindringen verhindern soll. Als im Frühjahr 2021 der amerikanische Präsident Donald Trump wegen verlorener Wahl seine Anhängerschaft zum Kampf und Widerstand animierte und diese in das Allerheiligste der Amerikaner, das Repräsentantenhaus, eindrang und die Demarkationslinie überschritt, war die Empörung der Amerikaner groß.

Die Eingrenzung eines Schutz gewährenden Areals kann allerdings auch gegenteilig empfunden werden, nämlich als Enge, die das Bedürfnis nach Durchbrechen und Befreiung hervorruft. Sie wirkt wie ein Gefängnis, demgegenüber das Draußen Freiheit bedeutet.

Jedes der aufgezeigten Opposita impliziert zugleich sein Gegenteil: Die Eingrenzung des offenen Feldes durch die Kreislinie, die Schutz gegen das unbestimmte, feindliche Draußen gewährt, bedeutet gleicherweise Einengung, die das Bedürfnis nach Befreiung wachruft, die das offene Draußen verspricht. Die Geschlossenheit der Kreisgestalt, die das Offene begrenzt, repräsentiert einerseits die Ganzheit von Teilen, die Einheit von Gegensätzen, erscheint selbst aber gegenüber dem offenen Feld als Teil eines größeren Ganzen und so beliebig fort.

Und ebenso gilt bei dynamischer Interpretation, dass die Kreisbewegung, deren Ende sich in den Anfang zurückschlingt, Vollendung und Ruhe wie auch Neubeginn, Unruhe und Bewegung besagt. Dass dies für jede Stelle der Bewegung gilt, zeigt die Paradoxie von Ruhe und Bewegung, die schon Zenon in seinem Pfeil-Argument herausstellte. Punktualisiert und mathematisiert man die anschaulich phänomenale kontinuierliche Bewegung, so gelangt man zwingend zu dem paradoxalen Schluss, dass ein fliegender Pfeil in jedem Augenblick seiner Bewegung auch ruht.

Da statische Kreisfigur wie dynamische Kreisbewegung eine Vielzahl gegensätzlicher Attribute attrahieren, wie dies für den Symbolismus kennzeichnend ist, fungiert der Kreis explizit als Symbol, das seiner Herkunft aus dem griechischen *συμβάλλειν* =,Zusammennahme einer Vielheit von Eigenschaften zur Einheit' und umgekehrt ,Ausstrahlung der Einheit auf alles' alle Ehre macht.

Ihren Ursprung hat die Kreisform in der Natur, von der der Mensch sie abschaute und sowohl in seinem alltäglichen Leben wie im feierlichen Ritual des Festes wie in der Ästhetik imitierte und schließlich sogar für seine Sprachgestaltung und Logik nutzte.

(1.) Der Kreislauf in der Natur

Allenthalben in der Natur, sowohl in der unbelebten wie belebten, findet sich die Kreisform: als statische wie als dynamische. Dass Steine durch Explosion im Rund gelagert werden, Termiten Feenkreise, vegetationslose, kreisförmige Kahlstellen inmitten von Graslandschaften wie in Namibia verursachen, ist bekannt. Zum allgemeinen Symbol avancierte die sich in den Schwanz beißende Schlange, der Uroboros. Auch die Ringelnatter und der nach seinen Windungen benannte Ringelwurm[95] greifen bereits im Namen dieses Phänomen auf. Das eigentliche Interesse des Menschen aber gilt seit frühester Zeit den astronomischen Umläufen, insbesondere den Kreisläufen von Sonne und Mond, die das Paradigma für die Zeitmessung und die kalendarische Gliederung abgeben, indem sie den Tages- und Nachtrhythmus, die Gezeiten, den Wechsel von Ebbe und Flut, den Wechsel der Jahreszeiten von Frühling, Sommer, Herbst und Winter oder Regen- und Trockenzeit festlegen. Nach ihnen richtet sich das Leben auf der Erde, der Pflanzen, Tiere und Menschen in ihrem natürlichen Verhalten und in ihrem Wechsel von Aktivität und Passivität. Friedrich Wilhelm Joseph Schelling wurde nicht müde, in seinen Schriften diesen Prozess am pflanzlichen Werden und Vergehen und Wiedererstehen nachzuzeichnen:

> „Die sichtbare Natur ist im Einzelnen und Ganzen ein Gleichniß dieser immer vor- und zurückgehenden Bewegung. Der Baum z.B. treibt immerfort von der Wurzel bis zur Frucht, und wenn er im Gipfel angekommen, wirft alles wieder ab, geht zurück in den Stand der Unfruchtbarkeit, und macht sich selbst wieder zur Wurzel, nur um wieder aufzusteigen. Die ganze Thätigkeit der Pflanze geht auf Erzeugung des Samens, nur um in diesem wieder von vorn anzufangen und durch neuen fortschreitenden Prozeß wieder nur Samen zu erzeugen und wieder zu beginnen, aber diese ganze sichtbare Natur scheint zu keiner Beständigkeit gelangen zu können und in einem ähnlichen Cirkel unermüdlich umzuwandeln. Ein Geschlecht kommt, das andere geht, mit Mühe bildet die Natur Eigenschaften, Ansichten, Werke, Talente bis zu einem Gipfel aus, um sie dann Jahrhunderte wieder in Vergessenheit zu begraben, und in einem neuen Anlauf, auf neue Art vielleicht, aber doch wieder nur zu dem selben Höchsten zu gelangen.“[96]

Die Chronobiologie hat für den Menschen allein an die 50 Zyklen verschiedener Frequenz eruiert, die Hormone und Enzyme steuern. Sie werden täglich neu geregelt, und zwar durch einen nusskerngroßen Nukleus über der Sehnervenkreuzung, der auch für den Ausgleich des Jetlag sorgt, dem wir

95 Ringelwurm = Kindername für Regenwurm.

96 Friedrich Wilhelm Joseph von Schelling: *Sämmtliche Werke*, hrsg. von Karl Friedrich August Schelling Stuttgart, Augsburg 1856, Bd. 8, S. 231.

bei Überfliegen von Zeitgrenzen erliegen. Unterscheiden lassen sich *Kurzzeitrhythmen* von Millisekunden, Sekunden und Minuten wie bei den Bewegungen der Cilien, der Darmperistaltik, beim Herzschlag, *Ultradianrhythmen* wie bei Nahrungsaufnahme und Schlafstadien, *Circadianrhythmien* wie beim Tag- und Nachtrhythmus, bei Aktivität und Passivität, *Infradianrhythmen* wie bei Sexualzyklen, etwa der Lunarzyklik wie dem Schlüpfen von Larven, *Circannualrhythmik* wie beim Winterschlaf der Tiere und die *Intrannualrhythmen* bei Populationsschwankungen, die bei Tieren im Elfjahreszeitenrhythmus auftreten infolge der Sonnenaktivität.[97]

Das zyklische Verhalten biologischer Systeme verläuft systemimmanent. Da sich dieses in den Jahrmillionen der Evolution den geophysikalischen Periodizitäten angepasst hat, wirken geophysikalische und ökologische Umweltperiodizitäten zusammen. Angesichts eines so massiven Einflusses vorgegebener natürlicher Zyklen auf das Leben nimmt es nicht Wunder, dass Menschen, Tiere und Pflanzen in ihrem Verhalten und die letzteren in ihrem sozialen Umgang davon geprägt sind und diese in ihrer natürlichen Lebensgestaltung mitvollziehen.

(2.) Rituale

Der Rhythmus von Leben und Tod, Entstehen und Vergehen, Wachen und Schlafen ist im Leben des Menschen allgegenwärtig. Wie tief er in das Leben und Empfinden eingreift, zeigt die buddhistische Religion, die das Rad der Wiedergeburten der Existenzen zu ihrem Hauptthema erhoben hat. Sie verbindet es metaphysisch wie ethisch mit der Schuld des Menschen, die sein Leiden im Zyklus der Wiedergeburten der Existenzen bedingt, dem er nur entgehen kann durch Meditation und Erleuchtung, welche allerdings nur wenigen zuteil werden. Ihre Fortsetzung hat die Theorie in der Palingenesis-Lehre der Pythagoräer gefunden, die noch bei Platon nachklingt, wenngleich bei ihm bereits ironisch distanziert. Ihren Einfluss auf das gesellschaftliche Leben und dessen rituelle Vollzüge bei Feiern und Festen möchte ich an zwei Totenritualen bei indigenen Völkern demonstrieren.

1. Das erste Ritual fand 2009 auf der weltabgeschiedenen Insel Tabar von New Ireland (Papua-Neuguinea) angesichts des Todes eines bedeutenden Clanchefs (Mai Mai) statt und umfasste fünf große Zeremonien im Abstand

97 Vgl. Edgar Wagner: *Lebenszeit und Lebenszyklen*. Die moderne Chronobiologie, in: *Zeit-Zauber*. Reflexionen über die Zeit zur Jahrtausendwende, hrsg. von Wilhelm Richard Baier und Franz Manfred Wuketits, Graz 2001, S. 93-106, bes. S. 98.

eines Jahreszyklus: *erstens* die sogenannte *after death*-Zeremonie, *zweitens* die *shell breaking*-Zeremonie, bei der Muschelgeld an Helfer und Verwandte verteilt wird, *drittens* die *vanish*-Zeremonie, bei der das Haus und der Hausrat des Verstorbenen vernichtet werden, *viertens* die *monument*-Zeremonie, die der Erinnerung an den Toten gilt, und *fünftens* die *big malagan*-Zeremonie, bei der alle Angehörigen, Dorfbewohner und Helfer zusammenkommen und gemeinsam ein Schweinefest zelebrieren. Unserer Expedition war es vergönnt, an der dritten Zeremonie teilzunehmen.

Die zu jedem Fest gehörenden Maskentänzer – Ges- und Mut Nanats-Masken, katzenähnliche und langohrige Masken – hatten sich nach wochenlanger diätetischer Vorbereitung schon in der Dunkelheit ans Meer begeben, um dort, im seichten Wasser in einer Reihe stehend, bei Sonnenaufgang den Geist des Verstorbenen zu empfangen. Der neue Mai Mai schritt die Reihe ab, wechselte ein kurzes Wort mit jedem. Dann begannen die Maskenträger nach ihrem stundenlangen Verharren im Meerwasser Arme und Beine zu rütteln und zu schütteln, um den aus den Tiefen des Wassers aufsteigenden Geist des Toten zu begrüßen. Anschließend liefen sie, mit Speeren bewaffnet, wild gestikulierend und schreiend durch das am Meer gelegene Dorf, scheuchten die schreienden Kinder auf und zerstörten alles, was an den verstorbenen Mai Mai erinnerte, da nichts bleiben darf, was den Verstorbenen wieder zu den Lebenden zurückzieht, damit er vom Jenseits aus das Leben der Sterblichen begleite. Die Witwe war inzwischen zu ihrem Sohn in eine andere Hütte gezogen und klagte laut weinend zusammen mit den Klageweibern.

Am Ende dieser Zeremonie versammelten sich die Dorfbewohner auf dem Friedhof und nahmen im Rundkreis auf der Erde Platz. Vor jedem wurde ein großes fünfeckiges Blatt des Brotfruchtbaumes ausgebreitet, Gemüse und ein Stück des Erdferkels, das in der Zwischenzeit im Erdofen, dem Mumu, gegart worden war, verteilt. Jeder bekam die gleiche Portion. So wurde die Feier durch ein gemeinsames Totenmahl abgeschlossen. Demonstrativ geschah dies durch Bildung eines geschlossenen Kreises, der die Wiedervereinigung der Dorfbewohner symbolisieren sollte, nachdem durch das Verscheiden des alten Mai Mai ein Riss durch die Gesellschaft gegangen war, der auf diese Weise gekittet werden musste. Am Nachmittag desselben Tages erschien nochmals ein Trupp von Dorfbewohnern und eine große tanzende Vanis-Maske und beschlossen das Fest mit einem rituellen Gesang.

2. Auf einer Totenzeremonie 2017 bei einem nordthailändischen Bergstamm in einem abgelegenen Dorf war Ähnliches zu erleben. Zur Totenfeier hatte man eine Schamanin gebeten, die mit verhülltem Gesicht, auf einer Holzbank sitzend, sich in Trance versetzte, gelegentlich eine Stimme imitierte,

wobei sie ekstatisch aufsprang – es hörte sich nach Pferdewiehern an –, so dass sie offensichtlich auf einer Schamanenfahrt war, was den Einheimischen bekannt war und von ihnen mitvollzogen wurde. Nach etwa zwei Stunden war die Séance beendet, die große Scheune, in der die Zeremonie stattfand, gereinigt, mit frischem Blut geschlachteter Hühner und eines Schweines besprengt, die Familienmitglieder mussten sich im Rund aufstellen, so dass sie einen geschlossenen Kreis bildeten, während der neue Familienvorstand in ruhigen, bedächtigen Worten zu ihnen sprach. Auch dieses geschlossene Rund machte auf alle den Eindruck einer erneuten Geschlossenheit der Sippe, die durch den Verlust eines ihrer Mitglieder erheblich gestört worden war. Menschen vollziehen rituell Figuren, die Geschlossenheit, Vereinigung und Solidarität symbolisieren. Sie begnügen sich nicht damit, nur gedanklich zusammenzuhalten, sondern vollziehen physisch die Bildung eines geschlossenen Kreises, um so allgemein sichtbar die neue Kraft des Zusammenhalts zu demonstrieren. Das Ganze wurde auch hier durch ein Festmahl abgerundet, an dem alle Dorfbewohner teilnahmen, wozu riesige Bottiche, Kübel und Tonnen mit Gemüsesuppe und den obligatorischen Schweinen herbeigebracht wurden.

(3.) Künstlerische Darbietung

Wie sehr sich die Kreisform in Tänzen und Gesängen niederschlägt, dokumentieren die bei vielen Völkern seit alters bekannten Reigentänze (Kreistänze, Ringelreigen, Schlängelreigen) und die dazu gesungenen Lieder mit Refrain. Die Tänzer – meist junge Männer und junge Mädchen – bilden durch Handanfassen einen geschlossenen Reigen, der variiert werden kann, sei es gelängt zum Oval, sei es ausgezogen bis zu Parallelreihen, bei denen sich die Paare gegenüberstehen und wie in den späteren höfischen Tänzen Platz- und Partneraustausch vornehmen, so in der Quadrille (Kreuz-, Lauben-, Kettenreigen). Bekannt sind auch die Reigentänze junger Leute im Frühling mit geschmücktem, bekränztem Haupt um einen Ritualpfahl oder um die Dorflinde oder Dorfeiche.

Hervorgegangen sind die Reigentänze aus rituellen kultischen Tänzen, worauf das griechische Wort für Reigen (*χορεία*) = ‚Chor' weist, der bei Aufführungen und Kulthandlungen (später Dramen und Theater) zum Einsatz kam. Homer berichtet in der *Odyssee* von solchen Reigentänzen zu Hochzeiten und zur Weinlese und deutet damit auf besondere Anlässe wie Geburt, Heirat, Tod sowie markante Einschnitte im agrarischen Jahresablauf, die an gemeinsame Aufgaben erinnern und eine erneute Einheitsstiftung vollziehen sollten. Bis heute haben sich in Agrargesellschaften wie Griechenland, der Türkei, in den Balkanstaaten diese Reigentänze erhalten – so unter anderem der moderne Sirtaki. Auch in anderen mediterranen Agrarländern wie Spanien und auf Sardinien wird diese Tanzart als Sardana noch heute gepflegt, wenngleich sie mehr und mehr für touristische Zwecke genutzt wird. Im Mittelalter und in der Renaissance fanden diese Tänze entweder in hüpfender, springender Form als Bauerntänze oder in gravitätisch schreitender Form als höfische Tänze statt. Der Gesang mit ständig wiederkehrenden Refrains unterstützte einerseits den vorläufigen Abschluss, andererseits die ständige Iteration.

Dass Tanz und Gesang zusammengehören, zeigt schon die antike kultische Form, aus der das griechische Drama erwuchs. Es hatte einen Vorsänger, der zumeist auch Vortänzer war und den Reigen und Gesang anführte, während die übrigen Teilnehmer – der Chor – mit Refrain einstimmten. Hieraus entwickelte sich später das Rondell, das schon dem Namen nach in Tanz und Liedern weiterlebt.[98] Auch die Ballade (provenzalisch *bala* = ‚einen Reigen tanzen') war ursprünglich ein getanzter Gesang.[99] In Skandinavien hat sich diese Form bis heute erhalten.

(4.) Kreisformen in der Kunst

Schon immer haben Dichter sowohl formal wie inhaltlich die Zyklik gesucht und benutzt. Zu ihnen gehört Goethe, der sie in seinen beiden zueinander gehörigen Gedichten *Eins und Alles* und *Vermächtnis* anwendet. Schließt das erste Gedicht mit den Zeilen:

> „Das Ewige regt sich fort in allen:
> Denn alles muß in Nichts zerfallen,
> Wenn es im Sein beharren will",

so beginnt das folgende mit den Worten:

> „Kein Wesen kann zu Nichts zerfallen!
> Das Ew'ge regt sich fort in allen,

98 In der deutschen Form des Rondels wird die erste Zeile in der vierten und siebten, die zweite in der achten wiederholt, anders im französischen Rondell, das 13. und 14. Zeile mit Reimen versieht.

99 Vgl. Willi Kahl: *Ballade*, in: Friedrich Blume (Hrsg.): *Die Musik in Geschichte und Gegenwart*, Bd. 1, Aachen, Kassel u.a. 1949, Spalte 1115-1138.

am Sein erhalte dich beglückt."[100]

Auch in anderen Gedichten Goethes spielt der Kreislauf eine Rolle, wobei die gegensätzlichen Begriffe Eines und Vielfaches, Großes und Kleines, Beharren und Wandel, Bleiben und Gehen, Nähe und Ferne, Nützliches und Wertes u.ä. benutzt werden, von denen eines in das andere in chiastischen Formulierungen umschlägt und zum ersten zurückkehrt. Beispiele sind folgende:

„Und es ist das ewig *Eine,*
Das sich *vielfach* offenbart;
Klein das *Große, groß* das *Kleine,*
Alles nach der eignen Art.
Immer *wechselnd, fest* sich *haltend;*
Nah und *fern* und *fern* und *nah;*
So *gestaltend umgestaltend* –
Zum Erstaunen bin ich da."[101]

„Wer *vieles* bringt, wird manchem *etwas* bringen."[102]

„Des Menschen *Leben* lebt im Blut, und wo
Bewegt das *Blut* sich wie im Jüngling so?
Da ist lebendig *Blut* in frischer Kraft,
Das neues *Leben* sich aus *Leben* schafft."[103]

„Bleiben, Gehen, Gehen, Bleiben
Sei fortan dem Tücht'gen gleich;
Wo wir *Nützliches* betreiben,
Ist der *werteste* Bereich."[104]

„Ihm ziemt's, die Welt im Innern zu bewegen,

100 In: Wolfgang Goethe: *Werke* (Hamburger Ausgabe), Bd. 1, Hamburg 1948, 5. Aufl. 1960, S. 369.

101 Johann Wolfgang Goethe: *Parabase,* in: *Werke* (Hamburger Ausgabe), Bd. 1, a.a.O., S. 358 (kursiv v. Verf.).

102 Johann Wolfgang Goethe: *Faust I*, Vorspiel auf dem Theater, Vers 97 in: *Werke* (Hamburger Ausgabe), Bd. 3, Hamburg 1949, 6. Aufl. 1962, S. 11 (kursiv v. Verf.)

103 Johann Wolfgang Goethe: *Faust II*, Vers 6776-6779 in: *Werke* (Hamburger Ausgabe), Bd.3, a.a.O., S. 208 (kursiv v. Verf.)

104 Johann Wolfgang Goethe: *Wilhelm Meisters Wanderjahre,* 3. Buch, 12. Kap. (Hamburger Ausgabe), Bd. 7, Hamburg 1950, 6. Aufl. 1965, S. 413 (kursiv v. Verf.).

Natur in *Sich, Sich* in *Natur* zu hegen."[105]

Formal und inhaltlich noch vollendeter ist ein Gedicht aus dem Buddhismus, das Hans Leisegang[106] ausfindig gemacht hat, das nicht nur die Herkunft des Kreislaufs aus dem religiösen, sakralen Bereich, dem Rituellen, zeigt, sondern auch das Thema des Buddhismus vom Rad des Lebens wiedergibt:

„Kreislauf!
Der Kreislauf ist das *Unabänderlich-Stete*
Das *Stete* ist des Werdens ewiges *Gleichmaß*:
Des Werdens *Gleichmaß* ist des *Lebens Wesen*:
Kenntnis vom Wesen des *Lebens* ist ruhige *Klarsicht;*
Unkenntnis vom Wesen des *Lebens* wirre Trübsicht.
Kenntnis vom *Wesen des Lebens* zeugt *Einzel-Sein*
Einzel-Sein zeugt *Höher-Sein*:
Höher-Sein zeugt *Meister-Sein:*
Meister-Sein zeugt *Erhaben-Sein:*
Erhaben-Sein lenkt in die *Bahn*:
Die *Bahn* ist das Allüberall,
Das *Unsterblich-Stete.*"

Das Gedicht operiert mit dem Schema A B B C C D ...N A. Das Gedicht stellt eine Kreisform dar, die über Zwischenglieder verläuft und nach einer ganzen Reihe solcher zum Anfang zurückgekehrt. Jedes Zwischenglied greift das vorherige auf und trägt es weiter, was besonders in der Ballung „*Einzel-Sein* zeugt *Höher-Sein, Höher-Sein* zeugt *Meister-Sein, Meister-Sein* zeugt *Erhaben-Sein*" sichtbar wird. Ist der erste Teil des Gedichtes noch in flüssiger Form formuliert, indem die Wiederaufnahme und Anbindung von Wörtern unter Verwendung von Termini wie „Werden", „Leben", „Kenntnis" geschieht, so steigert der zweite Teil die Wiederaufnahme stakkatohaft, indem schlichtweg das kurze Wort „zeugt" gebraucht wird, während der dritte Teil durch Zusammenfassung der Bahn, die das All durchläuft und die nichts anderes als das All selbst ist, zum Anfang, dem Unabänderlich-Steten, zurückkehrt.

Man könnte auch in triadischen Formeln, etwa in der dreifachen Begrüßung, mit der der schiffbrüchige Odysseus die ihm am Strand begegnende

105 Johann Wolfgang Goethe: *Prooemion,* in: *Werke* (Hamburger Ausgabe), Bd. 1, a.a.O., S. 357.

106 Hans Leisegang: *Denkformen*, a.a.O., S. 70. Entnommen aus Georg Misch: *Der Weg in die Philosophie*, Berlin 1926, S. 50 f.

Nausikaa anspricht: „Dreimal selig dein Vater und deine treffliche Mutter, dreimal selig die Brüder zugleich!“[107] rhythmisch einen Zyklus sehen, während eine simple Wiederholung lediglich die Parallelität unterstützte, den Abschluss aber offen ließe, während die dritte Begrüßung den Abschluss und gleichsam Gipfel und Paukenschlag bildet. Dasselbe gilt für Zauberformeln wie die *Merseburger Zaubersprüche*, in denen drei Gottheiten: Sinthgunt, Freya und Wodan angerufen werden, um die Heilung des verletzten Pferdebeines zu bewirken.[108] Rhythmisch scheint erst das Hinzukommen der dritten Beschwörung die Vollendung zu bringen.

(5.) Der Kreis als Denk- und Sprachform

Die Reflexion auf die objektiven Sachverhalte der Welt geschieht subjektiv im Geistigen, in der Sprache und im Denken. Im Falle der Kreisform hätte die adäquate Wiedergabe im Denken und Sprechen in Kreisgestalt zu erfolgen. Das ist in der Tat der Fall entgegen unserem heutigen Sprach- und Denkgebrauch, so bei Heraklit, dessen Sprache früheren Interpreten stets dunkel und hermetisch erschien, bis sie von Leisegang detaillierter durchleuchtet und aufgeklärt wurde.[109]

Um die Korrespondenz zwischen Objektivem und Subjektivem bei Heraklit zu demonstrieren, sei von einer Reihe relevanter Zeugnisse ausgegangen. So heißt es bei Heraklit:

1. Fragment 22 [12] B 10
ἐχ πάντων ἓν καὶ ἐξ ἑνὸς πάντα.
(Aus Allem Eines und aus Einem Alles.)

2. Fragment 22 [12] B 62
ἀθάνατοι θνητοί, θνητοὶ ἀθάνατοι,
ζῶντες τὸν ἐκείνων θάνατον, τὸν δὲ ἐκείνων βίον τεθνεῶτες.

107 Homer: *Odyssee* 6, 154 f.

108 Vgl. *Die Merseburger Zaubersprüche*, in: *Altdeutsche Sprachdenkmäler, mittelhochdeutsche Lyrik, Walther von der Vogelweide*, Karlsruhe 1953, S. 24 f.

109 Vgl. Hans Leisegang: *Denkformen*, a.a.O., S. 60 ff. Reichliches Material fand Leisegang offensichtlich auch bei Wilhelm Dilthey, so besonders was Goethes Aufnahme von Heraklits Sprache in der Zeit seiner Spinoza-Studien betrifft (Dilthey: *Gesammelte Schriften* II, S. 391 ff.). Ebenfalls hat Karl Bapp: *Aus Goethes griechischer Gedankenwelt*. Das Erbe der Alten, 2. Reihe, Heft 6 (1921), unmittelbare Anklänge einzelner Sätze Goethes an Heraklits Sprüche zusammengestellt.

(Unsterbliche: Sterbliche, Sterbliche: Unsterbliche. Denn das Leben dieser [ist] der Tod jener und der Tod jener das Leben dieser.)

3. Fragment 22 [12] B 25
μόροι γὰρ μέζονες μέζονας μοίρας λαγχάνουσι.
(Größeres Schicksal [bringt] größeren Lohn.)

4. Fragment 22 [12] B 36
ψυχῇσιν θάνατος ὕδωρ γενέσθαι, ὕδατι δὲ θάνατος γῆν γενέσθαι, ἐκ γῆς δὲ ὕδωρ γίνεται, ἐξ ὕδατος δὲ ψυχή.
(Für Seelen ist es Tod, Wasser zu werden, für Wasser aber Tod, Erde zu werden. Aus Erde aber wird Wasser, aus Wasser aber Seele.)

5. Fragment 22 [12] B 90
πυρός τε ἀνταμοιβὴ τὰ πάντα καὶ πῦρ ἁπάντων ὅκωσπερ χρυσοῦ χρήματα καὶ χρημάτων χρυσός.
(Feuers Umschlag = Alles und Wechsel von Allem = Feuer wie Gold gegen Waren und Waren gegen Gold.)

6. Fragmente 22 [12]B 60
ὁδὸς ἄνω κάτω μία καὶ ωὑτή.
(Der Weg hinauf hinab [ist] ein und derselbe.)

7. Fragment 22 [12] B 88
ταὐτὸ ζῶν καὶ τεθνηκὸς καὶ ἐγρηγορὸς καὶ καθεῦδον καὶ νέον καὶ γηραιόν· τάδε γὰρ μεταπεσόντα ἐκεῖνά ἐστι κἀκεῖνα πάλιν μεταπεσόντα ταῦτα.
(Dasselbe [ist] Lebendes und Totes und Wachendes und Schlafendes und Junges und Altes. Denn umschlagend ist jenes und jenes zurück umschlagend dieses.)

8. Fragment 22 [12] B 51
οὐ ξυνιᾶσιν ὅκως διαφερόμενον ἑωυτῷ συμφέρεται· παλίντονος ἁρμονίη ὅκωσπερ τόξου καὶ λύρης
(Sie verstehen nicht, wie es auseinandergetragen wieder mit sich zusammengeht: Wieder sich zurückwendende Harmonie wie beim Bogen und der Leier.)

Die Sätze vermitteln eine zyklische Satzstruktur, der eine zyklische Denkstruktur zugrunde liegt. Die Grundform lautet A B B A und mit Zwischengliedern A B B C C D →N A so dass sich auf einfache oder vermittelte Weise das Ende des Kreises in den Anfang zurückschlingt.

Wenn Sätze wie Fragment 22 [12] B 36 mit dem Verb γενέσθαι konstruiert werden, liegt eine Kreisbewegung nahe, ebenso, wenn sie wie Fragment 22 [12] B 10 ihren Ausgang mit ἐξ nehmen.

Meist jedoch fehlt in den Sätzen das Verb, dessen Ergänzung durch γίγνεσθαι = ‚werden' zu vermuten steht. Da es nicht sein kann, dass wie in Fragment 22 [12] B 62 Unsterbliche sterblich und Sterbliche unsterblich *sind* mit einer Konstruktion mittels εἶναι = ‚sein', das einen Zustand bezeichnet, vermutet Leisegang, dass hier ebenfalls ein dynamischer Übergang zu unterstellen ist, was auf eine Kreislaufstruktur wiese. Entsprechend müsste auch interpretiert werden, dass Leben in Tod übergeht und Tod in Leben (Fragment 22 [12] B 88). Tatsächlich aber lässt sich auch die statische Interpretation rechtfertigen, wenn man den Blick auf das Ganze und seine Teile richtet, welche Opposita sind. Die Interpretation besagt dann, dass das Eine-Ganze stets auch jedes seiner Teile ist und in jedem von ihnen aufscheint, genauso wie in Fragment 22 [12] B 60 der eine und selbe, der identische Weg es ist, der hinauf wie hinab führt, oder wie beim Tausch (Wechsel) von Ware und Gold es der eine identische ideelle Wert ist, der den Tausch rechtfertigt (Fragment 22 [12] B 90). Wenn wie in Fragment 22 [12] B 88 Leben in Tod und Tod in Leben übergeht, muss offensichtlich ein identisches Substrat zugrunde liegen, das die oppositionellen Bestimmungen annehmen kann. Ebenso ist Fragment 22 [12] B 36 zu interpretieren: Der Kreislauf, der die Stationen Luft/Wasser/Erde/Wasser/Luft durchläuft, setzt offensichtlich ein einheitliches Substrat voraus, dessen Modi wie Aggegatszustände wechseln und ineinander umschlagen.[110] Was sich hier anbahnt, ist ein dialektisches Denken, das ein Ganzes in seine Teile zerlegt und diese wieder zum Ganzen zusammensetzt oder, auch so formuliert, das ein Identisches in Differente spaltet, die gleichwohl mit sich identisch bleiben. Die Opposita werden nicht wie in unserem spezifizierenden Denken exkludiert, so dass nur eines der beiden gilt, das andere ausgeschlossen wird, sondern bleiben jedes im Gegenteil inkludiert, so dass sowohl das eine wie das andere gilt.

Jean Gebser[111] hat diese Art des Denkens und der Logik ‚okeanisch' genannt, womit er auf das Wellenförmige hinweist, während ich den Ausdruck ‚organisch' oder‚zyklisch' präferiere, da es tatsächlich ein ganzheitliches Denken ist, das bei dynamischer Interpretation durch den Kreislauf des Lebens

110 Wir haben hier eine frühe Form des Wechsels der Aggregatszustände eines Substrats vor uns, wobei die Luft, das Dampfförmige, bei Erkühlung in das Flüssige, das Wasser, übergeht, dieses bei weiterer Erkühlung in den Zustand des Festen, des Eises – hier beschrieben als Erde –, dieses bei Erwärmung wieder in den Zustand des Flüssigen, des Wassers, und bei noch stärkerer Erwärmung verdampft, also wieder in den Zustand der Luft übergeht, womit sich der Kreis schließt.

111 Jean Gebser: *Ursprung und Gegenwart*, 1. Teil, Schaffhausen 1986, 2. Aufl. 1999, S. 345 ff.

charakterisiert ist, wie es Schelling immer wieder in seinen Deskriptionen der Natur zum Ausdruck gebracht hat. Logisch lässt sich auch der Ausdruck Dialektik vertreten (*δια-λέγισθαι* = ‚durch etwas hindurchgehen'). Dass dieses Denken eine eigene Logik begründet, dürfte außer Frage stehen, denn da Logik die formalen Strukturen materieller Sachverhalte abbildet, gibt sie den gedanklichen Umgang mit den Dingen wieder.

Dass Heraklit mit dieser Art der Rezeption und syntaktischen und denkerischen Wiedergabe nicht allein steht, lässt sich an der Sprache der Apostel Paulus und Johannes belegen. Bekannt ist der Spruch aus dem *Neuen Testament*: „Am Anfang war das Wort und das Wort war bei Gott und Gott war das Wort" (*Johannes* 1,1) oder der Ausspruch des Paulus *Römerbrief* 5,12: „Wie durch *einen* Menschen die Sünde ist gekommen in die Welt und der Tod durch die Sünde, und ist also der Tod zu allen Menschen durchgedrungen, dieweil sie alle gesündigt haben."[112] Dass hier sprachlich ein Kreisgeschehen imitiert wird allein durch die Wortstellung, ist nicht zu übersehen.

Geht man der paulinischen Predigt *Römer* 5,12-21 in einer exakten Textexegese nach, so wird man die tiefe Verwurzelung des Paulus in dieser Struktur feststellen, da Paulus nicht nur mit einem Kreis, sondern mit einem Kreis aus Kreisen operiert, genauer mit konzentrischen Kreisen, die einem Steinwurf ins Wasser und den nach allen Seiten sich ausbreitenden Wellen gleichen, die trotz Ausweitung zurückgebunden bleiben. Es handelt sich um eine Kreisstruktur, die das ganze Erdenrund erfasst.

Die Darstellung beginnt mit dem *einen Menschen* – Adam –, durch den die Sünde in die Welt gelangte und in deren Folge auch der Tod, der zu *allen* Menschen durchgedrungen ist, dadurch dass alle sündigten. Die Sünde ist an das Gesetz gebunden (gemeint ist das Judentum als Gesetzesreligion), denn wenn es kein Gesetz gegeben hätte, so hätte es auch keine Sünde als Verstoß gegen das Gesetz gegeben. Von Adam an bis zu Mosis haben alle gesündigt durch Gesetzesübertretung, was auch die Unschuldigen einschließt, obgleich sie nicht gesündigt haben. Adam hat das Paradigma für *alle* zukünftigen Vergehen abgegeben.

Anders als beim Fall verhält es sich bei der Gnade, welche die Kehre bedeutet. Während der Fall des *Einen* zum Tod der *Vielen* wurde, verhält es sich bei der Gnade umgekehrt: Die Gnade Gottes und das Geschenk des *einen* Menschen Jesus Christus für die *vielen* fällt umso reicher aus.

Die Gnade bzw. die Gabe – so wird nochmals betont – verfährt eben anders. Während das Gericht *einen* zur Verdammnis führt, setzt die Gnade bei den *vielen* Fällen an und führt zur Rechtsprechung. Wenn durch den Fall des *Einen* der Tod in die Welt kam, so werden durch die Gnade und die Gabe

112 Luther-Bibel.

der Gerechtigkeit die Menschen, denen diese zuteil werden, im Leben umso mehr herrschen durch den *einen* Jesus Christus.

Die nächste Passage wiederholt: Wie durch den Fall des *Einen alle* Menschen zur Verdammnis gelangten, so kommt es durch die Rechtsprechung des *Einen* zur Rechtfertigung für a*lle*.

Der folgende Satz gibt den Grund des Falls an: Ungehorsam: Wie durch Ungehorsam des *Einen* die *vielen* Sünder wurden, so werden durch den Gehorsam des *Einen* die *Vielen* Gerechte.

Das Gesetz vergrößerte zwar den Fall, die Gnade aber wurde umso reicher. Wie die Sünde groß wurde, so wird die Gnade umso größer, damit so, wie die Sünde durch den Tod herrschte, die Gnade durch Gerechtigkeit herrschen und zu ewigem Leben führen wird.

Bei der Herausarbeitung der Textstruktur wird sichtbar, dass die Argumentation Antithesen, genauer Chiasmen nutzt: Was auf der einen Seite durch Schuld zu tiefem Fall führt, führt auf der anderen durch Gnade zu reichem Leben, und was durch den *einen* Menschen Adam den *vielen* angetan wurde in negativer Hinsicht, kommt ihnen durch den anderen *Einen*, Christus, in positiver Hinsicht zugute.

Fundgruben für weitere Beispiele dieses zyklischen Denkens sind Mystiker wie Meister Eckhart und Seuse. Um nur wenige Kostproben zu geben, so heißt es bei Eckhart:

> „In der Liebe, darin *Gott* sich *liebet, liebt* er auch alle *Creaturen,* nicht als *Creaturen*, sondern Creaturen als *Gott.* [...], Gott *schmeckt* sich selber und in dem *Geschmack*, darin er sich selber *schmeckt, schmeckt* er alle *Creaturen,* nicht als *Creature*n, sondern Creaturen als *Gott.*"[113]

Und bei Seuse findet sich die Stelle: „Denn die Dreiheit der Personen ist in der Einheit der Natur, und die Einheit der Natur ist in der Dreiheit der Personen", wobei nicht nur die Konfrontation von Einheit und Dreiheit das Thema bildet, sondern auch der Übergang von der Einheit zur Dreiheit und von dieser zurück zur Einheit.

> „Die Einheit hat ihre Wirksamkeit in der Dreiheit, und die Dreiheit hat ihr Vermögen in der Einheit [...]. Die Einheit leuchtet in der Dreiheit in unterschiedlicher Weise, die Drei-

113 *H. Martensen: Meister Eckart.* Eine theologische Studie, Hamburg 1842, S. 21 („Meister Eckarts Predigt"); vgl. auch Hans Leisegang: *Denkformen*, a.a.O., S. 65.

heit aber, ihrem inneschwebenden Widerschlage nach, leuchtet in der Einheit einfaltiglich, wie sie sie einfaltiglich beschlossen hält."[114]

Die Kreisstruktur des Denkens und Sprechens taucht nicht nur in der frühgriechischen Kultur auf und im weiteren wiederholt in der Geschichte der abendländischen Literatur, besonders in spirituellen, religiösen und mystischen Texten und bei verwandten Geistern auf, sondern auch auf ganz anderen Kontinenten, nämlich in der Sprache der indigenen Völker Papua Neuguineas, bei den Korowai, Awyu und vielen anderen. Sie ist bei den Eingeborenen extrem beliebt und wird vor allem bei Erzählungen von Mythen und Geschichten verwendet. In die Forschung hat sie Eingang gefunden unter dem Terminus *tail-head-linkage* (*t-h-linkage*), was bedeutet, dass der Beginn des folgenden Satzes einer Erzählung oder eines Berichtes das Ende des vorhergehenden Satzes aufnimmt und referiert, so dass geschlossene Kreise und Ketten entstehen. Diese *tail-head*-Struktur sei an Beispielen aus dem Korowai demonstriert.[115] Beschrieben wird hier ein übliches Schweinefest mit der Tötung des Schweins und der Zubereitung der Innereien.

(1) wof-è gol ül-ma-té-dakhu bando-lu khaim-an fe-nè fu bume-ma-té.
(After they have killed a pig there, they usually bring it, and having put it into the house they slaughter it.)
(2) bume-ma-té-dakhu ol di fe-nè fu-ma-té-do ni-khü-to bando-khe-nè ao-ma-té.
(They slaughter it and remove the feces and put it down and the women take [the intestines] and cleanse it.)
(3) Ao-leful-mekho khaim gilfo-ma-té-do gol-e-khal di-fu-ma-té.
(When they have finished washing they go away to the treehouse and [the males] cut the pig meat out and put it down.)

Der erste Satz beginnt und endet mit der Tötung des Schweins und bildet in-

114 Zu Seuse: *Deutsche Mystiker*, Bd. 1: *Seuse*. Ausgewählt und hrsg. von Wilhelm Oehl, Kempten, München 6.Tausend, S. 134.

115 Die folgenden Beispiele sind entnommen aus Gerrit J. van Enk and Lourens de Vries: *The Korowai of Irian Jaya*. Their Language in Its Cultural Context, New York, Oxford 1997, bes. S. 118 ff. Zur Satzstruktur der Korowai und Awyu liefert eine Vielzahl von Beispielen auch William A. Foley: *The Papuan langagues of New Guinea*, Cambridge University Press 1986, S. 201. Seine These, dass es sich bei dem Wiederanschluss um ein Subordinationsverfahren handle, wird jedoch allgemein abgelehnt, da für das Korowai und Awyu ganz klar ist, dass es bei der Rekapitulation um einen Kreisgang streng auf derselben Ebene geht, nicht um ein Stufungsverhältnis zwischen über- und untergeordneter Stufe. Weitere Literatur: Robert E. Longacre: *Hierarchy and universality of discourse constituents in New Guinea languages*, Vol. 1: *Discussion*, Washington, Georgetown University Press 1972, S. 45, 47.

sofern einen geschlossenen Kreis, der Anfang des zweiten Satzes nimmt das Ende des ersten Satzes auf, schließt mithin an diesen an und endet mit der Säuberung der Innereien, einem Vorgang, den der dritte Satz in seinem Anfang aufnimmt und weiterführt. Dadurch dass immer wieder an das Ende des Vorgängersatzes angeknüpft wird, resultiert eine Kette, die einem Refrain gleicht.

Ein zweites Beispiel:
(1) wo lül lai-bo-top-ta ao-mekho ye khülo ye-mom-él bolüp ye lokthé.
(There at the broken trees' place he planted (a banana sprig) and then he went away upstream to his mother's brothers' territory.)
(2) ye lokhté-do walüp-ta walüp-ta makhaya au-pekho-do wa-fekho ye khülo ye khe-bo-fekho gup-to anè da-mo-m-é dé.
(He went away and halfway a *makhaya* bat squeaked and there he went upstream and he commanded [the little bat]: „You should let me know".
(3) khe-nè da-mo-m-é dé-do ye lokhté khe-bo khe-bo khe-bo khe-bo khe-bo ye lokhte-bo lu ye-mom-él bolü-fekho babo babo.
(And after he commanded „You should let me know", he went away and he walked a long time, and having gone and having entered his mother's brothers' territory, he lived there for quite a long time.)
(4) ye-lu-lo walé-do makhaya khe-nè mèkh-mo él kü-té-kha wof-ap dé-khafè wa-fosübo wai lai.
(One day he had slept and the next morning the *makhaya* bat came and squeaked: „It's all right over there! " and so he came downstream there.)
(5) wa-fosübo wai ale-bo-do khai-tofekho.
(He went downstream there and he walked, but...)

Auch hier beobachten wir wieder dasselbe: Satz 2 knüpft an Satz 1 durch Deiktik an, Satz 3 an Satz 2, ebenso Satz 5 an Satz 4; zwischen den Sätzen 3 und 4 besteht ein Hiat, möglicherweise bedingt durch den Wechsel des Themas, so dass die sprachliche Diskontinuität der inhaltlichen folgt. Unmittelbar danach beginnt wieder die *tail-head*-Verbindung.

Nun könnte man vermuten, dass die Übereinstimmung von Denk- und Sprachstrukturen an derart heterogenen Orten wie Griechenland und Papua-Neuguinea rein zufallsbedingt sei, eine reine Laune des Schicksals. Ein Volk könnte Gefallen gefunden haben an einer Kuriosität und diese dann generalisiert haben wie die Klicklaute bei dem afrikanischen Stamm der Himbas. Es lassen sich aber auch tieferliegende Gründe anführen, die auf eine Kulturstufe wie die agrarische oder allgemeiner auf eine naturverbundene verweisen, die durch und durch zyklisch ist, die vom Lauf der Gestirne, von zyklischen Vogel- und Fischzügen, von der zyklischen Fertilität der Tiere, der zyklischen Bestellung der Felder usw. abhängt und diese Zyklen durch wiederkehrende sakrale Rituale, Tänze und Refrains unterstützt.[116] An diese Iterationsstruktur erinnert die ständige Wiederkehr des *tail-head-linkage* der Papua, die teilweise noch auf der Stufe des Neolithikums leben, Sammler und Jäger sind, daneben schon Ackerbau betreiben, indem sie Bananen und Tarofelder anlegen.

Die Korowai, etwa 4000 Personen, die das beschriebene Idiom sprechen, eines von ca. 950 vom *Summer Institute of Languages* registrierten Sprachen Papua-Neuguineas und Irian Jayas, leben als Waldnomaden und Wildbeuter und daher in völligem Einklang mit der Natur. Sie ernähren sich neben Kleingetier wie Fröschen, Lurchen, Schlangen und Salamandern, gelegentlich Wildschweinen und Kasuaris, hauptsächlich von Sago und proteinhaltigen Sagoraupen, den Larven des Capricornkäfers, die sie in geschlagenen, verrottenden Stämmen der Sagopalmen ‚züchten' und deren Reife sie daher kennen müssen.

Versucht man, geistige Formen wie Denken und Sprache, Kunst und rituelle Vorgänge mit den konkreten Lebensvollzügen in Verbindung zu bringen, so sieht man, wie sich wiederkehrende Lebensvorgänge in den sich wiederholenden Rhythmen niederschlagen. Die Rhythmen des Lebens und Arbeitens mit ihrem Auf und Ab finden in den äußeren Formen von Ritus, Kunst, Sprache und Denken ihren Ausdruck. Hat eine Kultur im zyklischen Geschehen ihre geistigen und sprachlichen Ausdrucksformen gefunden, so lässt das Rückschlüsse auf eine noch vorhandene Einheit mit der Natur und deren Rhythmen zu. Die Sprache ist hier noch an den Rhythmus der Natur gebunden und hat sich noch nicht wie die artifizielle klassische Logik darüber erhoben.

Das schließt nicht aus, dass zu dieser Zeit auch andere Formen als die Zyklik im Denken und Sprechen der Völker aus der unendlichen Fülle von Naturgestalten entwickelt wurden. Gesagt werden soll nur soviel, dass die zyklische Form eine für die Agrarkultur repräsentative ist, da sie diese auf den verschiedensten Stufen, angefangen von physiologischen Vorgängen über religiös-rituelle, ästhetisch-künstlerische bis hin zu geistigen, wiederholt.

Außerdem kann die Konformität von objektivem Sachverhalt und geistiger Denk- und Sprachstruktur als ein Indiz und erster Schritt auf dem Wege des Bewusstwerdens der objektiven Sachverhalte gelten,[117] der zu einer spezifischen Denkform, d.h. zu einer spezifischen Logik führt, die anders struk-

116 Von der Ballade wurde schon gesagt, dass sie ursprünglich ein als Tanz aufgeführter Gesang war.

117 Es ließe sich darauf hinweisen, dass auch die Erlernung der Sprache bei Kindern in der permanenten Wiederholung des Gelernten besteht, woran Menschen offensichtlich Gefallen finden.

turiert ist als die uns zumeist oder ausschließlich bekannte klassische Logik mit ihrer absteigenden Spezifikation bzw. aufsteigender Klassifikation. Hier tritt eine andere Logik auf den Plan, die mit der Geschlossenheit des Kreises operiert. Da Logik die abstrahierte Form des konkreten anschaulichen Denkens ist, in der sich eine bestimmte Auffassungsweise der Wirklichkeit widerspiegelt, ist es nicht nur legitim, sondern auch notwendig, diese zyklische Logik als Indiz einer bestimmten kulturellen Ausformung einer Epoche, der agrarischen, anzusetzen, wohingegen sich die klassisch- aristotelisch-Logik als Herrschaftslogik über die Natur erweisen wird, die geschichtlich in die Neuzeit vorausweist.

Zur Bestätigung lässt sich das anführen, was Ernst Cassirer[118] von der einfachen Reduplikation von Lauten, sagt. Das primitivste, wirksamste Mittel, die rhythmischen biologischen Lebensvorgänge zum Ausdruck zu bringen, ist die Iteration, wie sie in Arbeitsgängen und den sie begleitenden Arbeitsgesängen geschieht. Hier verschaffen sich die erstmals als eigen empfundenen körperlichen Bewegungen einen äußeren Ausdruck, der aufgegriffen und fortgesetzt wird religiös in Ritualen, ästhetisch in der Kunst und schließlich im Bewusstsein der Sprach- und Denkstrukturen. Hat eine Kultur ihre geistigen und sprachlichen Ausdrucksformen im zyklischen Geschehen gefunden, das die biologischen Prozesse der Natur widerspiegelt, so gestattet das Rückschlüsse auf eine noch vorhandene Einheit mit der Natur und ihren Rhythmen. Sprache und Denken sind hier noch an den Rhythmus der Natur gebunden und schlagen noch nicht eigene Wege jenseits derselben ein wie in der klassisch-aristotelischen Logik, die auf Beherrschung der Natur, nicht auf Ein- und Unterordnung unter die Natur bedacht ist.

118 Ernst Cassirer: *j der symbolischen Formen*, Bd. 1: *Die Sprache*, a.a.O., S. 201.

8. Klassifikations- bzw. Spezifikationslogik

Seit mehr als 2000 Jahren verwenden wir die sogenannte aristotelische Logik, die eine Klassifikations- bzw. Spezifikationslogik ist. Auch sie hat eine Geschichte. Schon vor Aristoteles beschäftigte sich Platon mit logischen Einzelproblemen wie dem Satz des auszuschließenden Widerspruchs, der Aufstellung klassifikatorischer Systeme, der Hypothetik dieser Systeme usw., so im *Phaidon* (100 a, 101d f.), in der *Politeia* (439b, 511b ff.), im *Sophistes* (216a-268d) und im *Parmenides* (2. Teil). So fragte er sich, welche Bedingungen ein konsistentes, verständiges Denken und Sprechen voraussetzen; denn sich nur in Widersprüchen zu bewegen, schien ihm sowohl für die Alltagssprache wie insbesondere für das philosophische Argumentieren unstatthaft. Als Voraussetzungen für sinnvolles Denken und Sprechen nannte er in der *Politeia* (436b)[119] das Festhalten an der Identität des Subjekts, des Akzidens, der Relation, des Sinnes sowie des Zeitfaktors, welcher letztere später von Kant, der die Behandlung des Widerspruchs ausschließlich auf der rein logischen Eben, d.h. der notwendigen Wesensbestimmungen, nicht auf der empirischen der kontingenten Merkmale zuließ, ausgeklammert wurde. Und ebenso erprobte Platon in seinen Spätwerken, im *Sophistes* und der *Politeia*, logische Klassifikations- bzw. Spezifikationssysteme und ließ diese offensichtlich in seiner Akademie von seinen Schülern in einer solchen Exzessivität praktizieren, dass dies bei dem Komödiendichter Epikrates Spott und Hohn in dessen Komödie erregte. Das überlieferte Fragment zeigt die Schwierigkeit und Problematik der Gliederung und die Hypothetik des gesamten Systems.

> „An den Panathenäen sah ich eine Schar Jünglinge zusammenkommen und hörte im Gymnasium der Akademie gar wundersame Reden. Sie stellten Definitionen über die Natur auf und bestimmten die Unterschiede in der Lebensführung der Tiere, im Wesen der Bäume und den Arten der Gemüse. Dabei kamen sie auf den Kürbis zu sprechen, zu welcher Art er gehöre. – Zu welchem Resultate kamen sie da? – Zunächst machten sie sich wortlos an die Arbeit und verharrten geraume Zeit in nachdenklich gebückter Stellung. Dann rief plötzlich, während die andern noch nachdachten und nach einer Lösung suchten,

119 Vgl. auch Platon: *Politeia* 439b.

einer, der Kürbis sei ein rundes Gemüse, ein anderer, er sei ein Gras, ein dritter, er sei ein Baum."[120]

Geht die Erörterung von logischen Einzelproblemen und ersten Systematisierungsversuchen bereits auf Platon und andere logisch interessierte antike Philosophen zurück, so hat Aristoteles das Verdienst, mit seinem *Organon,* bestehend aus der *Kategorienschrift,* der *Schrift über den Satz,*[121] den *Analytiken 1* und *2,* der *Topik* und den *Sophistischen Widerlegungen*, die logische Sphäre systematisiert und so den Grundstock für die weitere Tradition gelegt zu haben, auch wenn in deren geschichtlichem Verlauf Modifikationen und Ergänzungen erforderlich wurden durch erweiternde epistemische, deontischen, modale und mehrwertige Zusätze.

Ein Hauptproblem, auf das diese Erweiterungen einen Hinweis geben, war stets das Verhältnis des Anspruchs dieser Logik auf Formalität zur Realität und, damit zusammenhängend, das Problem ihrer universellen Applikabilität, die sich nicht nur auf das westliche Verständnis von Logik beschränkte, sondern sie generell anwendbar machen sollte. Dem engagierten Bemühen, eine Universalität nachzuweisen,[122] was eine bestimmte Ontologie voraussetzt, die von einem unentstandenen und unvergänglichen sowie unveränderlichen, ewigen Sein ausgehen müsste, hat Alexis Kagame[123] eine Absage erteilt durch den Hinweis, dass die afrikanischen Bantusprachen, u.a. das Akan, mit einer Formel wie der cartesischen *cogito ergo sum* („ich denke, also bin ich") nichts anzufangen wissen, da es in diesen Sprachen kein abstraktes Verb ‚sein' gibt, dieses vielmehr stets mit konkreten Ortsangaben oder Attributen versehen ist. Ein Afrikaner würde also fragen: Was bin ich, wo bin ich, wie bin ich?[124] Auch der indischen Logik wird nachgesagt, dass sie zumindest zum Teil konkret sei und nicht abstrakt wie die aristotelische.

Nun könnte man diesen Einwänden noch dadurch begegnen, dass man hier von einer Anwendung logischer Strukturen auf die Empirie spräche, so dass bei hinreichender Abstraktion rein formale logische Strukturen gewonnen werden könnten. Die jeweiligen Weltinterpretationen aber richten sich nicht nur wie in der sogenannten aristotelischen Logik nach der formalen Begrifflichkeit, sondern beziehen auch andere Erkenntnisarten mit

120 Epikrates 11. Kock F. C. A. II, S. 287 = Athenäus 2,59c. Vgl. Ernst Howald: *Die Platonische Akademie und die moderne Universitas litterarum. Eine akademische Rede,* Bern 1921, S. 8; vgl. auch Hans Herter: *Platons Akademie*, 2. Aufl. Bonn 1952, S. 21.

121 Griech. Περὶ Ἑρμενέιας, lat. *De interpretatione.*

122 Vgl. Gregor Pauls Arbeiten in Kap. 6 , S. 56 dieser Arbeit.

123 Alexis Kagame: *Sprache und Sein.* Die Ontologie der Bantu Zentralafrikas, Brazzaville und Heidelberg 1985 [1976].

124 Vgl. Franz Martin Wimmer: *Interkulturelle Philosophie*,, . Eine Einführung, Wien 2004., S. 63.

ein wie die sinnliche Wahrnehmung, die Emotionalität, das Existieren, den Glauben, psychische Erregungen bis hin zu tiefenpsychologischen Bewegungen, die bei der Strukturierung der jeweiligen kulturellen Weltsicht mit zu berücksichtigen sind. In dem Hauptsymbol des fernöstlichen Denkens, dem Yin-Yang-Zeichen, begegnet zudem eine Zweieinheit, ein Dual, ein Paar-Denken, wie es auch im Westen in der Alchemie im Symbol des Hermaphroditen bekannt ist, das ein Zwitterwesen darstellt, weder exklusiv Eines noch exklusiv Zwei, und so eine mittlere Stufe bildet zwischen der präzisierenden Einheit und der sinnlich-ästhetischen Indifferenz und Infinitheit.

Spricht man gewöhnlich von der aristotelischen Logik, so hat man zumeist das Klassifikations- bzw. Spezifikationssystem vor Augen, das der bekannten Formel folgt *genus proximum per differentiam specificam.* Um eine Instanz in der Welt begrifflich zu fassen, ist ein nächst höheres Genus anzugeben, das einen bestimmten Inhalt und einen bestimmten Umfang hat und diesen gegen die Umgebung abgrenzt. Hinzu kommt eine spezifische Differenz, die den Inhalt erweitert und das ausgegrenzte Feld weiter einschränkt, im Idealfall in zwei Teile zerlegt und die besagte Instanz dem einen zuordnet, von dem anderen, gegenteiligen ausschließt. Nach demselben Schema werden die folgenden Einteilungen vorgenommen, indem jeweils eine weitere inhaltliche Differenz die betreffende Teilsphäre weiter einschränkt und die fragliche Instanz in der einen von ihnen verortet, von der anderen ausschließt. Inhaltsangabe und Umfangsfestlegung verhalten sich umgekehrt proportional zueinander: Je geringer die inhaltliche Festlegung ist, desto größer ist der Umfang, und je. umfangreicher die Inhaltsangabe ist, desto eingeschränkter ist der Umfang.

Dieses Verfahrens zielt darauf ab, die Instanz immer weiter einzugrenzen und inhaltlich detaillierter zu fassen. Ist die zu bestimmende Instanz ein Individuum aus der Sphäre des Konkreten, so geht die Bestimmung ins Unendliche gemäß der scholastischen Formel „Individuum est ineffable" („Das Individuum ist unnennbar, unbestimmbar"). Man erkennt hieran, dass die beiden Strukturen, mit denen das Verfahren operiert, begrenzende Einheit und extensionale Unendlichkeit, im Grunde unvereinbar sind.

Beherrscht wird das System von drei Prinzipien: *erstens* dem Satz der Identität, *zweitens* dem Satz des auszuschließenden Widerspruchs und *drittens* dem Satz des ausgeschlossenen Dritten, von denen der erste das Durchhalten der identifizierenden Bestimmungen durch alle weiteren Spezifikationen verlangt, der zweite den Ausschluss des jeweiligen kontradiktorischen Gegenteils – ist die Bestimmung A, so ist das Gegenteil non-A=B auszuschließen – und der dritte die Gültigkeit des Entweder-Oder, nicht die des Sowohl-als-Auch vertritt: Gilt A, dann kann nicht non A=B gelten, und gilt B=non A, so ist A ausgeschlossen. Eine Konsequenz dieser Struktur ist das *dictum de omni et nullo:* Wenn A unter B und C unter A fällt, dann fällt C auch unter B.

Die Absicht dieser Logik besteht darin, begriffliche Exaktheit und Präzision durch Antithetik zu erreichen, einerseits durch Aus- und Eingrenzung der zu bestimmenden Instanz, andererseits durch Abweis des Oppositums.

Neben der Detailliertheit der Bestimmung ist das zweite Charakteristikum dieser Logik die Hierarchisierung. Diese ergibt sich aus der Über- und Unterordnung der höher- und niedrigerstufigen Begriffe, der Gattungen und Arten, was zu einem Stufensystem in ab- wie aufsteigender Richtung führt. Im Idealfall resultiert eine dichotomische Dihairesis, im weniger idealen, bei Berücksichtigung der Empirie, eine trichotomische oder polytomische. Dadurch dass die höheren Begriffe die superiorischen, dominanten sind, üben sie auch die Herrschaft über die subordinierten, niederen aus. Das System fungiert mithin als ein Herrschaftsinstrument in der Hand des Menschen, Ordnung in das chaotische oder indifferente Seiende zu bringen, in diesem Falle eine hierarchische, wie es der späteren cartesischen Maxime entspricht, wonach der Mensch *maître et possesseur de la nature* zu sein hat und über die Natur herrschen soll.

Zum dritten ermöglicht das Schema eindeutige Wege, um von einer Instanz zur anderen zu gelangen, im Idealfall die kürzesten, und vermeidet damit Umwege und Imponderabilien. Insofern stellt es ein effektives System dar, in dem sich ein strategisches Denken bekundet. Unterstellt man es als rein formales System, so dient es den Wissenschaften, insbesondere den Naturwissenschaften, als Methodenideal. Da es aufgrund seiner Formalität für jedermann einsichtig, also rational ist, ist es universell gültig, was sich nicht zuletzt in der universellen Geltung der methodisch verfahrenden Wissenschaften und ihrer weltweiten Akzeptanz dokumentiert. Da es im Grunde jedoch nur im mathematischen Kalkül vollständig realisiert ist unter noch herauszuhebenden Bedingungen,[125] liefert es keine universell verbindliche Wahrheits- und Welterkenntnis, sondern nur ein mögliches formales Schema unter anderen möglichen Schemata.

Sucht man nach konkreten Vorbildern für das hierarchisch-klassifikatorische Denken, so wird man auf die Natur verwiesen, in der es nicht wenige Beispiele dafür gibt, und zwar überall dort, wo sich Verzweigungen und Verästelungen von oben nach unten finden, die von einem obersten Prinzip, einem Anfang, ausgehen oder umgekehrt von einer Basis bzw. einem Träger, auf dem die Verzweigungen beruhen. Aus dem pflanzlichen Bereich lässt sich auf die Tannen verweisen, die exemplarisch zur piktographischen Darstellung von Verästelung herangezogen wird, oder auf die Pfahlwurzel, die

125 Dazu ausführlicher S. 97 dieser Arbeit.

sich immer weiter auffächert, oder aus dem menschlich-physiologischen Bereich auf das Bronchialsystem, das von einer Hauptluftröhre ausgeht, die sich dual in immer feinere Untergliederungen und Verästelungen auffächert.[126]

Verkehrt man das Prinzip von unten nach oben, so legt sich im pflanzlichen Bereich das Schema Y für den Aufbau von Baumkronen, Brokkoli und andere Kohlarten nahe. Schematisch ergibt die Potenzierung der auf den Enden von Y aufbauenden Bifurkationen im Prinzip eine Baumkrone, die schon nach wenigen Iterationen erkennbar ist, wenngleich in der Realität noch andere spezielle Faktoren hinzukommen müssen, wie die Länge und Dicke der Äste, wobei die Gesamtdicke der Äste bei Zusammenlegung der Gesamtsumme der immer dünner, feiner und vielfältiger werdenden Äste entsprechen muss, um diese tragen zu können und real zu erscheinen.

Wie das hierarchische Klassifikations- und Spezifikationssystem einerseits den Vorteil bietet, allgemeinverständlich, für jedermann nachvollziehbar, also rational zu sein und unter denselben Voraussetzungen auch generell akzeptierbar, was sich in der weltweiten Anerkennung der mathematischen Naturwissenschaften und der naturwissenschaftlichen Erkenntnisse zeigt, so hat es andererseits den Nachteil, die natürlichen Gegebenheiten wissenschaftlich zu vergewaltigen, da es den kontingenten empirischen Gegebenheiten ein stringentes, logisch-rationales System aufoktroyiert, obwohl deren Verhalten und Habitus ganz anders ist.

Dies möge ein Beispiel aus der botanischen Klassifikation belegen. Danach ist eine Pflanze wie das lila Veilchen (*viola odorata*) als getrenntblumenblättrig, zweikeimblättrig, bedecktsamig, offen sich fortzeugend zu bestimmen gemäß dem beiliegenden Schema.[127]

126 In der Realität folgt das Bronchialsystem nicht einem homogenen gleichförmigen Einteilungsprinzip, sondern einer subtilen Gliederung, wobei die Fibonacci-Zahlenreihe eine Rolle spielt, ebenso weitere unterschiedliche Längen und Luftröhrendurchmesser. So werden die ersten sieben Generationen der Bifurkation durch die Fibonacci-Skala bestimmt, bei der, ausgehend von Null und Eins, jede folgende Zahl die Summe der vorangehenden bildet. Nach der 20. Generation der Luftröhrenteilung erfolgt eine Einteilung auf kleinerer Längenskala, jedoch mit gleichem Luftröhrendurchschnitt, um die Effizienz zu steigern. Vgl. John Briggs und F. David Peat: *Die Entdeckung des Chaos*. Eine Reise durch die Chaos-Theorie (Titel der Originalausgabe *Turbulent Mirror*. An Illustrated Guide in Chaos Theory and the Science of Wholeness, New York 1989), aus dem Amerikanischen von Carl Carius, München, Wien 1990, S. 157.

127 Vgl. Hans Leisegang: *Denkformen*, a.a.O., S. 203.

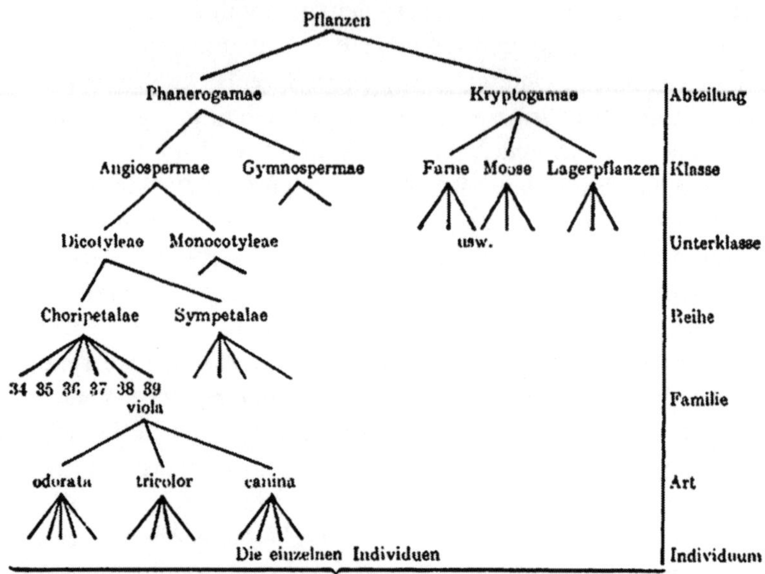

Mag auch der Botaniker diese artifizielle Definition verstehen, so wird sich der Laie angesichts des schüchternen Hervorbrechens dieses Pflänzchens, das als eines der ersten im Frühling aus der Erde bricht und einen betörenden Duft verströmt und durch seine lila Farbe besticht, abgestoßen fühlen. Auch wenn das System nicht wie hier nach dem Sexualprinzip arrangiert wäre, sondern nach dem Bauplan der Pflanze, dem äußeren oder inneren, oder nach einem anderen Prinzip, bliebe es höchst artifiziell, weil einseitig und formal. Der Grund ist der, dass das formale System einen beliebigen Ausgangspunkt der Einteilung und eine beliebige Wahl der Einteilungskriterien aus der unendlichen Vielzahl von Möglichkeiten erlaubt, welche die Realität niemals einzufangen vermögen, sondern stets einseitig bleiben. Man kann dies vergleichen mit einem Rundum-Blick von einer Pyramide – Julius Stenzel[128] hat den Vergleich mit einer Begriffspyramide herangezogen –, der von der Spitze aus bis zur untersten Stufe alles überschauen kann, aber stets einseitig und verstellt bleibt durch Einnahme einer bestimmten Richtung und eines bestimmten Blickwinkels. Mit ihrer pyramidal antithetischen Methodologie hat sich die Erkenntnistheorie zwar ein Instrumentarium geschaffen, das aufgrund seiner Formalität als solches schlechthin universell gültig und allgemeinverbindlich ist, aber reduktionistisch und einseitig. Auch wenn es heute sowohl im Westen wie im Osten (China, Japan, Korea

128 Julius Stenzel: *Studien zur Entwicklung der Platonischen Dialektik von Sokrates zu Aristoteles*, 3. Aufl., unveränderter Nachdruck der 2., erweiterten Aufl. von 1931, Darmstadt 1961.

usw.) im naturwissenschaftlichen Denken anerkannt und gebraucht wird, obgleich es seinen Ursprung im antiken Griechenland hat, ist es niemals umfassend und vollständig, sondern entspricht nur einer bestimmten rationalen Einstellung, der mathematischen.

Das Klassifikations- und Hierarchiedenken bestimmt nicht nur die Naturwissenschaften, sondern auch das menschliche Leben, soweit Schule, Ausbildung, Studium, Beruf, die Arbeits- und Geschäftswelt mit Firmen und Institutionen und endlich die Gesellschaft und der Staat betroffen sind. Nicht zufällig ist diese in der Natur vorfindliche Struktur auch kulturell auf das menschliche Leben, vor allem auf den Aufbau des Staates und die Gesellschaftsordnung von Klassen, Ständen und Schichten angewandt worden. Es liegt allen Hierarchien und gestuften politischen Systemen zugrunde; selbst das nivellierte demokratische Modell kann in der Regierung nicht gänzlich auf hierarchische Momente der Zuteilung von Kompetenz und Verantwortung verzichten. Bis heute haben sich hierarchische Systeme, wenngleich als Autokratien, Diktaturen, totalitäre Regime verschrien, erhalten, die die Herrschaft des Einen und seiner Stellvertreter gegenüber den Vielen, der Masse, vertreten. In ihrer ursprünglichen, nicht dekadenten Form stellt die Hierarchie ein sinnvolles, vernünftiges Gefüge dar, indem der einen Schicht die Übersicht und Leitung des Ganzen obliegt, der anderen der Schutz der Bevölkerung zukommt und die dritte für die Ernährung und das physische Überleben zu sorgen hat. Nur die Ausartung der oft damit verbundenen Privilegien führt zu ungerechtem und unerträglichem Verhalten, was dann Kritik, Bekämpfung und nicht selten Revolutionen nach sich zieht. Ansonsten hätte dieses Hierarchiemodell nicht Jahrhunderte, sogar Jahrtausende überleben können. Dennoch ist auch dieses System als artifizielles anzusehen, da es einseitig nach Herrscher und Beherrschten gliedert, während jede Person herrische wie knechtische Momente in sich trägt.

Wie Staaten sich viele Jahrhunderte aus einem Herrscher und einer Anzahl von Untertanen konstituierten, so auch Betriebe, Firmen und Verwaltung, die im Idealfall ein Oberhaupt, einen Chef, haben, dem zwei Abteilungsleiter unterstehen, jedem dieser wieder subordinierte Personen und so beliebig fort. Erst in jüngerer Zeit hat sich diese feste hierarchische Struktur zugunsten des Teamwork aufgelöst, wobei ebenbürtige Partner aus verschiedenen Bereichen angesichts der Komplexität von Sachverhalten unterschiedliche Problemlösungsvorschläge und Meinungen einbringen. Ebenso ist erst in der Moderne eine Demokratie formal Gleichrangiger und Gleichberechtigter an die Stelle von Hierarchien mit Obrigkeit und Untertanen getreten.[129] Dies zeigt, dass es nicht das einzige Strukturierungsmodell ist, sondern dass neben ihm andere denkbar sind.

In Opposition zu diesem einseitig rationalen Denken trat vor allem die Romantik mit ihrem holistischen Ästhetizismus auf, wie er in Novalis' berühmten Versen anklingt:

> „Wenn nicht mehr Zahlen und Figuren
> Sind Schlüssel aller Kreaturen
> Wenn die so singen, oder küssen,
> Mehr als die Tiefgelehrten wissen,
> Wenn sich die Welt ins freie Leben
> Und in die Welt wird zurückbegeben,
> Wenn dann sich wieder Licht und Schatten
> Zu echter Klarheit wieder gatten,
> Und man in Märchen und Gedichten
> Erkennt die wahren Weltgeschichten,
> Dann fliegt vor Einem geheimen Wort
> Das ganze verkehrte Wesen fort."[130]

Im Unterschied zur hierarchischen Rationalität ging die Romantik vom Erleben und Erfahren aus. Sie legte die Betonung auf Sinnlichkeit, Emotionalität, Ahnung, Gespür, Glauben u.ä., in denen sich eine andere Struktur bekundet: die Ambivalenz. Man kann diese Begegnungsart mit dem Seienden nicht strukturlos nennen; zugrunde liegt hier ebenfalls eine Struktur, die Ambiguität. Dass Triebe, Gefühle, Wünsche eine ganz andere Verfasstheit haben, nämlich ambivalent sind, was sie unentschieden und diffus erscheinen lässt, ist allbekannt. Nicht nur wechseln Gefühle ständig und instantan, sondern sind auch doppeldeutig. So deuten Tränen gleicherweise auf Trauer und Leid wie auf Freude und Hochstimmung. Liebe und Hass gehören zusammen, wie Dichter sie beschrieben und dargestellt haben, so Sophokles in dem Drama *Medea,* in dem er zeigt, wie die Liebe der Medea zu ihrem Gemahl, der sie verlassen hat, in Eifersucht, Hass und Wut umschlägt und sich gegen ihre eigenen Kinder aus der Ehe mit Jason richtet, oder wie der Dichter des Nibelungenliedes in Kriemhilds Liebesschmerz über den Mord an ihrem Gemahl Siegfried durch Hagen von Tronege zeigt,

129 Zwar wird immer wieder auf die Entstehung der Demokratie als Staatsform im antiken Griechenland hingewiesen, tatsächlich aber hatten auch dort die obersten Stellen Patrizierfamilien inne, da diese über die erforderliche Ausbildung verfügten.

130 Novalis: *Werke*, a.a.O., S. 85. Das Gedicht gehört zur Fortsetzung des *Heinrich von Ofterdingen* und steht in den „Berliner Papieren". Es wurde auch von Ludwig Tieck in dem von ihm verfassten Fortsetzungsbericht zum *Ofterdingen* abgedruckt.

dass sie nicht eher Ruhe findet, bis sie Rache genommen und den Untergang des ganzen Burgunderheeres einschließlich ihrer eigenen Brüder vollbracht hat. Selbst die Rhetorik hat hierfür das Oxymoron Hass-Liebe oder Bitter-Süße eingeführt.

Auch Wünsche und Begehren können in eine bestimmte Richtung gehen und gleichzeitig durch eine Hemmung zurückgehalten werden, so dass der Mensch im Zwiespalt des Hin- und Hergerissenseins steht. Die Ambivalenz bzw. Indifferenz der Emotionalität und Voluntativität reicht bis in die tiefenpsychologische Dimension hinab und äußert sich nicht selten in Träumen, die sich als Verkehrungen tatsächlicher Erlebnisse erweisen, oder in Schizophrenie.

Dieser Ambivalenz bzw. Mehrdeutigkeit ist die Antithetik der Rationalität konfrontiert, die auf Eindeutigkeit und Entschiedenheit zielt und diese durch Ausschluss des Gegenteils zu erreichen sucht. Darauf basiert der Anspruch der methodisch verfahrenden wissenschaftlichen Erkenntnis auf angebliche Wahrheit, zumal sie dieses Verfahren zur Höchstform steigert. Indem sie ein artifizielles reproduzibles System über das Empirisch-Phänomenale stülpt, um es in dessen Maschen einzufangen, glaubt sie, das wahre Sein zu erfassen, statt zu bedenken, dass es ihre eigene Konstruktion ist. Solange nur die wissenschaftliche Theorie über das Seiende herrscht, ist die Situation eine bloß theoretische, greift jedoch die Technik mit ihren Apparaten tiefer in den Naturhaushalt ein, indem sie diesen gemäß ihren Vorgaben manipuliert und damit vergewaltigt, dann sehen wir uns einer künstlich gestellten, verstellten Welt gegenüber.

Als letztes bleibt die Frage zu diskutieren, ob es eine sprachliche und gedankliche Form gibt, die dem hierarchischen Sachverhalt entspricht. Dass Aristoteles sie gerade in der logischen Subjekt-Prädikat-Struktur der griechischen Sprache erblickte, die die Substanz-Akzidens-Struktur auf ontologischer Ebene zur Grundlage hat, kommt nicht von ungefähr. Die grammatikalische Satzform ‚S ist P' bildet im einfachsten Fall die Substanz-Akzidens-Beziehung auf einer anderen ideellen, symbolischen Ebene ab. Dass ein und derselbe Träger existentiell zugleich zwei kontradiktorische Operationen ausführen kann und ihm auch zugleich zwei kontradiktorische Eigenschaften zukommen können, erklärt sich aus der permanenten realen Veränderung; auf begrifflich-ideeller Ebene aber kann nicht ebenso eine Veränderung der Begriffe selbst erfolgen; denn immer nur in Widersprüchen zu argumentieren mit Begriffen, die auch das Gegenteil bedeuten, wobei der Begriff rot auch nicht rot bedeutete, würde sinnvolles Argumentieren, Sprechen und Philosophieren unmöglich machen.[131] Begriffe müssen prinzipiell konstant sein.

Unsere westliche Sprache, die mit der Begriffen, Subjekt-Prädikat-Sätzen und deduktiven Schlüssen operiert, folgt der aristotelischen Logik. Eine Kultur, die nicht mit Begriffen und so gearteten Sätzen und Schlüssen operierte, wäre gänzlich anderer Natur.

Die Prädikatenlogik des Aristoteles basiert auf der Begriffslogik. Da Prädikate wie Begriffe nach Inhalt und Umfang systematisch gegliedert werden und eine hierarchische Stufung ergeben, lässt sich nicht nur auf begrifflicher, sondern auch auf prädikativer Ebene die Subordination aller niederen Prädikate unter die höheren, superiorischen aufzeigen.

Urteile sind Subjekt-Prädikat-Beziehungen, die der Bestimmung eines Gegenstandes dienen. Da ein Gegenstand ein Individuum ist, kommen ihm sämtliche Begriffe (Prädikate) der Begriffspyramide vom höchsten bis zum niedersten zu mit Ausschluss der jeweiligen Opposita. Ist der Gegenstand z.B. eine konkrete individuelle Schwarzfichte wie ‚diese da', dann kommen ihr alle Prädikate zu, die in diesem Begriff inkludiert sind. ‚Diese-da' ist eine Pflanze und kein Tier, ein Baum und nicht ein Busch, ein Nadelbaum, nicht ein Laubbaum, eine Fichtenart, nicht ein Kieferngewächs, eine Schwarzfichte, keine Weißfichte usw. Da der individuelle Gegenstand durch einen unendlichen Merkmalskomplex bestimmt ist, können alle analytisch in ihm liegenden Merkmale von ihm abgerufen werden. Synthetische Urteile sind zwar ebenfalls möglich, interessieren aber in der wissenschaftlichen Klassifikation nicht wegen ihrer Kontingenz. Obwohl nur solche der analytischen Systematik entscheidend sind, basieren auch die letzteren auf kontingenter Synthese.

Schlüsse, bestehend aus Maior, Minor und Conclusio, sind Beziehungen zwischen Sätzen, deren Sphären einander entweder gänzlich ein- oder ausschließen oder teilweise ein- und ausschließen. In dem Schluss:

„Alle Menschen sind sterblich,
Sokrates ist ein Mensch,
also ist Sokrates sterblich",

in welchem Sokrates unter Menschen und deren Bereich fällt und Menschen unter Sterbliche und deren Bereich, gilt die umfassendere Aussage zwingend auch von der weniger umfassenden. Entsprechendes ist bei Ausschluss und Teilzuordnung partikulärer Urteile anzusetzen.

131 Vgl. Platon: *Parmenides* und *Sophistes*. In einem besonderen Gebiet auf der höchsten Ebene scheint dialektische Argumentation allerdings nicht nur möglich, sondern auch notwendig zu sein.

Diese Logik gilt nur für Sprachen, die mit Subjekt- und Prädikatbegriff operieren wie die indogermanische, sie gilt nicht für die Indio-Sprachen und auch nicht für Platons frühe Sprachauffassung im *Phaidon*, wonach Eigenschaften nicht als Attribute einer Substanz zu betrachten sind, sondern als gegenstrebige, oppositionelle Entitäten, die direkt miteinander konfligieren. Die griechische Sprache ermöglicht solches, da sie die Substantivierung von Eigenschaften kennt, z.B. von *καλόν* = ‚schön' zu *τὸ καλόν* = ‚das Schöne' bzw.‚die Schönheit'. Eigenschaften sind Kräfte (*δυνάμεις*),[132] in denen noch ein Rest archaisch-mythischen Denkens mitschwingt. Für das frühe Denken waren sachhaltige Bestimmungen (Prädikate) Seinsarten, Aktionsarten, Qualitäten, kurzum magische Kräfte. Wenn das Heiße (Feuer) auf das Kalte (Schnee) trifft und zwischen ihnen ein Kampf entbrennt, muss das eine dem anderen weichen oder untergehen.[133] Von einer Substanz mit wechselnden Attributen und deren Übergang von heiß zu kalt und umgekehrt ist hier nicht die Rede. Eine dem entsprechende Logik wäre auf ein identisches Substrat angewiesen, das hier nicht vorliegt.

Sucht man nach einer Kultur oder Kulturstufe, für die diese Denkart repräsentativ ist, so wird man sie nicht dort verorten können, wo die Denkart noch mit der Natur verschmolzen ist, auch wenn diese Struktur in der Natur überall auffindbar ist, vielmehr dort, wo sie aufgrund ihres Herrschaftsanspruchs dem Menschen die Trennung von der Natur und die künstliche Herrschaft über die Natur vorschreibt im Sinne von Descartes' obigem Spruch. Bei dieser kann es sich nur um eine rationale Kultur oder Kulturstufe handeln, die strategische Interessen verfolgt, sich des Vorteils und der Effizienz einer geordneten Welt bewusst ist, die also rechnet und berechnet und so die vorteilhaftesten Wege für Handel und Gewerbe und wissenschaftlichen Umgang erkundet. Dies ist eine Kultur letztlich der Mathematik und der mathematischen Beherrschung der Welt, wie wir sie im Abendland nach Anfängen in der Antike vor allem mit der Einführung des mathematisch-naturwissenschaftlichen Zeitalters und des darauf aufbauenden Zeitalters der Technisierung kennen. Sie organisiert die Welt im Takt der Maschine. Dies ist heute nicht nur im Abendland der Fall, wenngleich diese Denkart hier ihren Ausgang genommen hat, sondern auch in anderen Kulturen wie fernöstlichen, indischen und indianischen, überall dort, wo die Welt im modernen Sinne nach Maß und Zahl geordnet wird.[134] Ihre Voraussetzung bildet die

132 Vgl. Platon: *Protagoras* 320d5, 321c1; Ion 533d3, e3, 535e9 u.ö. Vgl. Gerold Prauss: *Platon und der logische Eleatismus*, Berlin 1966, S. 67 ff., bes. S. 71ff.

133 Vgl. Platon: *Phaidon* 103c f.

134 Andere Ordnungs- und Klassifikationssysteme hat Claude Lévi-Strauss: *Das wilde Denken* (Titel der Originalausgabe: *La pensée sauvage*, Paris 1962), aus dem Französischen von Hans Naumann, 10. Aufl. Frankfurt a. M. 1997, S. 11 ff. (Kap.: „Die Wissenschaft vom Konkreten"), an

Erlernung einer europäischen Sprache mit Subjekt-Prädikat-Gebrauch, wie heute des Englischen, die die Basis für die Anwendung dieser Logik abgibt.

Indio-Sprachen aufgezeigt. Auch wenn sie uns fremdartig erscheinen, sind sie in jener Sprache und Denkart konsistent und kohärent, so wenn die Indios Pflanzen nach männlich und weiblich unterscheiden.

9. Widerspruchslogik (Paradoxienbidung)

(1.) Symmetrische Paradoxien: Beispiele für Paradoxien und Dilemmata

Die wohl interessanteste logische Figur ist die Paradoxie, die als zugespitzter Widerspruch auftritt. Wir kennen Paradoxien seit der Antike von Zenon, Platon, Aristoteles und anderen. Neben der zenonischen Paradoxie des fliegenden Pfeils, der in jedem Augenblick ruht, ist eine der bekanntesten das Lügner-Paradox aus der Bibel. Im *Titus*-Brief des Paulus I,12 heißt es: „Es hat einer von ihnen gesagt, ihr eigner Prophet, ‚die Kreter sind immer Lügner, böse Tiere, faule Bäuche', das Zeugnis ist wahr." Eine Umformung desselben lautet: „Ich lüge". Damit stellt sich die Frage, ob der Kreter auf dem Markt (bzw. ich) lügt oder die Wahrheit sagt. Eine Paradoxie liegt auch in der Aussage vor: Der Satz auf der Rückseite qualifiziert den Satz auf der Vorderseite als falsch. Dieser aber qualifiziert den Satz auf der Rückseite als richtig. Welcher ist nun richtig und welcher falsch, oder sind beide richtig und falsch? Paradox ist auch das Wort heterologisch, das gleicherweise autologisch ist, oder das Prädikat imprädikabel, das selbst prädikabel ist. Die bekannteste moderne Paradoxie ist die Russellsche der Menge aller Mengen, die sich nicht selbst enthalten und die sich doch selbst enthält: MA↔MA, MA⇹MA.[135]

Zu den Paradoxien im weitesten Sinne zählen auch Dilemmata wie das Krokodil-Dilemma: Ein Krokodil hat einer Mutter ihr Kind geraubt. Die Mutter fleht das Krokodil an, es möge ihm ihr Kind zurückgeben. Das Krokodil willigt unter einer Bedienung ein: Ich werde dir dein Kind zurückgeben dann und nur dann, wenn du richtig voraussagst, was ich tun werde. Rätst du falsch, werde ich das Kind fressen. Sagt die Mutter nun: Du wirst mir das Kind zurückgeben, so wird das Krokodil das Kind fressen, da die Mutter falsch geraten hat; denn das Krokodil beabsichtigt keineswegs, das Kind zurückzugeben. Sagt die Mutter: Du wirst es fressen, dann kann das Krokodil das Kind beruhigt fressen, da die Mutter richtig vorausgesagt hat, was das Krokodil tun wird. Nicht weniger bekannt ist die Geschichte von Euathlos: Der Sophist Protagoras hat Euathlos in Juristerei unterrichtet und

135 Eine Übersicht über Paradoxien liefert Madsen Pirie: *The Book of Fallacy*. A Training Manual for Intellectual Subversives, London 1985; Gerhard Vollmer: *Paradoxien und Antinomien*. Stolpersteine auf dem Weg zur Wahrheit, in: Paul Geyer und Roland Hagenbüchle (Hrsg.): *Das Paradox*. Eine Herausforderung des abendländischen Denkens, Tübingen 1992, S. 159-189, bes. S. 173 ff.; Roland Hagenbüchle: *Was heißt ‚paradox'?* Eine Standortbestimmung, in: Paul Geyer und Roland Hagenbüchle (Hrsg.): *Das Paradox*, a.a.O., S. 27-43.

ihm zugestanden, sofern er seinen ersten Prozess gewinnt, das Lehrgeld zu erlassen. Nach erfolgtem Unterricht führt Euathlos jedoch keinen Prozess. Muss er nun zahlen oder nicht?

Oder das Gefangenenparadox: Der Staatsanwalt eröffnet den Gefangenen: Wenn keiner von euch aussagt, dann bekommt jeder zehn Jahre wegen unerlaubten Waffenbesitzes. Gestehen beide, so bekommt jeder fünf Jahre; gesteht nur einer, so wird er freigesprochen, der andere erhält zehn Jahre. Einerseits erscheint es jedem besser zu reden, andererseits redet der andere auch, so bekommt man fünf Jahre, redet der andere nicht, so geht man frei aus. Also reden beide.

Es gibt Paradoxien aus den verschiedensten Bereichen: mengentheoretische wie linguistische, solche aus der Erkenntnistheorie, der Physik, der Pragmatik usw.

Paradoxien sind nicht nur ein Kuriosum, sondern gehören mit zur Logik und entstehen regelmäßig und notwendig, wenn eine Wahl zwischen zwei Alternativen ansteht. Dies ist stets der Fall bei Letztbegründungsfragen, ebenso an der Spitze von Klassifikationssystemen; denn da jedes Begriffssystem artifiziell ist und der unendlichen, indifferenten Wirklichkeit übergestülpt wird, zeigt sich an dessen Spitze notwendig eine Unvereinbarkeit zweier Grundstrukturen, der begrifflichen Einheit und der anschaulichen Unendlichkeit, die auch ein anderes Klassifikationssystem ermöglicht als das anvisierte. Doch gehen wir zunächst dem Mechanismus der Paradoxienbildung nach, der auf einer Reihe von Konditionen basiert:

1. Zum einen wird stets eine Allheit, ein Ganzheitsphänomen oder ein Totalitätsbereich angesprochen, wie im Falle des Kreters. Für‚alle' kann auch wie in der Variante „Ich lüge" das Ich eintreten, da es den Gesamtbereich abdeckt, oder wie im Falle „Der Satz auf der Rückseite…" eine deiktische Partikel, die auf das gesamte Feld hinweist. Zugrunde liegt stets eine All- bzw. Ganzheitsaussage, auch wenn sie nicht direkt als arithmetische oder geometrische Größenangabe auftritt. Sie ist dann entsprechend umzuformen, was mittels einer Partikel oder eines Demonstrativpronomens geschieht. Am besten erkennbar ist eine Paradoxie an der Spitze eines allumfassenden Klassifikationssystems, das einer Pyramide gleicht und an der Spitze auf Eines hinausläuft, das als inhaltlich äußerst begrenzt den größten Umfang hat.

2. Zum anderen ist ein Selbstbezug erforderlich, sei es in Form einer Selbstimplikation oder Selbstprädikation, einer unbewussten oder bewussten Selbstbeziehung. Der Kreter auf dem Marktplatz, der über alle Kreter eine Aussage macht, bezieht sich selbst in diese mit ein. Indem er jedoch über alle

spricht einschließlich seiner selbst, steht er auch über oder jenseits oder neben derselben und schließt sich damit ebenso aus.

Ein Paradigma für Selbstbezug (Selbstprädikation) ist das Selbstbewusstsein, das oft geradezu als Paradigma für Paradoxienbildung fungiert, insofern das Ich in der Selbstbeziehung eine Einheit und Identität bildet – sonst wäre es keine Selbstbeziehung – und gleichwohl als Ich-Subjekt und als Ich-Objekt auftritt und damit eine Zweiheit ist. Ist mit dem Selbstbezug nicht nur der individuelle, persönliche Selbstbezug gemeint, sondern der Selbstbezug aller Subjekte einer Sphäre, so bezieht er sich selbst notwendig mit ein, da es keine Beziehung mehr zu einem anderen außerhalb seiner gibt, wie er sich selbst auch ausschließt, da er sich über sich selbst erhebt.

Kann wie bei singulären Sätzen nicht mit der Struktur von Ganzem und Teil, All und Einzelnem, Klasse und Einzelfall operiert werden, dann muss der Unterschied zwischen Aussageform und Aussageinhalt herhalten wie im Falle des Heterologischen und des Imprädikablen, die nach Inhalt und Aussageform zu betrachten sind. Da Paradoxien sowohl in Form von Urteilen wie in Form von bestimmten Prädikaten auftreten wie im letzteren Fall, deren Bedeutung ‚anderes bedeutend', ‚auf sich selbst nicht anwendbar' ist, sind diese in Urteile umzuwandeln, um ihre paradoxale Struktur freizulegen.

3. Man gewinnt leicht den Eindruck, Paradoxien kämen nur zustande aufgrund negativer Formulierungen,[136] sei es direkter, expliziter Negationen oder indirekter, impliziter wie Lüge, Täuschung, Fehler, Irrtum usw. Das bekannteste Beispiel ist Hegels Negation der Negation, die selbstbezüglich sich, die Negation, negiert (absolute Negation) und so zur Position führt. Die rein negative Formulierung ist jedoch nicht entscheidend; denn auch eine positive Selbstbeziehung wie im Falle einer Allaussage oder einer Einheitsaussage (Eins ist Eins *und* nicht Eins = Vieles) oder im Falle des Selbstbewusstseins, das mit einem Ich qua Subjekt und einem Ich qua Objekt operiert, beruht auf einer Differenz der Relata, die nicht nur verschieden sind, sondern sich auch gegenseitig ausschließen und damit die Bedingung der Paradoxienbildung erfüllen. Qualifiziert in einem positiven Urteil ein Prädikat den Inhalt als wahr, sich selbst eingeschlossen, so ist es als Qualifizierendes von der Qualifikation ausgenommen; es bleibt, da es selbst noch nicht als wahr qualifiziert ist, unbestimmt und somit gegebenenfalls falsch. Das Beispiel „Alles, was ich sage, ist wahr" umfasst eine Allmenge und eine positive Prädikation

136 So auch Robert Heiss: *Der Mechanismus der Paradoxien und das Gesetz der Paradoxienbildung*, in: *Philosophischer Anzeiger*, Bd. 2 [1927/28], S. 403-433.

„ist wahr", die aufgrund ihrer Differenz zur Allmenge von der Prädikation gerade ausgenommen ist, also nicht wahr sein könnte. Zumindest bleibt ihr Gehalt wahrheitstheoretisch offen. Die Möglichkeit der Negation bleibt im Hintergrund, schwingt aber mit.

4. Die Grundlage des Widerspruchs (der Negation) ist positive Verschiedenheit des Seienden. Verschiedenheit äußert sich nicht nur in der Negation des anderen, sondern in der Opposition zu anderem aufgrund der eigenen Selbständigkeit, was einen Widerstreit evoziert, da von gegensätzlichen Positionen keiner von beiden exklusiv Recht gegeben werden kann, sondern beide auf gleichem Recht beharren. In der Realität, sei es der politisch-sozialen, sei es der ethischen, kommt es auf diese Weise zu unaufhebbaren Konflikten, zu dem, was Jean Francoir Lyotard Widerstreit genannt hat,[137] da beide Seiten positive, wenngleich sich gegenseitig negierende Instanzen sind, wie Kapitalismus und Sozialismus, Nationalismus und Globalität, Partikularität und Universalität. Aufgrund ihrer jeweils positiven Bestimmung lassen sie keine Vermittlung in einem neutralen Begriff zu, sondern beharren auf ihrer Differenz. Wenn im politischen, sozialen oder ethischen Bereich Vermittlungen zustande kommen, dann beruhen sie auf der Kompromissbereitschaft der Kontrahenten bzw. Konfliktparteien, die dadurch bedingt ist, dass es stets eine Reihe von Faktoren gibt, die auch für die Gegenseite attraktiv sind, während andere unbeirrt festgehalten werden, so dass eine Vermittlung nicht ausgeschlossen ist. Anders im formalen logischen System.[138]

(2.) Paradoxien an der Spitze von Klassifikationssystemen

Nachdem der Mechanismus der Paradoxienbildung aufgedeckt ist, lässt sich nun auch verstehen, dass jedes widerspruchsfreie logische System im Paradox mündet und die paradoxale oder dialektische Logik zur Voraussetzung hat, was auch für die sogenannte aristotelische gilt. Da jedes widerspruchsfreie logische System bei einem beliebigen Genus ansetzt, zwei Systeme mit unterschiedlichen Genera sich folglich konträr gegenüberstehen, obgleich sie intern widerspruchsfrei verlaufen können, münden beide in einen kontradiktorischen Widerspruch A = non-A (B). Auf dieser Paradoxie oder Dialektik beruht die schon angesprochene platonische dialektische Erkenntnis

137 Vgl. Jean François Lyotard: *Der Widerstreit* (Titel der Originalausgabe: *Le Differend*, Paris 1983), übersetzt von Joseph Vogel, 2., korrigierte Aufl. München 1989.

138 Für das logische Klassifikationssystem gilt, dass es Widerspruch (Negation) nur auf der Basis von Widersteit (Position) formulierbar ist.

im *Parmenides*, die der Philosoph dort am Beispiel des Einen demonstriert, obwohl er auch jedes andere Genus wie Vieles, Identität, Differenz, Sein, Nicht-sein usw. hätte wählen können. Im demonstrierten Falle ist Eines auch Vieles (näherhin Identisches, Differentes, Ähnliches, Unähnliches, Sein, Erkenntnis usw.), da Eines allein nicht denkbar ist, sondern stets in Zusammenhang mit Sein auftritt (Eines ist), ebenso mit Identität (Eines ist identisch mit sich selbst) oder mit Differenz (eines ist, indem es identisch mit sich ist, auch different von sich) usw. Schon indem Eines als Eines bezeichnet wird, impliziert es dem Namen nach ein Zweites und damit Mehrheit. Dasselbe gilt für Vieles, das als Genus Eines ist, mit sich identisch, ein Seiendes, Erkenntnisobjekt eines Erkenntnissubjekts usw. In diesem Sinne ist es Vieles und Eines.. Keines der höchsten Genera ist widerspruchsfrei, selbst die epistemischen Begriffe Erkenntnis und Sein unterliegen der Dialektik, insofern weder Erkenntnis noch Sein für sich allein bestehen können, vielmehr ist Erkenntnis stets Erkenntnis von Sein und Sein stets erkanntes Sein. Diese interne Vernetzung der höchsten Begriffe (*συμπλοκὴ τῶν γενῶν*) gilt für alle generischen Begriffe positiver wie negativer Art, deren Zahl potentiell unendlich sein kann, was in einzelnen dialektischen Durchgängen im Ausgang von einem jeden zu demonstrieren ist.

Auch Hegels Dialektik in der *Wissenschaft der Logik*, obgleich sie einen eingleisigen, einsinnigen Prozess ausmacht im Unterschied zu Platons vielgleisiger Explikation und in einem einzigen Entwicklungsprozess alle Prädikate durchzuspielen behauptet, ist prinzipiell von dieser Art. Sie stellt ein geschlossenes, rück- oder selbstbezügliches System dar, das intern unendlich, offen ist und die Explikation der Prädikate in der inneren Dimension durchführt. Allerdings hat Hegel übersehen, dass auf diese Weise ein absoluter Abschluss nicht zustande kommt und der Gang von der Seins- über die Naturphilosophie zur Reflexionsphilosophie beliebig weitergeführt werden könnte und keineswegs definitiv endet. In Bezug auf seine Logik hat Hegel auch von einem Kreis von Kreisen gesprochen und damit eine adäquatere Kennzeichnung seiner Dialektik gegeben, als es die Rede vom Abschluss und von der Absolutheit suggeriert.

Bezüglich des letzten, höchsten Widerspruchs im klassifikatorischen bzw. spezifikatorischen System fragt sich, ob es bei der paradoxalen Situation bleiben muss oder ob sie aufgelöst werden kann, wie es Bertrand Russell und andere durch eine Typentheorie oder Reflexionsaufstockung, also durch den Ansatz von Metastufen erster, zweiter, dritter Ordnung usw. versucht haben. Bezüglich dieser Situation lassen sich prinzipiell drei Behandlungsmöglichkeiten denken, die als sogenanntes Münchhausen-Trilemma bekannt sind.[139] Entweder lässt man den Widerspruch ungelöst stehen, oder man akzeptiert den Zirkel, allerdings als circulus vitiosus, oder man sucht ihn durch eine Reflexionsaufstockung aufzulösen, was jedoch zu einem unendlichen Progress oder Regress führt. Die Argumentation nimmt dann folgende Gestalt an: Auf Seiten des Objekts haben wir die Situation, dass dasselbe in der Selbsterkenntnis erkannt wird, auf Seiten des Subjekts, dass es sich selbst in diesem Vorgang unbewusst und unerkannt bleibt. In demselben Prozess, in dem es das Objekt erkennt, kann es sich nicht auch selbst erkennen. Deshalb wird eine zweite, höhere Stufe erforderlich, auf der das bislang unreflektierte Subjekt sich selbst qua Objekt reflektiert und den Identifikationsprozess des Subjekts mit dem Objekt vollzieht. Da für das reflektierende Subjekt aber dasselbe gilt wie bisher, nämlich während des Reflexionsprozesses unreflektiert zu bleiben, wird eine dritte und vierte und fünfte Stufe und so beliebig fort erforderlich. Dieselbe Argumentation lässt sich nicht nur auf Seiten des Subjekts, sondern auch auf Seiten des Objekts durchführen, sie lautet dann: Damit das Objekt im Selbstbezug der Erkenntnis erkannt werden kann, d.h. damit das Subjekt, wenn es auf irgend ein Objekt stößt, in diesem sich selbst erkennen und sich mit ihm identifizieren kann, muss eine Subjekt-Objekt-Beziehung und Bekanntschaft schon vorausgesetzt werden, die jedoch dieselbe Schwierigkeit impliziert und einer ebensolchen Voraussetzung bedarf und so in infinitum.[140]

Die Subjekt-Objekt-Paradoxie des Erkenntnisprozesses, die als Exponent aller anderen Paradoxien fungieren kann, hat schon immer das Nachdenken auf sich gezogen und in Platons Sonnengleichnis in der *Politeia* (506e ff.) eine andere Lösung gefunden, und zwar in Form eines Mythos. Wie im sichtbaren Bereich das Auge zum Gegenstand und der Gegenstand zum Auge nur durchdringen kann mittels der Sonne, in deren Licht wir sehen, obgleich wir das Licht selbst nicht sehen, so kann im ideellen Bereich die Idee zum Denken und das Denken zur Idee nur durchdringen, wenn die Voraussetzung dazu in einem transzendenten Vermittlungsgrund gegeben ist, der Idee des Guten (*ἰδέα* τοῦ ἀγαθοῦ), die wir selbst nicht erkennen, da sie jenseits des Seins (ἐπέκεινα τῆς οὐσίας) und, wie zu ergänzen ist, auch jenseits des Denkens ist.

Da die Paradoxie ein Letztes darstellt, springt in diese Lücke kulturell seit eh die Religion ein. Während das Denken und die Rationalität im Rahmen der paradoxalen Logik das letzte Erkennbare und Aussagbare sind, okku-

139 Hans Albert: *Traktat über kritische Vernunft*, 2., unveränderte Auflage, Tübingen 1969, S. 11 ff.

140 Zu den Schwierigkeiten im Detail vgl. Karen Gloy: *Bewußteinstheorien*. Zur Problematik und Problemgeschichte des Bewußtseins und Selbstbewusßseins, Freiburg, München 1989, 3. Aufl. 2004, S. 186 ff., 204 ff.

piert die Religion mit ihrem Glauben als einer eigenen Aneignungsweise die Leerstelle und beansprucht, Grund und Träger der Rationalität des Denkens und Sprechens zu sein. Dies ist der Anspruch aller Kulturen, die mit Religion beginnen oder enden. Dort, wo Philosophie (Rationalität) und Religion (Glaube) in Konkurrenz treten, beansprucht der Glaube die Ausfüllung des für die Rationalität Unzugänglichen. Insofern versteht sich die Glaubenskultur sachlich als vorrangig vor der philosophisch-rationalen Aufklärung und historisch älter als sie.

(3.) Asymmetrische Paradoxien

Auf eine interessante Modifikation der symmetrischen Paradoxien zu asymmetrischen hat Peter Furth[141] aufmerksam gemacht anhand realer Paradoxien in Politik, Soziologie, Ethik usw., deren Asymmetrie durch Macht- und Unterdrückungsstrategien, also mittels Herrschaft und Knechtschaft zustande kommt. Solche Verhältnisse hat er an der Geschichte demonstriert. Auch sie lassen sich auf abstrakte Verhältnisse reduzieren.

Im Unterschied zu geschlossenen Systemen, die durch Selbstbezug charakterisiert sind und stets auf sich zurückkommen, bedeutet ein offenes System einen unendlichen Fortgang aufgrund einer unbestimmten aufzuarbeitenden Menge, die nicht wie im geschlossenen System durch Teil und Gegenteil gebildet wird, sondern durch eine unendliche, unbestimmte Menge. So ist die Negation von ‚weiß' im offenen System nicht automatisch das kontradiktorische Gegenteil ‚schwarz'. Wenn ein Farbstift nicht weiß' ist, dann kann er jede andere Farbe wie gelb, rot, grün, blau usw. haben mit der Möglichkeit unendlicher Aufzählung. Trotz der quantitativen Geschlossenheit und des Rückbezugs durch die Selbstreferenz kann ein System geschlossen, dennoch extern oder intern unendlich offen sein für qualitative Unterschiede und damit für einen unendlichen Prozess der Bestimmung.

Nur nebenbei sei bemerkt, dass auf der Integration offener unendlicher Systeme in geschlossene, selbstbezügliche sowohl Platons wie Hegels Dialektik beruhen, Platons, die er im *Parmenides* am Beispiel des Einen demonstriert, nämlich dass Eines auch nicht Eines und damit Vieles ist, und zwar im einzelnen Identisches, Differentes, Ähnliches, Unähnliches, Seiendes, Erkanntes usw., was entsprechend auch von den anderen generischen Ideen gesagt werden kann. Im Falle Hegels sind alle ontologischen, reflexionslogi-

141 Peter Furth: *Asymmetrische Gegensätze in der Sprache der Politik*, in: *Das Denken des Widerspruchs als Wurzel der Philosophie*, hrsg. vom Zentralinstitut für Philosophie, Berlin 1991, S. 18-31.

schen und prädikationslogischen Bestimmungen integriert, die sich in der *Wissenschaft der Logik* finden.

Ich möchte Fürth zum Teil folgen, zu einem anderen Teil eine andere Interpretation geschichtlicher Situationen vorlegen.

Basierte die bisherige Paradoxie auf einem dualistischen Einheits- und Ganzheitsbegriff mit zwei Teilen A und non-A=B, der den Schluss zuließ, wenn non-A, dann B und wenn non-non-A, dann wieder A, so basiert die asymmetrische Paradoxie nicht mehr auf dem Gedanken der Kontrarietät, sondern auf der einfachen Negation, die A als einen begrenzten Teil eines räumlich ins Unendliche sich erstreckenden offenen Feldes betrachtet, welches letztere auch als unendliche Menge von Differenzen genommen werden kann. Hier herrscht nicht das Prinzip der Opposition, das durch binäre Termini ausgedrückt wird, sondern das Prinzip des ins Unendliche möglichen Komplementären. Mit der Bestimmtheit des ersten ausgegrenzten Teils ist ein Dominanzanspruch gegenüber dem Übrigen, Unbestimmten verbunden, das damit zugleich abgewertet wird und die Asymmetrie begründet.

Realpolitisch lässt sich dies erstmals an dem historischen Begriffspaar Griechen/Barbaren festmachen. Die Griechen der Antike hoben sich vor Stolz auf ihre kulturellen Leistungen von den übrigen Völkern außerhalb ihres Territoriums ab, deren Zahl unendlich sein mochte, deren Sitten und Gebräuche verschieden waren, ebenso deren Sprachen. Verantwortung hatte man nur für sich, während die anderen mit Verachtung belegt wurden. Eine fatale Folge dieser Einstellung wäre die Möglichkeit eines internen Bruderkrieges gewesen, während die Übrigen, für die man keine Verantwortung trug, durchaus vernichtet werden konnten. Hier liegt nicht ein gemeinsamer Oberbegriff, das Genus Mensch, mit Unterabteilungen wie Griechen und gleichwertigen Persern, Phöniziern usw. vor, sondern ein Dominanzgefälle. Aristoteles hat diesen externen Begriff internalisiert und auf die Gesellschaftsklassen des damaligen Staates angewendet, wonach nur die Vollbürger Griechen waren, die Periöken, die Bewohner der Umgebung, die Fremdarbeiter, überhaupt die gesamten Sklaven und wohl auch Frauen als die Übrigen galten, die der Herrschaft unterstanden, die man unterdrücken konnte, denen gegenüber man letztlich keine Verantwortung trug, da Verantwortung an der Grenze des Selbst aufhörte.[142]

Als im Hellenismus aufgrund der Vermischung der Völker ein Kosmopolitismus, eine Vorform heutiger Globalisierung, entstand, wurde eine andere Asymmetrie dominant, die der Gebildeten, Kultivierten – quasi das Bil-

142 Ähnlich bezeichnen sich auch die Eskimos als Inuit, d.h. Menschen, und die übrigen Völker außerhalb ihres Territoriums als Nicht-Menschen.

dungsbürgertum der Antike – gegenüber den Übrigen, die sich lediglich im Naturzustand befanden.

In der Folgezeit trat noch eine andere Asymmetrie auf den Plan, die von Christen und Heiden. Heide oder Barbar war man, Christ konnte man werden. Im Blick auf die Zeitachse stellte sich die Redeweise ein, dass die Heiden der Vergangenheit angehörten, die Christen der Zukunft; ihnen stand die neue Welt offen. Die Vollendung der Christianisierung wurde in die Zukunft verlegt, zu einem transzendenten Begriff, mit dem zugleich die diesseitige Welt entmachtet wurde. Das verheißene Allgemeine wurde nicht mehr wie bisher durch Ausschluss und Verdrängung, sondern durch Einschluss aller bestimmt, womit eine einsinnige Richtung auf den Plan trat. Christsein, was gleichzeitig Erlöstsein bedeutete, wurde zum eschatologischen Ziel gegenüber einer faktisch unerlösten diesseitigen Welt.

Mit der Neuzeit und Aufklärung ergab sich eine andere Asymmetrie aufgrund der Überlegung, dass alle Menschen, so verschieden sie sein mochten, auf den Begriff Mensch und Menschheit festzulegen seien, der sich von den besonderen Ausgestaltungen der Gesellschaften und Kulturen, in denen Menschen leben, abhob. Auf dieser Vorstellung basieren die Menschenrechte mit einem Katalog von Forderungen wie denen der französischen Revolution Freiheit, Gleichheit, Brüderlichkeit, die allen Menschen zukommen sollen unabhängig von den einzelnen Staatsformen, Religionen, Ethiken und dergleichen. Der Begriff der Menschheit wurde zur letzten umfassenden, universalen Klammer aller besonderen Ausgestaltungen. Man kann dies eine Säkularisierung des transzendenten Begriffs des Christentums nennen. Furth weist zu Recht darauf hin, dass der Begriff der Menschheit bzw. Menschlichkeit trotz seiner äußerlichen Ausfüllung mit den Menschenrechten, die sich sukzessiv und unbegrenzt fortschreiben lassen, im Grunde dem negativen Gottesbegriff gleicht, der unbestimmt bleibt und allenfalls durch Neutralität oder Toleranz vordergründig bestimmt wird. Was Menschlichkeit bedeutet, bleibt letztlich undefiniert gegenüber den besonderen ausformulierten Konzepten von Staat, Religion, Ethik u.ä. Mit der Dominanz des Begriffs der Menschheit bzw. Menschlichkeit und seiner Ideologisierung, die ihn zum Leitbegriff der Moderne hat werden lassen, trat zugleich ein Gegenbegriff auf den Plan, die Unmenschlichkeit, die mit allen Mitteln zu bekämpfen und zu vernichten war. Dies erklärt, warum die Hypostasierung bestimmter Systeme, sei es in Ost oder West, sei es Sozialismus oder Kapitalismus, Marxismus oder Nationalismus, sei es östliche Diktatur oder liberaler American Way of Life, mit so rigoroser und brutaler Härte, mit Diskriminierung und Brutalität gegen ihre Kontrahenten vorgehen, da sie diese jeweils der Unmenschlichkeit beschuldigen, gegen die ein Vernichtungs- oder Weltbürgerkrieg zu führen ist.

Die Postmoderne hat als Differenzphilosophie im Gegenzug nicht die Einheit und Identität, sondern die Pluralität und Differenz auf ihren Schild gehoben und ideologisiert. Da in jeder Ideologisierung ein Macht- und Herrschaftsanspruch mitschwingt, verbunden mit einer Unterdrückungstendenz der Gegenseite, wird hier nicht der Mensch oder die Menschheit, sondern der spezifizierte Mensch, wie er durch Kultur, Sprache, Gesellschaft, Religion, Ethik geprägt ist, hypostasiert. Es gibt nicht *den* Menschen, sondern nur den kulturbedingten Menschen, der durch seine spezifische, sich von anderen abhebende Kultur und Sprache bestimmt ist und diesen Denk- und Sprachkäfig lebenslang mit sich trägt. Werner Gabriel[143] spricht sogar negativ von der grundsätzlich verstellenden Funktion der Kultur, die sich zumindest im Blick auf die Natur und das Natürliche verstellt. Die Gleichheit aller Menschen ist eine Illusion. Jeder lebt nach seiner Façon, im Idealfall individualistisch.

Da jede Ideologisierung in Widerspruch zu sich selbst gerät und sich selbst aufhebt, wäre ein realistisches Vermittlungsmodell dieser partikularistischen Auffassung vom Menschen dasjenige, das nicht in einem statischen, festgelegten Konzept bestünde, sondern in einem dynamischen Prozess fortschreitender Ideologisierung und Totalisierung und Selbstaufhebung. Man weiß nur, dass es weitergeht, nicht wie.

143 Vgl. Werner Gabriel: *Sein und Nichts.* Methodische Probleme des philosophischen Taoismus, in: Hisaki Hashi, Werner Gabriel, Arne Haselbach: *Zen und Tao.* Beiträge zum asiatischen Denken, Wien 2007, S. 67-81, bes. S. 68.

10. Die Logik des Netzwerks als moderne Fortsetzung der Analogielogik

Im Unterschied zu den der Natur entnommenen organischen Formen, dem Kreis, der Verästelung oder dem Zusammenwachsen, die über wiederholte rituelle Prozesse schließlich zu symbolischen, geistigen Repräsentanten des Denkens avancieren und sich in den verschiedenen Logiktypen und Denkwegen niederschlagen, ist ein modernes Muster das Netzwerk, das dem artifiziellen Fischernetz abgeschaut ist und einen totalen Gegensatz zu den genannten Naturformen bildet. Das Netzwerk wird definiert als Verknüpfung beliebiger Punkte durch Verbindungslinien, die in der Realität Straßen, Bahnschienen, Flugzeugverbindungen sind und in der Gegenwart vor allem die virtuellen Verbindungswege des Internet, des world wide web. Das Internet ermöglicht weltumspannende Verbindungen, indem es jede Person an jedem Ort der Welt zu jeder Zeit mit jeder anderen verknüpft wie auch mit jeder Sache, die über Suchbegriffe ausfindig gemacht werden kann und Informationen liefert. Täglich, minütlich, ja im Sekundentakt stehen jedem Internetteilnehmer gleicherweise unendlich viele Information aus der gesamten Welt zur Verfügung,[144] so dass jeder im Prinzip gleiche Informations- und Bildungschancen erhält, und dies in einer bisher nie dagewesenen Fülle. Zwar gibt es Clusterbildungen im Internet wie die sozialen Medien: Twitter, Facebook, Instagram sowie Wissenschafts- und Wirtschaftsforen, die von Personen mit bestimmten Interessen, z.B. Fachwissenschaftlern oder Ökonomen oder Personen mit sozialen Bedürfnissen nach Kontakt, Austausch von Neuigkeiten und Kommentaren, besonders häufig angeklickt werden. Grundsätzlich aber steht jedem Internet-User alles gleichzeitig und gleichberechtigt zur Verfügung. Der Vorteil des Internet besteht darin, fast in Echtzeit Informationen weltweit zu verbreiten und jedem zugänglich zu machen, während in früheren Zeiten die frühzeitige Kenntnis beispielsweise über das Heranrücken eines feindlichen Heeres oder über eine nahende Hausse oder Baisse an den Aktienmärkten Vorteile bei anstehenden Entscheidungen verschafften. Seit der Erfindung und Verbreitung des Computers und des Internet Mitte des letzten Jahrhunderts haben diese unsere Lebenswelt derart okkupiert und revolutioniert, so dass sie zum Symbol und Repräsentanten der modernen Gesellschaft, Arbeitswelt, Kunst und Wissenskultur geworden sind, ja geradezu die Denkform der Moderne abgeben.

Doch auch das abstrakte Netzwerk hat konkrete Vorläufer in der Natur, und zwar im Myzel, beispielsweise im Pilzmyzel, das ein unentwirrbares Ge-

144 Ausnahme politische Sperrungen.

flecht aus kleinen und kleinsten Wurzelfäden darstellt, die ein Gebiet durchziehen und in diesem Bereich alles miteinander verknüpfen. Die Postmoderne hat sich daher auf das pflanzliche Modell des Rhizoms berufen, das ein Wurzel-Knollen-Geflecht darstellt. Das Rhizom-Denken hat das ältere Tannenbaum- oder Pfahlwurzel-Denken abgelöst,[145] das sich auf die Hierarchie stützt. Von den traditionellen Hierarchien unterscheidet es sich in zwei Punkten, zum einen durch die Nivellierungstendenz, die alle Stufen einebnet und egalisiert, womit der Verlust von Übersicht und Ordnung einhergeht, und zum anderen durch die Partikularisation, womit der Zerfall des Ganzen in Einzelinstanzen gemeint ist, ohne dass dieselben noch durch einen Bezug auf Einheit und Ganzheit zusammengehalten würden. Den Bezug der Glieder oder Teile muss das Rhizom bis ins Unendliche selbst leisten.

Félix Guattari und Gilles Deleuze haben für ihr epochales Buch zur Postmoderne den sprechenden Titel *Tausend Plateaus* gewählt.[146] Im Mittelpunkt steht nicht mehr ein einziger steiler Berg mit einem einzigen herausragenden Gipfel wie im hierarchischen Denken, sondern tausend kleinere Hügel mit abgeflachten Plateaus.

Das nivellierende allumfassende Netzwerkdenken schlägt sich in der modernen Arbeitswelt, der Gesellschaft, der Kunst wie auch in der Wissenskultur, im Denken und Sprechen nieder. Es kennzeichnet kulturhistorisch die Moderne.

Zum einen bestimmt es unseren heutigen Arbeitsalltag. Schon in der Antike[147] spielte die Kontroverse zwischen Polypragmasie und Monopragmasie eine Rolle und wurde in Richtung der Neuzeit wegen der wachsenden Komplexität noch gesteigert. Zu entscheiden war die Frage, was besser sei, das Ideal des selfmademan und der Selbstversorgung, wonach alles zum Überleben Notwendige von einer einzigen Person produziert wird, oder das Ideal der Arbeitsteilung mit der Verlagerung und Konzentration der jeweiligen Arbeit auf diverse dafür besonders qualifizierte Subjekte. Auch wenn die ländliche Bevölkerung gegenüber der städtischen historisch noch lange Zeit an der Selbstversorgung festhielt, differenzierten und spezifizierten sich die Berufe mehr und mehr und wurden auf verschiedene jeweils kompetente Personen verlagert, was zu einer Quantitäts- und vor allem Qualitätssteigerung führte. Verloren ging damit jedoch die Übersichtlichkeit und Ordnung; die Zunahme an Vereinzelung und Isolierung war eine Folge und konnte nur durch ein unendliches Netzwerk von Verbindungslinien und Transportwe-

145 Vgl. Gilles Deleuze, Félix Guattari: *Rhizom*, in: dies.: *Tausend Plateaus*. Kapitalismus und Schizophrenie (Titel der Originalausgabe *Mille Plateaux*, Paris 1980), aus dem Französischen übersetzt von Gabriele Ricke und Ronald Voullié, Berlin 1992, S. 11-42, bes. S. 14.

146 S. Anm. 145, S. 110 dieser Arbeit.

147 Siehe Platons Diskussion.

gen aufgefangen werden, das die gegenseitige Zulieferung ermöglichte. Das Denkmodell der Arbeitsteilung, wie es von Émile Durkheim[148] beschrieben wird, hat sich in den modernen Gesellschaften durchgesetzt und etabliert.

Im Internbereich der Betriebe und Firmen sieht es nicht anders aus. Kein Betrieb, keine Firma kann heute noch allein alle erforderlichen Aufgaben bewältigen. Vielmehr diversifizieren sie sich in eine Abteilung, die für die Anschaffung der Produktionsmittel verantwortlich ist, eine andere für die Produktion selbst, eine dritte für die Werbung und Vermarktung, eine vierte für die Finanzierung usw. Zudem hat jede Abteilung derart viele Vorgaben und Regeln zu berücksichtigen, dass Unter- und Sonderabteilungen zur Bewältigung dieser Aufgaben notwendig werden, so dass eine Person wegen der Spezifikation oft nicht mehr von der anderen und ihrer Tätigkeit weiß. Mit der Ausdifferenzierung geht eine zunehmende Isolation einher, die selbst wieder eine Instanz verlangt, die die Vermittlung leistet.

Diese Charakteristik betrifft auch die Forschung. Die Lösung von Aufgaben unter Berücksichtigung aller relevanten Aspekte kann angesichts der rasant wachsenden Komplexität nur noch durch Zusammenschluss von Experten aus den verschiedensten Gebieten der Physik, Biologie, Geologie, Medizin, Molekularforschung usw. zum Team gemeinschaftlich gemeistert werden. Niemand kann heute mehr wie noch zu Leibniz' Zeiten Universalgelehrter sein. Die Verfallsrate medizinischer und physikalischer Forschungsergebnisse steigt beständig. An dem Tag, an dem die Publikation eines neuen Resultats erfolgt, z.B. in der angesehenen Zeitschrift *Nature,* ist es bereits überholt. Nach Asari Polikarov ist nicht nur die Zahl der Publikationen exponentiell in die Höhe geschnellt und die Verfallsrate gestiegen, auch die Zahl der Wissenschaftsdisziplinen hat zugenommen, weil die Forschungen immer spezieller und subtiler werden.[149]

Die Pluralisierungs- und Isolationstendenz findet eine Fortsetzung in der Gesellschaft. Waren Großfamilien und Dorfgemeinschaften und selbst noch Kleinstädte überschaubar für jedermann, so ging mit dem Anwachsen der Städte zu Super- und Megastädten auf 10 20 Millionen Einwohner diese Übersichtlichkeit verloren, was nicht nur das Ganze, sondern auch den Einzelnen betrifft. Im Hochhaus lebt und stirbt man allein, ohne dass der Nach-

148 Vgl. Émile Durkheim: *De la division du travail social.* Etudes sur l'organisation du sociétés supérieures, Paris 1893, dt. *Über die Teilung der sozialen Arbeit.* Deutsch von Ludwig Schmidts, Frankfurt a. M.1977.

149 Vgl. Asari Polikarov: *Strukturmodelle der Wissenschaftsentwicklung,* in: Friedrich Rapp (Hrsg.): *Naturverständnis und Naturbeherrschung.* Philosophiegeschichtliche Entwicklung und gegenwärtiger Kontext, München 1981, S. 11-119, bes. S. 118 f. Nach dortigen Angaben erfolgt alle 14 Jahre durchschnittlich eine Verdoppelung der Publikationen, so dass in zwei Jahrhunderten die Zahl auf ca. 2^{15} gestiegen ist. Die Zahl der Wissenschaften ist in derselben Periode um ca. 2^{8} mal vermehrt worden. Inzwischen dürften diese Zahlen weiter gestiegen sein.

bar davon Kenntnis nimmt oder etwas davon erfährt. Mit der Zunahme der Vereinzelung steigt die Nachfrage nach Verbindung. Da diese nur noch das Internet zu leisten vermag, lernt man sein Gegenüber nicht einmal mehr persönlich kennen. Der reale Mensch wird zum verkabelten virtuellen Menschen, der sich nur noch in einer virtuellen Welt bewegt.

Die allgemeine Solidarität, deren eine Gesellschaft wie der Staat für das Funktionieren des Zusammenhalts bedarf, wird aufgelöst in eine Pluralität von Einzel- und Gruppeninteressen, die sich als Subkulturen unter der offiziellen Staatspolitik etablieren und diese subversiv auflösen. In der Soziologie hat sich hierfür der Name *life politics* eingebürgert. Passt einem Bürger irgendeine staatlicherseits getroffene Entscheidung nicht, so sucht er in einer liberalen, weltoffenen Demokratie, in der angeblich jeder machen und tun kann, was er will, sofern dies den Gesetzen nicht radikal zuwiderläuft, nach Gleichgesinnten und Verbündeten, zieht in Demonstrationsmärschen in die Haupt- und Großstädte, meist medienwirksam unterstützt durch das Fernsehen, um seinem Anliegen Gehör zu verschaffen und dieses letztlich durchzusetzen, was mehr und mehr in schwächelnden Demokratien auch gelingt. Alle Bürger sind zwar für die Abschaffung der Atomkraft durch regenerative Energien, aber niemand ist bereit, die Durchleitung von Windkraft auf seinem Grund und Boden zu tolerieren. Jeder möchte zwar am Vorteil partizipieren, aber keinerlei Konzessionen machen, und versucht dann über Interessensvertretungen, Eingaben, Gerichtsverfahren, die Jahrzehnte dauern können, sein Recht durchzusetzen oder die Sache zu verzögern oder schließlich zu boykottieren. Gesellschaftlich macht sich eine zunehmende Interessensdivergenz und Isolation von Partikulargruppen oder Individuen breit, die zur Selbstauflösung des Staates führt. Sie erlaubt keinen inneren Zusammenhalt mehr, allenfalls noch eine äußerliche Verbindung.

Ein Paradebeispiel hierfür war die Corona-Krise 2021, in der es Regierung und selbständigen Ministerpräsidenten/innen nicht mehr gelang, sich auf eine gemeinsame, einheitliche Linie der Verordnungen zu einigen, bis die Regierung zur ‚Notverordnung' griff. Trotz gemeinsamer Beschlüsse verkündeten die selbstherrlichen Ministerpräsidenten/innen im selben Moment Entgegengesetztes und erließen eigenständig anderslautende Verordnungen. Zusammengehalten werden konnte das Ganze nur noch durch fiktive Rechtsverordnungen, die jedoch von immer mehr Bürgern, insbesondere Corona-Gegnern und Verschwörungstheoretikern, nicht mehr akzeptiert werden. Es fragt sich, wie lange ein solches Gefüge durch Vernetzung noch aufrechterhalten werden kann.

Und last but not least ist auch die moderne Kunst seit Ende des 19. Jahrhunderts von Auflösungserscheinungen betroffen und bewusst in ein experimentelles Stadium übergegangen. An die Stelle geschlossener, einheitlicher

Stile und Gestaltungen ist die Auflösung in Punkte, Tupfer, Flecke und Flächen getreten, wie im Impressionismus, Kubismus und in der experimentellen Kunst. Die impressionistischen Maler suchten geradezu Bahnhöfe mit Lokomotivendampf und Teiche mit ihrer schillernden, vibrierenden Oberfläche und Atmosphäre auf – so Monet, Manet, Renoir –, um das Changierende, Vibrierende, atmosphärisch Unfeste einzufangen. Auch die Zentralperspektive unterlag der Auflösung in Multiperspektivität, wie in den berühmten profil-en-face-Bildern Pablo Picassos aus den 30er Jahren des letzten Jahrhunderts, die das, was sonst nur im sukzessiven Herumgehen erblickt werden kann, in Teile zerlegt und aus diesen simultan wieder zusammensetzt, oder im Motionsstil von Gino Severini, der eine einheitliche Bewegung in Bewegungsschübe und Schritte auflöst, wie in dem Gemälde *Nu descendant un escalier* oder in dem Gemälde einer Tänzerin, das den Wirbel der Tänzerin in Einzelmomente zerlegt und multiperspektivisch wieder zusammensetzt. Die Verbundenheit ist dann nur noch virtuell vollziehbar.

Nicht nur die Arbeitswelt, Forschung, Gesellschaft und Kunst sind am Netzwerkmodell orientiert, sondern auch das Wissen und die Sprache. Das Internetwissen ist kein systematisches Wissen im traditionellen Sinne mehr, sondern eine in isolierte Einzelteile zerfallende pluralistische Informationsflut. War das wissenschaftlich-kognitive Wissen der Naturwissenschaften in der Vergangenheit ein systematisches, das sich über Klassifikation und Spezifikation Überblick und Ordnung verschaffte, um in einer geregelten Folge von Schritten von einem übergeordneten Punkt zu den sub- und koordinierten zu gelangen oder umgekehrt, so handelt es sich bei der Information um eine Kumulation isolierter, unverbundener Daten, die man aus einem Komplex unübersichtlicher und unüberschaubarer Daten über Suchmaschinen abruft. Information entbehrt der Ganzheitsstruktur und Übersichtlichkeit. Sie folgt keinem Ordnungsmuster, weder einem hypotaktischen noch parataktischen noch repetetiven, sondern ist ein rein kumulatives, aggregatives, ungeordnetes Wissen, das auf einer ungeheuren Speicherkapazität von Datenträgern basiert.

Die Auflösungs- und Isolationstendenz setzt sich fort in der modernen Sprach- und Schreibart, was einerseits der Rapidität der Nachrichtenübermittlung, andererseits der Flut von Informationen und zum dritten dem Bedürfnis nach kommunikativer sozialer Mitteilung geschuldet ist. Moderne Geräte und Apparaturen wie Internet und iPhones ermöglichen, diesem Bedürfnis zu entsprechen, jedoch in einem reduktionistischen Stil. Verfasste man in früheren Zeiten lange, ästhetisch gestaltete Briefe in geordneter Gedankenfolge oder in sukzessiver Nachzeichnung von Ereignissen und verewigte in noch früheren Epochen nur das Wesentlichste in Stein oder auf wertvollem Papyrus wegen der Schwierigkeit der Gravur und Schrift, so ermöglicht heute die Digitalisierung eine Übertragung aller nur möglichen wichtigen und unwichtigen Informationen in Echtzeit, ohne dass eine Auswahl, Sortierung und Ordnung zustande kommt. Auch geht es nicht mehr nur um Übermittlung wichtiger und notwendiger Informationen, vielmehr sollen alle Menschen an allem, auch dem Privatesten, an persönlichen Erlebnissen, Gefühlen, Gedanken teilhaben, nur um den sozialen Bedürfnissen zu genügen und zu kommunizieren. So ist ein Telegrammstil, der SMS-Stil, entstanden, der sich nur noch auf die sinntragenden Hauptwörter konzentriert und alle vermittelnden Hilfsverben und Verben oder schmückenden Epitheta auslässt.

Die moderne Orthographie- und Interpunktionsreform hat ein Übriges zur Auflösung beigetragen. Man schreibt, wie man spricht, nicht mehr in Orientierung an Etymologie, der Herkunft der Wörter aus dem Griechischen, Lateinischen oder Französischen, auch nicht mehr in Orientierung an Stamm- und Silbentrennung, sondern mit beliebiger Trennung selbst zwischen Diphtongen, nicht mehr in Orientierung an Haupt- und Nebensätzen kausaler, konditionaler oder konzessiver Art, sondern mit einseitiger Präferenz der Hauptsätze. Das Entstehende ist in keiner Weise mehr gegliedert noch sonst wie geordnet, sondern wird stakkatohaft übermittelt, jedoch in ungeheurer Menge von Daten, die wir erst erneut zusammensetzen müssen entsprechend unserer subjektiven Kombinationsgabe, wenn wir Muster und Formen erkennen wollen, wie es in früheren Epochen durch Linearität, Kreisstruktur, Spezifikation bzw. Klassifikation u.ä. geschah.

Nun ist die Übermittlung von Informationen durch Internet und iPhones häufig ganz so sporadisch nicht, wie ich sie dargestellt habe. Inzwischen sorgen unpersönliche, anomyme Algorithmen für die Sammlung, Selektion und Zuordnung von Informationen zu Werbezwecken, die Wünsche und Interessen von Usern befriedigen, die diese ins Internet stellen. Sie bringen dadurch bestimmte Ordnungsgefüge in Echoblasen zustande, die jedoch nicht über formale Muster fungieren, sondern über qualitative Assoziationen, sogenannte Analogien.

Das Analogiedenken (die Analogielogik) versucht, in die Komplexität von Daten eine gewisse Ordnung zu bringen, indem es beliebige austauschbare Leitphänomene herauskristallisiert – in der Tradition der Renaissance und Hermetik waren es zumeist die Planeten: Sonne, Mond, Mars, Merkur, Venus und andere Gestirne. Ihnen wurde alles Ähnliche, Verwandte, Nahekommende zugeordnet, wie es paradigmatisch in den *Magischen Werken* von Agrippa von Nettesheim geschieht, wo der Sonne alles Sonnenhafte im menschlichen, tierischen und pflanzlichen sowie metallurgischen und chromatischen Bereich zugeordnet wird, z.B. das Gold unter den Metallen, das Gelb unter den Farben, die Wärme unter den Temperaturen, das Wohlbefinden und Glück unter den Gefühlen, das Wachsen und Gedeihen von Tieren und Pflanzen aus dem Bereich des Lebendigen. Alles, was irgendwie sonnenhaft ist und in irgendeiner Verbindung mit der Sonne steht, fällt unter diese Kategorie. Entsprechend wird dem Mond das silberne Metall, die silbrig weiße Farbe, die Kühle und Stille der Nacht zugeordnet, dem Mars der Krieg und Kampf, die Unruhe, die Revolution, das Aufbegehren.

Doch bleibt es nicht bei dieser offensichtlichen Ähnlichkeit, vielmehr wird auch scheinbar Unähnliches mit einbezogen, das im Grunde, wenngleich verdeckt, Ähnlichkeit aufweisen soll. Das seitlich ausgezogene, zu farbigen Streifen deformierte Porträt von Henri Poincaré, wie es in der Ausgabe *Spektrum der Wissenschaft*[150] vorgeführt wird, und die Rückgängigmachung desselben erweist sich als ein sprechendes Beispiel hierfür. Dahinter steht die Ansicht, dass die Totalität der Dinge und Sachverhalte, das All, zusammengehört, auch wenn es von diesem oder jenem Zentrum aus oder unter diesen und jenen Bedingungen stufenweise modifiziert erscheint und dem jeweils gewählten Zentrum näher oder ferner steht. Alles ist mit allem verbunden aufgrund einer Ähnlichkeit bzw. Gleichheit, wie sie Goethe in die Worte gekleidet hat:

> „Wie alles sich zum Ganzen webt,
> Eins in dem andern wirkt und lebt!
> Wie Himmelskräfte auf und nieder steigen
> Und sich die goldnen Eimer reichen!
> Mit segenduftenden Schwingen
> Vom Himmel durch die Erde dringen,
> Harmonisch all' das All durchklingen!“[151]

In seinem Naturroman *Heinrich von Ofterdingen* hat Novalis diese Transformation als Metamorphose charakterisiert: „Heinrich wird im Wahnsinn Stein – [Blume] klingender Baum – goldner Widder“[152] Die Überführung von allem in alles lässt sich demonstrieren an der tiefenpsychologischen Dimension von Traum und Unterbewusstsein, wo Übergänge jeder Art stattfinden. Logisch legt sich die Gültigkeit des scholastischen Spruches nahe: *Ex quolibet quodlibet* („Jedes ist aus jedem ableitbar“), was nichts anderes

150 *Chaos und Fraktale* mit einer Einführung von Hartmut Jürgens, Heinz-Otto Peitgen und Dietmar Saupe, Heidelberg 1989, S. 9.

151 Johann Wolfgang Goethe: *Faust* I, Vers 447-453, in: *Goethes Werke*, a.a.O., S. 22.

152 Vgl. Novalis: *Heinrich von Ofterdingen*, in:: *Werke*, hrsg. und kommentiert von Gerhard Schulz, München 1969, 3. Aufl. 1987 auf der Grundlage der 2., neubearbeiteten Aufl. 1981, S. 286, vgl. S. 283.

bedeutet als den logischen Gegensatz zum *tertium non datur* aus der klassisch-aristotelischen Logik.

Schon Vexierspiele und Umschlagphänomene wie die bekannte Rubinsche Doppelfigur, die je nach Betrachtung einen griechischen Krater oder zwei sich anblickende Gesichter zeigt, oder das bekannte Bild einer alten Frau mit dunklem Kopftuch und scharfkantiger Nase, die auch als junge Frau mit Haarschopf interpretiert werden kann, weisen auf die interne Zusammengehörigkeit, wiewohl sie äußerlich auseinanderfallen. Im Figur-Grund-Verhältnis und seinem instantanen Umschlag dokumentiert sich die Alleinheit der Dinge, die es erlaubt, jedes mit jedem zu verbinden und jedes jedem zuzuordnen. Das Netzwerk ist nur die Oberflächenerscheinung der tiefer gelegenen qualitativen Zusammengehörigkeit und Einheit der Dinge.

Die je spezifische Konzentration bestimmter Phänomene um einen Kernbereich auf der Basis einer Alleinheit erklärt nun auch die Unterschiede von Kulturen. Die Sprache des Internet hat uns hierfür den modernen Vergleich mit einer Echoblase (*filter bubbles*) geliefert. Gibt ein Internet-User einen bestimmten Suchbegriff ein, so erhält er hierauf eine Vielzahl von Angeboten. Diese verlocken ihn nicht nur zum Kauf des Gewünschten, sondern erwecken auch seine Neugier auf Umgebungsobjekte und -angebote, so dass er auch unter diesen zur Bedürfnisbefriedigung sucht. Auf seine erneute Suche erhält er noch mehr Angebote aus dem näheren und ferneren Umfeld. Mit der Zeit treten andere User mit ähnlichen Fragen, Interessen und Wünschen hinzu. Auf diese Weise bildet sich eine Echoblase, aus der die eigenen Vorstellungen und die der anderen Konsentierenden immer wieder zurückschallen und sich mir der Zeit verfestigen. Je nach dem gesuchten und präferierten Material und der Konzentration des Materials lässt sich die Entstehung diverser Echoblasen erklären, die sich gegeneinander abkapseln und den Transzensus ineinander immer schwieriger machen, je gefestigter sie sind. Solche Echoblasen können als Repräsentanten und Erklärungsmodelle diverser Kulturen gelten, da diese über Sprache, Sitten und Gebräuche, eingeprägte und eingeschliffene gesellschaftliche Vorstellungen und Meinungen Filterblasen gleichen. Dennoch ist ein Transzensus in Grenzbereichen möglich, wenngleich niemand weiß, wie tief man in andere Blasen einzudringen vermag. Letztlich bleibt stets etwas Fremdes an ihnen haften, nicht anders als beim Eindringen in eine fremde Kultur oder Psyche oder historische Situation, und selbst bei der Begegnung mit der eigenen Persönlichkeit, worauf nicht nur Jacques Lacan, sondern auch Emmanuel Lévinas, Bernhard Waldenfels u.a. aufmerksam gemacht haben. Es ist eine Fremdheit, die nicht zu überwinden ist und die einem versagt, von einer Identifikation zu sprechen.

11. Begriffe, Determinative und Symbole

Im Vorangehenden hat sich angedeutet, dass diverse Kulturen unterschiedliche Formen sprachlicher und gedanklicher Explikation besitzen und dass nicht, wie wir aus europäischer Sicht anzunehmen pflegen, alle in Begriffen denken und sprechen. Im Folgenden möchte ich drei Arten kultureller Verarbeitung von Daten vorstellen: Begriffe, Determinative und Symbole, von denen die Begriffe hauptsächlich in der westlichen Kultur verwendet werden, Symbole in der ostasiatischen und Determinative aus der altvorderorientalischen Kultur der Sumerer, Assyrer, Babylonier, Altägypter und verwandter Sprachen bekannt sind. Einer Wertung über Fortschrittlichkeit oder Rückständigkeit möchte ich mich ausdrücklich enthalten, da offensichtlich jede Art das Leben und Überleben von Völkern und Kulturen sichert, wenn man als Maßstab das darwinistische Prinzip des *survival of the fittest* zugrunde legt. Über diesen Maßstab hinaus mögen andere Kriterien für die Wahl und Verwendung der einen oder anderen Art sprechen, ganz abgesehen davon, dass vor allem die Tradition, in der jeder steht, in die jeder hineingeboren wird, für die Kontinuität einer Art, die Begrifflichkeit oder die Symbolik oder die Determinative, sorgt. Nur wenn äußerste Zwänge dazu nötigen, ist man bereit, seine eigene Art aufzugeben und in eine andere zu wechseln, wie dies beispielsweise beim weltweiten Siegeszug der Naturwissenschaften und Technik der Fall war, die die Begriffssprache verlangten und die Erlernung derselben in anderen Kulturen voraussetzten.[153] Über die allgemeine Tendenz der Sicherung des Lebens und Überlebens hinaus werden bestimmte Kriterien für die Präferenz der einen oder anderen gesprochen haben. Für die Begrifflichkeit ist dies die Exaktheit und Präzision, die mit ihren Fixierungen einhergeht und auf Formalität und Mathematizität tendiert und damit den Zugang zu den mathematischen Naturwissenschaften und des weiteren zur Technik und Technologie eröffnet, was auf viele Menschen eine große Faszination ausübt. Andere Völker und Kulturen mögen demgegenüber eine ganzheitliche Lebensweise bevorzugt haben, in der außer der Verstandeskultur auch die Empfindungskultur und ein Transzendenzbegehren eine Rolle spielen und daher die Glückseligkeit als eine vollendete Lebensweise angestrebt wird, für die sich die Symbolik besser eignet.

Die drei Arten Begriff, Determinativ und Symbol unterscheiden sich durch ihr jeweiliges Verhältnis zu Einheit und Vielheit, Allgemeinheit und

153 Erst in jüngster Zeit zeigt sich, dass die mathematischen Naturwissenschaften, die Technik und Technologie und insbesondere die Computer- und Internetsprache für fernöstliche Kulturen eine große Faszination ausüben und die Erlernung der Begriffssprache und Mathematizität forciert haben.

Besonderheit, Ganzem und Teil, Identität und Differenz usw., sofern man von unserer westlichen, abendländischen kulturellen Verarbeitung der Daten ausgeht. Begriffe sind ein- und ausgrenzend, indem sie aus einem indifferenten Feld von Möglichkeiten etwas Bestimmtes herausgreifen und gegen anderes, im Prinzip gegen alles andere abgrenzen, wie es die spinozistische Formel *omnis determinatio est negatio* ausdrückt. Begriffe, etymologisch zurückgehend auf ‚begreifen', ‚ergreifen', deuten ursprünglich auf einen haptischen Vorgang, den des Herausgreifens von etwas aus einer unbestimmten Menge, während Symbol im Gegensatz eine Attraktion bzw. Kontraktion des Vielen auf ein Zentrum hin meint wie umgekehrt das Ausstrahlen von diesem auf alles der Umgebung. Schon dem Namen nach bedeutet Symbol, abgeleitet von griechisch *συμβάλλειν*, ‚Zusammennahme', ‚Zusammenziehung' einer Vielheit oder gar der Gesamtheit des Begegnenden auf einen zentralen Punkt hin, so dass mit dem einzelnen Zeichen die Gesamtheit des Seienden unter einem bestimmten Aspekt gemeint ist.

Ob es sich bei der begrifflichen Herausnahme und Erfassung von etwas um objektiv vorgegebene Gegenstände oder um eine subjektive Konstruktion durch das Subjekt handelt, hängt von der epistemologischen Position des Beurteilenden ab. Für eine objektive Vorgegebenheit wie nach Heideggers phänomenologischer Auffassung der Wirklichkeit sprechen am ehesten gegeneinander abgegrenzte Organismen, die isoliert nebeneinander stehen, sich selbständig reproduzieren und regenerieren, sich selbständig bewegen und insofern an sich bestehende Differenzen nahelegen, während andere Beobachtungen wie etwa die von Qualitäten für einen subjektiven Konstruktivismus sprechen. So geht die Differenzierung von Farben auf das Konto des Subjekts zurück. Die unterschiedliche Bläue des Meeres wird dem am ehesten einleuchten, der berufsmäßig wie der Schiffer damit zu tun hat oder am Meer wohnt und täglich demselben begegnet. Von den Griechen ist bekannt, dass sie eine Vielzahl von Farben kennen und bezeichnen, die anderen Völkern unbekannt sind, was mit den Lichtverhältnissen, der Klarheit und Durchsichtigkeit der Atmosphäre, den wechselnden Schattierungen zusammenhängt, von denen nordische Völker aufgrund der Witterungsverhältnisse, des Nebels und Dunstes, der herrschenden grauen Farbe und der Dunkelheit nichts ahnen, ebenso unterscheiden sie eine Vielheit von Sehweisen. Bruno Snell[154] hat anhand der homerischen Texte eine Vielzahl von Ausdrücken für Sichtweisen gesammelt und zusammengestellt wie δρᾶν, ιδεῖν, λεύσσειν, ἀθρεῖν, θεᾶσθαι, σκέπτεσθαι, ὄσσεσθαι, δενδίλλειν, δέρκεσθαι, παπταίνειν. Demgegenüber kennen die nordischen Samen unzählige Schneearten, die sie für die Erhaltung und Züchtung ihrer

154 Bruno Snell: *Die Entdeckung des Geistes*, Göttingen 1975, 8. Aufl. 2000, S. 13.

Rentierherden benötigen. Ingve Ryd[155] hat folgende zusammengestellt: *biera* für sehr dünnen Schnee, *garra muohta* für harten Schnee, *siebla* für nassen Schnee im Frühling, *galmma muohta* für kalten, trockenen und losen Schnee, *siernas* für besten Schnee, welcher den Rentieren erlaubt, Ungefrorenes darunter hervor zu kratzen, *tsievve* für schweren, harten Schnee, durch den man nicht durchkommen kann, *habllek* für wirbelnden Pulverschnee, welcher den Ren zusetzt, *slabttse* für Schneematsch.[156] Und die Tuaregs wiederum kennen unzählige Kamelarten, während ein Nordeuropäer allenfalls zwischen Kamel und Dromedar zu unterscheiden vermag. Die Differenzierung und Subtilität hängt vom Umgang und Gebrauch sowie von der Bedeutung für die jeweilige Kultur ab.

Die moderne Kunst etwa seit Ende des 19. Jahrhunderts, beginnend mit Paul Cézanne, hat uns neue Sehgewohnheiten gelehrt, Cézanne, dadurch dass er die Solidität und Masse eines Gebirges wie in den Bildern von Mont Ventoux in Tupfer und Farbflecke zu diversen Tages- und Jahreszeiten auflöst und wieder zusammensetzt und so die Morphologie des Gebirges sichtbar macht, Pablo Picasso, dadurch dass er in seinen profil-en-face-Bildern die traditionelle Einheit und Kompaktheit des Kopfes, die man aus dem sukzessiven Herumgehen kennt, auflöst in eine Vielheit disparater Eindrücke und wieder zusammensetzt zu einer simultanen Einheit. Was wir als einheitliches Objekt identifizieren, das aus einer Vielheit von Teilen besteht, ist *unsere* Konstruktion. Gehen wir am Meer entlang, den Blick in die Ferne gerichtet, so sehen wir phänomenologisch ein Schiff auf der Horizontlinie schwimmen. Nur aus der Erfahrung mit einer anderen Begegnungsweise und aus der Erinnerung wissen wir, dass es sich um zwei selbständige Gegenstände, Schiff und Meer, handelt, von denen das eine das andere trägt.

Der Begriffsgebrauch ermöglicht Exaktheit und Präzision der Erkenntnis. Das gelingt nur, wenn man das Begegnende, was immer dieses sein mag, anschaulich, statisch vor sich hat und zum Objekt einer theoretisierenden Betrachtung macht, wie es in der Wissenschaft, insbesondere der mathematischen Naturwissenschaften geschieht. Dass hierbei die Sprachgestaltung eine entscheidende Rolle spielt, ist nicht zu übersehen. Die Tatsache, dass die theoretischen Naturwissenschaften gerade in Griechenland erfunden wurden, dürfte mit der Eigentümlichkeit der griechischen Sprache zusam-

155 Ingve Ryd: *Snö.* Renskötaren Johan Rassa berättar, Stockholm 2007, S. 317 ff.

156 Auf einem Symposion führte ein Künstler in 100 nebeneinander gereihten Kästchen Ockerfarben vor, die er in Australien den Aborigines abgeschaut hatte, die sich auf ihren Routen an dieser Farbe orientieren. Für uns Europäer waren diese Differenzen nur bedingt erkennbar und gingen vielfach ineinander über, so dass wir allenfalls nach Überspringen von Kästchen wieder einen Unterschied bemerkten, aber nicht die Subtilität der Wahrnehmung aufbrachten, die die Aborigines bzw. dieser Künstler hatten.

menhängen, mittels des bestimmten Artikels (*τὸ*) mit seinem deiktischen Charakter verbale dynamische Ausdrücke zu substantivieren und zu objektivieren wie das Verb *εἶναι* = ‚sein' zu *τὸ εἶναι* = ‚das Sein' und so der objektiven Betrachtung darzubieten vermag.[157] Es ist der Spezifität der Begriffssprache zu verdanken, mit ihrer Objektivations- und Veranschauungsleistung und ihrer Präzisierungsfunktion zur Entdeckung der Naturwissenschaften beigetragen zu haben.

Nicht zufällig hat Kant einen wesentlichen Teil der Philosophie in der analytischen Funktion von Begriffen gesehen. Bei der Analyse von Begriffen geht es nicht nur um eine Abgrenzung nach außen, sondern auch um eine nach innen in Bezug auf die begrifflichen Ingredienzien, für deren geordnete Angabe der Begriffsanalyse die Klassifikations- und Spezifikationsmethode zur Verfügung steht.

Wie schwierig dennoch Grenzfragen sind, zeigt die Tatsache, dass empirische Begriffe wie beispielsweise das Gold niemals zwischen sicheren Grenzen stehen. Schon Kant bemerkt in der *Kritik der reinen Vernunft*,[158] dass der eine sich darunter die goldgelbe Farbe vorstellt, während der andere, der Gold nur aus sehr dünnen Schichten mit grünlichen Schimmer kennt, dies für unwesentlich hält, wiederum ein anderer nur den Schmelzgrad kennt, von dem der andere nichts weiß. Die scholastische Formel *individuum est ineffabile* deutet darauf, dass ein individueller realer Gegenstand niemals hinsichtlich seiner Prädikate vollständig benennbar ist, da es zwischen zwei Individuum stets eine Vielzahl niederer Begriffe gibt, die auch durch noch so minimale Differenzen niemals eine Einzelinstanz zu erreichen vermögen.

Symbole, wie sie in der Kunst verwendet werden, ebenso in Sprachen wie der chinesischen und japanischen, deren Wörter typischerweise im Englischen *character* heißen und nicht ‚Begriffe', haben eine andere Funktion. Sie vereinen eine Fülle von Merkmalen, Eigenschaften, Habitualitäten, Situationen in sich, auf die sie umgekehrt auch verweisen. Sie begründen damit das Analogiedenken bzw. die Analogielogik, d.h. das Entsprechungsdenken, demzufolge alles, was sich auf sie vereinen lässt, einander auch entspricht.

Beispiele wurden im vorangehenden Kapitel schon genannt.[159] Ausführlich sei noch eines aus den Werken des Agrippa von Nettesheim angeführt, um den Umfang und die Reichweite zu demonstrieren. Es geht um das Mondartige:

> „Dem Monde zugehörig (lunarisch) sind unter den Elementen

157 Vgl. auch Bruno Snell: *Die naturwissenschaftliche Begriffsbildung im Griechischen*, in: ders.: *Die Entdeckung des Geistes*, a.a.O., S. 205-218.

158 Immanuel Kant: *Kritik der reinen Vernunft* , A 728 B 756.

159 Vgl. S. 114 f. dieser Arbeit.

die Erde, sodann das Wasser, sowohl das Meer- als das Flußwasser, und alles Feuchte, die Säfte der Bäume und der Tiere, hauptsächlich die weißen, als Eiweiß, Fett, Schweiß, Schleim und andere Flüssigkeiten der Körper. Von den Geschmäcken gehören dem Monde an der salzige und unschmackhafte. Unter den Metallen ist lunarisch das Silber, unter den Steinen der Kristall, der silberfarbene Markasit und alle weißen und grünen Steine, desgleichen der Selenit oder Mondstein, welcher von honiggelbem Glanze, weißlich durchscheinend ist und nicht nur die Gestalt des Mondes, sondern auch sein tägliches Zu- und Abnehmen darstellt. Dem Monde gehören auch die Perlen an, die aus Wassertropfen in den Muscheln erzeugt werden, ebenso der Kristall und Beryll. Unter den Pflanzen und Bäumen sind lunarisch das Selenotropium, das sich nach dem Monde wendet [...]; die Palme, welche alle Monate neue Zweige ansetzt [...]; ferner das Keuschlamm oder der Keuschbaum und der Ölbaum, desgleichen das Kraut Chinostares, welches mit dem Monde wächst und abnimmt, nämlich an Substanz und Zahl der Blätter, nicht bloß an Saft und Kraft [...]. Unter den Tieren gehören diejenigen dem Monde an, die gerne im Umgang mit den Menschen leben und die sich durch verschiedene natürliche Neigungen und Abneigungen gleichermaßen auszeichnen, wie die Hunde jeder Art. Lunarisch ist auch das Chamäleon, das nach der Verschiedenheit der Farbe eines Gegenstandes immer eine ähnliche annimmt, wie der Mond nach der Verschiedenheit des Zeichens, in welchem er sich befindet, seine Natur wechselt. Lunarisch sind ferner die Mutterschweine, die Hirschkühe, die Ziegen und alle Tiere, welche den Lauf des Mondes beachten und nachahmen [...]. Lunarisch sind auch die Katzen, deren Augen nach dem Mondwechsel weiter oder kleiner werden; [...] ebenso alle Tiere, welche Amphibien heißen und sowohl das Land wie das Wasser bewohnen, wie die Biber und Fischottern, und sämtliche, die auf Fische Jagd machen [...]. Unter den Vögeln sind lunarisch die Gänse, die Enten, die Taucher und alle Wasservögel und Fischfänger wie die Reiher, desgleichen solche, die auf unbestimmte Weise entstehen, z.B. die Wespen aus den Leichnamen der Pferde, die Bienen aus verwesenden Kühen, die Mücken aus verdorbenem Weine und die Käfer aus dem Fleische der Esel. Hauptsächlich aber entspricht dem Monde der zweihörnige Käfer, den man Hornschröter nennt, der ein Kügelchen vergräbt und es achtundzwanzig Tage lang, während welcher der Mond den ganzen Tierkreis durchläuft, liegen läßt, am neunundzwanzigsten aber, wenn er die Konjunktion der Lichter (Sonne und Mond) vermutet, sucht er das Kügelchen wieder hervor und wirft es ins Wasser, woraus dann junge Käfer entstehen […].“[160]

Obwohl das Analogiedenken in der westlichen Tradition immerhin bis zur Renaissance verbindlich war und erst mit dem Aufkommen der Naturwissenschaften zu Beginn der Neuzeit wegen seiner Kompliziertheit gegenüber der Simplizität der naturwissenschaftlichen Methode in den Hintergrund gedrängt wurde, ist es nicht gänzlich ausgestorben. Im Alltag lebt es fort, indem beispielsweise Vereine, Sportklubs, Fußballmannschaften sich bestimmte Maskottchen als Glücksbringer zulegen oder bestimmte Personen bestimmte Edel- und Halbedelsteine wie den wasserfarbenen, hellblauen Aquamarin, den blutroten Rubin, den dunkelgrünen Smaragd als Schmuckstücke und Glücksbringer tragen und ihren Glauben an Glück oder Unglück davon abhängig machen. So steht der Aquamarin für Klarheit und Treue, der Rubin für Liebe, der Smaragd für Treue, usw. In Indien pflegten die Maharadschas täglich ihren Schmuck zu wechseln je nachdem, welche Farbe für den Tag angesagt war.

Auch die Dichtung kommt nicht ohne Symbole und Analogien aus. Der Grund besteht darin, dass Symbole einen immensen Umfang an Assoziationen wachrufen, mittels deren der Dichter ohne Umschweife, quasi ad hoc durch Anklicken eines Wortes ganze Situationen hervorzaubern kann, für die die Wissenschaft seitenweise umständliche Ausführungen benötigte.

Lebendig ist das Analogie- oder Entsprechungsdenken heute noch in Fernost. Eines der bekanntesten Symbole ist das Yin und Yang-Symbol, das nicht nur mit männlich und weiblich (stark und schwach) identifiziert wird, sondern mit allen erdenklichen Gegensätzen.[161]

Ebenso fungiert das Koordinatensystem des menschlichen Körpers mit rechts und links, oben und unten, vorn und hinten als symbolisches Zentrum, das nicht nur mit den Himmelsrichtungen Ost und West, Nord und Süd verbunden wird, sondern auch mit den Jahreszeiten Frühling, Sommer, Herbst und Winter sowie den in ihnen gewöhnlich zu beobachteten Temperaturen und Farben, wobei dem Frühling die zarten Farben, dem Sommer die bunten zukommen, dem Herbst das braune Laub und dem Winter der weiße Schnee. Des weiteren werden Frühling und Sommer mit Wachs-

160 Heinrich Cornelius Agrippa von Nettesheim: *Die magischen Werke,* Wien 1997, 4. Aufl. Wiesbaden 1997, S. 62 ff.

161 Ausführlich dazu Kap. 13 (2.), S. 157 ff. dieser Arbeit.

tum und Reife identifiziert, ebenso mit Friedenszeit, der Herbst hingegen mit Kriegszeit, da Überfälle und Kriege in der Vergangenheit nach der Ernte stattfanden. Das gesamte Leben wird nach solchen Ordnungszentren ausgerichtet, wie sie aus der Beobachtung und empirischen Erfahrung resultieren. Darin dokumentiert sich ein Denken, das unterstellt, dass die Kraft des Lebens alles vom Höchsten bis zum Tiefsten, vom Größten bis zum Kleinsten durchwirkt und vereinheitlicht, so dass jedes für jeden anderen Teil im Sinne des *pars pro toto* steht. Das Korn, die Garbe zum Erntedankfest, steht für die gesamte Ernte und noch für vieles mehr wie Fülle, Segen, Reichtum, Glück usw. Dem liegt eine Weltanschauung zugrunde, nach der über Kräfte alles mit allem verbunden ist, und zwar über Ähnlichkeiten, die größer oder kleiner sein können. So sind die Eigenschaften des Ururgroßvaters noch in dem fernen Ururenkel spürbar und die Eigenschaften des ersten Menschenpaares noch in dem letzten.

Dass die chinesischen Schriftzeichen aufgrund ihres bildhaften symbolischen Charakters eine ganz andere Funktion haben als die Begriffe im Westen, wurde schon erwähnt. In ihnen hat sich die Anschaulichkeit einer ursprünglich piktographischen Sprache und Schrift erhalten. So steht das chinesische Zeichen靈 gleicherweise für Wasser (Regen) wie Geist, da beide bewegt sind.[162]

Das Determinativ, das uns vor allem aus der sumerisch-assyrisch-babylonischen Sprache bekannt ist und teilweise auch in der altägyptischen Hieroglyphensprache begegnet, stellt morphologisch eine Zwischenform zwischen Symbol und Begriff dar, die man am besten mit dem anschaulich begrenzten Schema vergleichen und übersetzen kann. Dieses besitzt weder die umfassende Konkretheit des Symbols noch die enge Abstraktheit des Begriffs, es ist weder ein individuelles anschauliches Bild noch ein abstrakter, allgemeiner Gedanke, sondern ein Mittleres. Durch Zusätze zum ursprünglichen Determinativ erhält es seine genauere Bedeutung. So bedeutet im Sumerisch-Babylonischen *mus* das Schlangenartige, *mus.usumgal* der Drache, die Riesenraupe, der Lindwurm, *mus.sig* die gelbe bzw. grüne Schlange, der Waran, *mus.gu.bi* die Aalschlange, *mus.idim* die wilde Schlange, die Viper, *mus.igi.nu.gal* die blinde Schlange, der Typhlon.[163]

Hier handelt es sich um ein Ordnungsprinzip, das zu einer listenartigen, topologischen Zusammenstellung aller durch Ähnlichkeit und Zusammengehörigkeit charakterisierten Dinge führt.

162 Auch im Griechischen geht das abstrakte νοεῖν = ‚denken' ursprünglich auf das sinnlich konkrete νοεῖν = ‚sehen', ‚schauen' zurück, hat aber dort einen Entwicklungsprozess durchgemacht, während es im Chinesischen noch die Einheit bewahrt.

163 Vgl. Karen Gloy: *Vernunft und das Andere der Vernunft,* Freiburg, München 2001, S. 44 ff., bes. S. 51.

Dass diese Art des Denkens auch in anderen Kulturen und Epochen begegnet, dafür ist Goethes Pflanzenauffassung ein Beleg. Auf seiner Italienreise notierte er am 17. April 1787 in sein Reisetagebuch angesichts der Pflanzenvielfalt und -pracht, die ihm auf Sizilien begegnete:

> „Die vielen Pflanzen, die ich sonst nur in Kübeln und Töpfen, ja die größte Zeit des Jahres nur hinter Glasfenstern zu sehen gewohnt war, stehen hier froh und frisch unter freiem Himmel, und indem sie ihre Bestimmung vollkommen erfüllen, werden sie uns deutlicher. Im Angesicht so vielerlei neuen und erneuten Gebildes fiel mir die alte Grillle wieder ein, ob ich nicht unter dieser Schar die Urpflanze entdecken könnte. Eine solche muß es denn doch geben! Woran würde ich sonst erkennen, daß dieses oder jenes Gebilde eine Pflanze sei, wenn sie nicht alle nach einem Muster gebildet wären?“[164]

In einem Gespräch mit Friedrich Schiller, für den als Kantianer Goethes Vorstellung Ähnlichkeit mit den Kantischen regulativen Ideen, hatte, insistiert Goethe auf der Anschaulichkeit, Schiller auf der Regulativität. Dass die unendliche Vielfalt von Pflanzen, die kriechende Bodendecker ebenso wie hohe Stauden, Sträucher und Bäume umfasst, Kreuzblütler ebenso wie Lippenblütler, Sternblütler wie Korbblütler u.ä., trotz ihrer unterschiedlichen Morphologie an Blüten, Blättern, Wurzeln, Bestäubungsart usw. gleichwohl etwas Gemeinsames aufweist, was das Pflanzliche vom Tierischen und ebenso vom Anorganischen unterscheidet, bedarf eines hohen Abstraktionsgrades, der im Falle Goethes holistisch anschaulich bleibt, während er im Falle Schillers und ebenso Kants ein Regulativ in Prozessform darstellt. Kant hat eine Definition des Schemas versucht, indem er es als Regel definiert, das Mannigfaltige der Anschauung zu synthetisieren und unter eine Einheit zu subsumieren, was bei ihm jedoch auf den Begriff und die begriffliche Zusammenfassung hinausläuft. Die Verbindung einer Vielheit ist sowohl im Falle Goethes wie Schillers angezeigt, nur dass sie bei dem einen statisch-anschaulich, bei dem anderen dynamisch ausfällt.

164 Johann Wolfgang Goethe: *Italienische Reise* in: *Werke,* a.a.O, Bd. 11, Hamburg 1950, 6. Aufl. 1964, S. 266.

12. Die diversen Zeittypen der verschiedenen Kulturen

Außer den unterschiedlichen Sprachformen und den mit ihnen verbundenen Denkformen, die sich auch in den semantischen Zeichen und Zugängen zur jeweiligen Weltsicht bekunden (vgl. vorhergehendes Kapitel), spielen unterschiedliche Zeittypen eine fundamentale Rolle für die jeweilige Weltsicht der Kulturen. Aus diesem Grunde möchte ich einen Blick auf dieselben und ihre kulturkonstitutive Rolle werfen, denn die Zeit ist neben dem Raum einer der Grundbestandteile menschlicher Erkenntnis und menschlichen Zugangs zur Welt.

Wir müssen jedoch Abschied nehmen von der Vorstellung, dass es nur eine einzige Zeitform gebe, die uns bekannte und vertraute, in Zukunft, Gegenwart und Vergangenheit eingeteilte Fließzeit, die das Denken und Erkennen unserer westlichen Welt, unseres Alltags und unserer Wissenschaften bestimmt und die wir inzwischen aufgrund unseres Eurozentrismus global verbreitet haben. Wir müssen uns klarmachen, dass nicht alle Völker und alle historischen Epochen unsere triadische Zeitauffassung teilen, sondern teilweise dualistische Konzepte haben wie die Hopi, eine indigene Bevölkerungsgruppe in Arizona, die Vergangenheit und Gegenwart zu einer einzigen Form zusammenzieht, da beide Faktisches enthalten: Vergangenes, das einmal eingetreten ist und weiter existiert, zumindest in der Erinnerung, und real Gegenwärtiges; ein Futur, das aus Wünschen, Erwartungen oder Befürchtungen hervorgegangen ist, wird ergänzt. Ebenso gibt es Völker, die nur eine monistische Präsenzzeit, ein Hier und Jetzt, kennen, was vor allem bei Naturethnien der Fall ist, und schließlich auch solche, die überhaupt keine Tempora kennen und benutzen, sondern sich ausschließlich für Aktionsarten und Aspekte interessieren. Das gilt z.B. für unsere Nachbarvölker, die nicht der indogermanischen Sprachfamilie angehören, vielmehr finno-ugrische und slawische Sprachen sprechen. Und auch in unserer eigenen Geschichte gab es dem Indogermanisten Wilhelm Streitberg[165] zufolge eine Frühzeit, die sich nur für das, was wir heute Aspekte nennen, interessierte, ob ein Vorgang *imperfektiv*, also unvollendet, oder *perfektiv*, also vollendet ist, oder die nur Interesse an Modi (Aktionsarten) hatte wie *durativ* (dauernd), *ingressiv* (beginnend), *resultativ* (beendend), *effektiv* (bewirkend), *iterativ* (wiederholend) usw. Relikte solcher Auffassung begegnen noch heute sprachlich in dem Unterschied von *blühen,* einem durativen Vorgang, und *erblühen,* einem haptisch-effektiven Vorgang, oder *steigen* (z.B. einen Berg

165 Wilhelm Streitberg: *Perfective und imperfective Aktionsart im Germanischen,* in: *Beiträge zur Geschichte der deutschen Sprache und Literatur,* Bd. 15 (1891), S. 70-177.

kontinuierlich hinaufsteigen) und *ersteigen*, d.h. einen Gipfel erklimmen. Die Meinung, es gebe nur eine einzige Zeitauffassung und diese sei unsere heutige vulgäre, beruht auf einem Vorurteil und befördert allenfalls einen Eurozentrismus, der nicht nur einer interkulturellen Verständigung im Wege steht, sondern auch einem vorurteilsfreien Meinungsaustausch.[166]

Ich möchte im Folgenden auf einige verschiedene Zeittypen eingehen, und zwar *erstens* auf die Präsenzzeit der Urvölker, *zweitens* auf die Buckelzeit früher Kulturen, *drittens* auf die zyklische Zeit der Agrargesellschaften, *viertens* auf die Fließzeit der merkantilen und industriellen Gesellschaften, *fünftens* auf die akzelerierende Zeit von Technologie- und Informationsgesellschaften.

(1.) Präsenzzeit der Urvölker

Treffen wir jenseits unserer westlichen Zivilisation auf naturnah lebende Völker, so fällt als erstes auf, dass sie gegenüber uns, die wir keine Zeit haben, Zeit, viel Zeit haben, was Tage, Wochen, Monate bedeuten kann oder im Extrem auch reine Präsenzzeit. Sie leben in ständiger Gegenwart, sie führen ein Leben quasi in den Tag hinein.

Wir können uns diesen Zustand, in dem auch Kinder leben, die im Hier und Jetzt leben und alles außerhalb dieser Befindliche räumlicher wie zeitlicher Art als nicht existent betrachten, die vielmehr alles auf das stehende Jetzt zusammenziehen, nur verständlich machen über subjektive innere Zeiterlebnisse wie das Zeitlupen- und das Zeitrafferphänomen, von denen das erste über Verlangsamung bis hin zum Zeitstillstand geht, das zweite über Beschleunigung bis hin zur ubiquitären Gegenwart. Das Zeitlupen- bzw. Zeitdehnungsphänomen ist vor allem aus der Langeweile bekannt. Es tritt auf bei Mangel an Umwelteinflüssen, bei Fehlen interessanter Begegnungen, Erlebnisse, Gespräche, bei Unterbleiben von Abwechslung. Wenn etwa ein Vortrag langatmig, schwerfällig, zäh ist, eine Bahnfahrt mangels Gesprächspartner uninteressant, ein Tag wegen fehlender Arbeit oder Unterhaltung unausgefüllt, so dehnt sich die Zeit: Minuten werden zu Stunden, Stunden zur Ewigkeit, die Zeit scheint nicht voranzugehen, ja still zu stehen und sich endlos hinzuziehen. Man rückt auf seinem Stuhl hin und her, möchte aufspringen und davonlaufen, weil die Zeit nicht vergehen will, man möchte sie am liebsten totschlagen.

Die psychologische Forschung glaubte früher (z.B. Wilhelm Wundt, Im-

166 Vgl. Karen Gloy: *Kulturüberschreitende Philosophie*, a.a.O., S. 26-32.

manuel Kant), Zeitdehnung gehe hauptsächlich auf Armut an Anregung zurück. Demgegenüber hat die neuere Forschung (Alfred Hoche, Friedrich Panse, Hermann Schmitz) anhand einer Vielzahl von Beobachtungen nachgewiesen, daß auch bei Reichhaltigkeit an Anregungen Zeitdehnung auftreten kann. Bekannt sind die Prüfungs- oder Vorstellungssituationen, in denen ein Examinand oder Bewerber versagt. Hier prasseln reichlich Eindrücke auf den Prüfling oder Kandidaten ein, Gedanken verschiedenster Art gehen durch seinen Kopf, Lösungsmöglichkeiten durchkreuzen sich, ohne sich zu konkretisieren, die hochnotpeinliche Situation will nicht enden, die Minuten dehnen sich für den Probanden ins Unendliche.

Ähnlich, nur weitaus angenehmer verhält es sich, wenn der Freund ungeduldig beim Rendezvous auf seine sich etwas verspätende Freundin wartet und die Minuten zur Ewigkeit werden.

Das entgegengesetzte Phänomen ist die sogenannte Kurzweil, die dann vorliegt, wenn man einen aufregenden, intensiven Arbeitstag verlebte, einen erlebnisreichen Urlaub verbrachte, bei einer Stadtbesichtigung eine Vielzahl neuer Eindrücke sammelte oder alte Bekannte traf und sich mit ihnen über die Schul- und Studienzeit austauschte. Man sagt dann, dass die Zeit wie im Fluge vergangen sei, dass man gar nicht wisse, wo die Zeit geblieben sei.

Das extremste Phänomen dieser Art ist die Zeitraffung oder Zeitbeschleunigung, wie sie aus Grenzsituationen bekannt ist. Beobachtet wurde sie zunächst in Bergsteigerkreisen bei Abstürzen; sie wird aber auch aus anderen extremen Situationen wie Flugzeugabsturz, Ertrinken, Einsturz von Fliegerbomben usw. berichtet. Charakteristisch für diese Situationen, in denen der Tod unmittelbar vor Augen steht, ist die Lebensbilderschau. Innerhalb von Sekunden oder Bruchstücken von Sekunden passiert das gesamte vergangene Leben vor einem Revue. Die Bilderfolge steht quasi simultan vor dem inneren Auge.

Auch aus dem Vorstadium epileptischer Anfälle, der sogenannten Aura, werden derartige Zeiterlebnisse berichtet. Eine der bekanntesten Schilderungen ist die sogenannte Allah-Legende, die Dostojewski in seinem Roman *Der Idiot* im Zuge eines epileptischen Anfalls des Fürsten Myschkin anführt. Sie erzählt vom Flug Mohammeds durch die Wohnstätten Allahs. Hierbei sah er alle Himmel und Höllen und erlebte 90000 Gespräche. Als ein Engel ihn in sein Zelt zurückbrachte, war das Wasser des Kruges, der beim Abholen umgestürzt war, noch nicht ausgelaufen. Hier gibt das Auslaufen des Kruges das objektive Zeitmaß an gegenüber der gerafften Fülle des subjektiven Zeiterlebens.

Die äußersten Grenzen von Zeitdehnung und Zeitraffung sind einmal Zeitstillstand in Form von Zeiterstarrung, zum anderen in Form von ewiger Gegenwart, Weitung des Augenblicks zur stehenden Gegenwart, zum sogenannten *nunc stans.* Sie sind verbunden entweder mit Daseinsengung oder mit Daseinsweitung, ersteres im Falle von schwerer Depression und Melancholie, letzteres im Falle von Manie, Ekstase, Verzückung und außergewöhnlichen religiösen Zuständen. Im Falle schwerer Depression, wenn nur noch Trauer, Verzweiflung, namenlose Angst, Ausweglosigkeit vorherrschen, alles in einem Nichts versinkt, das Ich erstarrt und damit auch seine Fähigkeit zum Zeiterleben, gibt es weder Vergangenheit noch Zukunft für den Kranken, nur noch leere, endlose Gegenwart. Die Zeit steht still, bewegt sich nicht mehr, erstarrt. Eine Ahnung von diesem grauen, trüben Zustand gibt Nietzsches Gedicht *Der geheimnisvolle Nachen:*

> „Eine Stunde, leicht auch zwei,
> Oder war`s ein Jahr? - da sanken
> Plötzlich mir Sinn und Gedanken
> In ein ew`ges Einerlei,
> Und ein Abgrund ohne Schranken
> That sich auf: - Da war`s vorbei!“[167]

Im entgegengesetzten Falle, bei sogenannter geronnener Manie, Verzückung und Ekstase, ist der Zeitstillstand mit einem ungeheuren Glücksgefühl, mit körperlicher Levitation, mit Licht und Helle, mit einer ungeheuren Daseinserweiterung verbunden. Die Zeit weitet sich hier zum Raum, fällt mit diesem zusammen, Stillstand ist hier Weitung, ewige Präsenz. Auch hierfür gibt es ein berühmtes literarisches Zeugnis, nämlich Goethes *Faust.* Am Ende seines Lebens, als Faust die Vision eines dem Meer abgerungenen Landes hat, das glückliche Menschen bebauen, also Lebenserfüllung empfindet, heißt es:

> „Im Vorgefühl von solchem hohen Glück
> Genieß` ich diesen höchsten Augenblick.“[168]

Auch wenn es sich hier um einen Extremzustand handelt, der bereits in den Bereich mystischer Erfahrung gehört und in religiösen Praktiken wie Meditation, Yoga, Atem- und Sitzübungen u.ä. immer wieder gesucht und auch gefunden wird, ist er dem Alltagsmenschen westlicher Provenienz nicht gänzlich unbekannt. In Mode gekommen sind heute Entspannungsmethoden, Wellnessangebote, Massagen, verfeinert mit ätherischen Ölen, untermalt mit Musik und betörenden Klängen, berieselt von Wassertropfen,

167 Friedrich Nietzsche: *Das nächtliche Geheimnis*, in: *Kritische Gesamtausgabe*, hrsg. von Giorgio Colli und Mazzino Montinari, Bd. 1ff Berlin, New York 1967ff, Bd. V, 2, S. 8.

168 Johann Wolfgang Goethe: *Faust II,* Vers 11585f, in: *Werke* (Hamburger Ausgabe), a.a.O., Bd. 3, S. 348.

welche von einem Sternenhimmel herabfallen, die als Kompensation zum Stressleben Entspannung, Wohlgefühl, Gleichgültigkeit gegenüber den Verlaufsformen der Zeit, dem Früher, Später oder Gleichzeitigsein versprechen, die einhüllen und einlullen in eine stehende Gegenwart. Stehen im Westen heute die indische Ayurvedamethode, die Thalassotherapie und andere Antistress-, Fitness- und Jungbrunnenprogramme auf der Tagesordnung, so praktiziert die östliche Kultur im Buddhismus, Taoismus und verwandten Systemen weiterhin Stufenwege zur Erreichung des samadhi-Zustands. Auch wenn es sich hier um einen selten erreichten Zustand handelt, verschafft Entschleunigung dem Menschen mehr körperliche und geistige Entlastung, Ruhe und Befreiung von Angstzuständen, denen er sich sonst ausgeliefert sieht angesichts der täglich auf ihn einprasselnden Ereignisse mit ihren Imponderabilien.

Angesichts der geschilderten Zeiterlebnisse von Dehnung, Raffung und Stillstand und damit letztlich des Zusammenfalls der Zeit mit dem Raum wird man nicht mehr sagen können, dass die Zeit hauptsächlich durch Fließen und Vergehen charakterisiert sei. Kulturhistorisch und zivilisationsgeschichtlich ist es eine Tatsache, dass alle archaischen Völker und heute noch bestimmte Ethnien, die Naturvölker, in diesem Zustand leben, der die Zeitmodi von Vergangenheit, Gegenwart und Zukunft nicht kennt, sondern nur die stehende Gegenwart. Beleg hierfür ist die Tatsache, dass die ursprünglichen Sprachen nur Aktionsarten oder Aspekte kennen, vorzüglich das Durative, das ein Bleiben und Verweilen ausdrückt, in Ansätzen das Ingressive und Effektive, nicht aber die Tempora von Vergangenheit, Gegenwart und Zukunft. Und selbst entwickeltere Sprachen, die schon Zeitmodi benutzen, kennen das Futur erst aus der allerjüngsten Sprachgestaltung. Der archaische Mensch lebt quasi ohne Zukunftsperspektive noch mit dem Rücken gegen die Zukunft; ihn interessiert allein die Gegenwart, allenfalls die allernächste Vergangenheit. Beziehungen zur Vergangenheit treten erst in Staatsgebilden auf, in denen Herrscher ihre Legitimation durch Berufung auf ihre Vorfahren herzustellen suchen.

(2.) Die sogenannte Buckelzeit früher Völker

Mit der Bezeichnung Buckelzeit ist einer der ältesten Zeittypen gemeint, der sich in der hebräischen Kultur im *Alten Testament* findet und dem natürlichen pflanzlichen und tierischen Werden und Vergehen mit ihrem Auf und Ab und der Klimax als Wendepunkt abgeschaut ist. Der locus classicus findet sich im Buch *Kohelet* (*Der Prediger Salomo* 3,1-8).

> „Ein jegliches hat seine Zeit, und alles Vornehmen unter dem Himmel hat seine Stunde.
> Geboren werden und sterben, pflanzen und ausrotten, was gepflanzt ist,
> würgen und heilen, brechen und bauen,
> weinen und lachen, klagen und tanzen,
> Steine zerstreuen und Steine sammeln, herzen und ferne sein von Herzen,
> suchen und verlieren, behalten und wegwerfen,
> zerreißen und zunähen, schweigen und reden,
> lieben und hassen, Streit und Friede hat seine Zeit."[169]

In acht Versen werden hier unterschiedlich erlebte Zeitabschnitte einander konfrontiert, die durch gegensätzliche Ereignisse und Handlungen des alltäglichen Lebens charakterisiert sind. Positive Zeiterlebnisse stehen negativen gegenüber und schlagen ineinander um. Im Unterschied zu der uns zumeist bekannten und gebräuchlichen Zeit, der gradlinig homogenen, die wir in beliebige Abschnitte einteilen und mit beliebigem Inhalt füllen können, handelt es sich hier um eine vom Inhalt her bestimmte Zeit, die als Subjekt selbst, das handelt und Ereignisse hervortreibt, verstanden wird. Es ist die Zeit selbst, die bestimmt, wann etwas an der Reihe ist, sei es als Entstehen oder Vergehen, Werden oder Verschwinden, sei es als Freude oder Trauer, Verbinden oder Trennen, Lachen oder Weinen, Friede oder Streit. Die Orientierung an Lebens- und Naturprozessen zwingt dazu, hier nicht nur von einem Reifen und Vergehen *in* der Zeit, sondern von dem Reifen und Vergehen *der Zeit selbst* zu sprechen, wobei die Zeit als ein Seiendes unterstellt wird, das als solches dem Werden und Vergehen unterliegt. Relikte dieser Zeitauffassung finden sich in noch immer gängigen deutschsprachigen Redewendungen: ‚die Zeit reift' oder ‚die Zeit ist noch nicht reif', ‚die Zeit lässt Wunden heilen und macht vergessen', ‚die Zeit ist gekommen, wenn die Pfirsiche im Schatten platzen' u.ä. In diesen Fällen stellt die Zeit nicht eine bloße Form für ein Geschehen dar, sondern ist selbst das Geschehen, so wie das Korn auf dem Felde reift und bei Reife verdorrt oder geschnitten wird oder ein Prozess, der von Verwundung bis zu Heilung reicht.

Diese Eigenart legt zugleich das Verhältnis des Menschen zu dieser Zeit fest. Der Mensch ist in das Zeitgeschehen integriert, so dass sich damit die ethische Aufforderung verbindet, das Zeitgeschehen als etwas Natürliches zu akzeptieren und sich ihm zu überlassen, nicht dagegen anzugehen und aufzubegehren, wie dies der moderne Mensch tut, der Herr über die Zeit zu

169 Übersetzung Luther-Bibel.

sein vermeint gemäß dem cartesischen Motto des *maître et possesseur de la nature.* Der moderne Mensch in der globalisierten Welt lebt wider die natürliche Zeit und ihre Rhythmik. Er teilt sie willkürlich nach seinem Belieben ein, positioniert seine Arbeiten und Verpflichtungen darin, häuft diese beliebig an, drängt sie zusammen oder zieht sie in die Länge. Er macht die Nacht zum Tag durch künstliche Beleuchtung; er arbeitet rund um die Uhr zum Zwecke der Produktionssteigerung; er macht Trockenzeiten durch künstliche Berieselung der Felder zu fruchtbaren Zeiten. Auch wenn die spezifischen Zeiten gegen ihn und seine Anliegen sprechen, setzt er sich über die natürlichen Zeitstrukturen hinweg, nimmt Stress und Hetze mit allen damit verbundenen physischen und psychischen Krankheitserscheinungen auf sich. Der moderne Mensch opponiert gegen die Zeit, die dann oft nicht für ihn, sondern gegen ihn spricht. Einen konträren Umgang mit Zeit beschreiben die Verse des *Alten Testaments,* die dem Menschen raten, sich dem natürlichen Rhythmus der Zeit, ihrem Auf und Ab zu überlassen und sich in das Geschehen der Natur einzufügen, kurzum, Gelassenheit im Umgang mit der Zeit zu üben, was entgegen dem heutigen zeitökonomischen Denken kein Plädoyer für Faulheit ist, sondern eine Aufforderung, naturgemäß zu leben, zu gegebener Zeit zu arbeiten, zu anderer zu genießen und die Seele baumeln zu lassen, um neue Kraft zu schöpfen.

Bei diesem Zeittyp dürfte es sich um einen der ursprünglichsten handeln, da er an der Natur und dem natürlichen Leben selbst orientiert ist. Er ist charakteristisch für archaische Völker, so dass es nicht zufällig ist, ihn im *Alten Testament*, in einer Zeit ca. 600/500 Jahre v. Chr. zu finden.

(3.) Zyklische Zeit und Agrargesellschaft

Achtet man nicht nur auf das Auf und Ab mit Kulminations- und Tiefpunkt, sondern auf den Rhythmus, die Wiederkehr dieses Auf und Ab, demzufolge nach jedem Aufschwung, Wachsen und Gedeihen ein Abfall erfolgt, wie auch umgekehrt auf jeden Abfall und Untergang ein Neuanfang und neuer Aufstieg, also ein Stirb und Werde, dann gelangt man zur Vorstellung einer zyklischen Zeit, bei der das Ende ein neuer Anfang und der Anfang zugleich das Ende ist und die Zeit somit ständig in sich selbst kreist. Man würde diese Zeit, die, mit Friedrich Nietzsche zu sprechen, eine ewige Wiederkehr des Gleichen ist, gründlich missverstehen, wenn man die Kreise nummerieren und zählen wollte, da dies die Einordnung in eine Linearzeit voraussetzte. Für sich genommen ist ein Zyklus, ob es sich um den Jahreszeitenzyklus oder Tageszeitenzyklus oder um ein anderes rhythmisches Geschehen von kürzerer oder längerer Dauer handelt, in sich geschlossen und wiederkehrend, ohne dass vorhergehende oder nachfolgende Zyklen mit in den Blick genommen werden müssten. Aus dem Grundphänomen eines Jahresablaufs oder eines sonstigen wiederkehrenden Zyklus folgt nicht, wie viele solcher Jahre oder Zyklen vorangegangen sind oder folgen werden, woraus sich im Prinzip die Möglichkeit einer endlosen Vergangenheit und Zukunft sowie einer in sich stehenden Gegenwart ergibt.

Zyklische Zeitgestalten treten vorwiegend im Naturbereich auf. Sie sind uns aus dem täglichen Leben bekannt, aus der Atmung, Systole und Diastole, aus dem Wechsel von Tag und Nacht, aus dem Rhythmus der Jahreszeiten von Frühling, Sommer, Herbst und Winter. Wir beobachten sie an unserem eigenen Körper als Temperaturschwankungen, Wach- und Schlafrhythmus, als Wechsel von Konzentration und Erschlaffung. Auch für die Psyche, das Gemüt und den Geist des Menschen sind sie konstitutiv. Es gibt Zyklen von extremer Kürze wie Millisekunden bei Cilien, von Sekunden wie dem Herzschlag, von Stunden, Tagen, Wochen, Monaten wie dem zirkadianen Rhythmus oder dem siebentägigen Sexualrhythmus, dem Monatszyklus, und Zyklen von extremer Länge wie dem elfjährigen Populationszyklus von Tierarten.

Diese Zeitgestalten sind seit mehr als 50 Jahren Gegenstand wissenschaftlicher Beobachtung und haben zur Etablierung einer neuen Wissenschaft, der Chronobiologie, geführt. Im 20. Jahrhundert begannen Forscher die innere, sogenannte zirkadiane Uhr mit wissenschaftlichen Methoden zu eruieren. So wurden ab Mitte der 1960er Jahre Experimente mit Versuchspersonen angestellt, die sich freiwillig in eine unterirdische Höhle begaben ohne jeglichen Kontakt zur Außenwelt und ohne jegliche Konstatierungsmöglichkeit des Tag- und Nachtwechsels.[170] Ziel der Experimente war die Isolierung der inneren Uhr des Menschen ohne Beeinflussung durch die objektive Weltzeit. Dabei zeigte sich, dass die meisten Versuchspersonen in zeitlicher Abschottung von der Außenwelt *längere* Tage erlebten als die gewöhnlichen. Für die meisten dauerte ein Tag 25, nicht 24 Stunden, bei manchen sogar bis zu 50, ohne dass die Versuchspersonen den mehr oder weniger großen Abstand zum 24-Stunden-Rhythmus bemerkten. Ein Doktorand, der in der selbst gewählten Isolation seines unterirdischen fenster-, fernseher- und telefonlosen Bunkers seine Dissertation innerhalb von acht

170 Vgl. u.a. Jürgen Aschoff und Rütger Wever: *The Circadian System of Man*, in: Jürgen Aschoff (Hrsg.): *Biological Rhythms*, Boston 1981, S. 311-331. Aktuelle Forschungen zum Zeitgefühl operieren inzwischen mit Virtual Reality, so etwa das derzeit am Forschungszentrum Jülich durchgeführte Projekt „VirtualTimes – Exploring and Modifying the Sense of Time in Virtual Environments" (vgl. https://www.fz-juelich.de/portal/DE/Presse/beitraege/2020/2020-01-13-virtualtimes/artikel.html?nn=2297174 [Stand: 1.10.2021]).

Wochen schreiben wollte und sich nur bemerkbar machen sollte, wenn die Einsamkeit für ihn unerträglich würde, stellte bei Anklopfen des Versuchsleiters erstaunt fest, dass die Zeit bereits um sei, da nach seiner eigenen Zählung erst sechs der acht Wochen vergangen waren. Die zirkadiane Uhr von 24 bis 25 Stunden beim Menschen dürfte genetisch bedingt sein und sich im Laufe von Jahrtausenden oder Jahrmillionen der Evolution in Adaptation an die Umwelt gebildet haben, wobei auch der Standpunkt des Betrachters, ob an den Polen oder am Äquator oder in einem Bereich dazwischen mit zu berücksichtigen ist.

Dieses Zeitempfinden wechselt von Individuum zu Individuum. Wir alle kennen *Frühaufsteher,* sogenannte *Lerchen,* wie auch *Morgenmuffel,* die dafür *Nachteulen sind.* Eilen die ersteren dem Tag voraus, so hinken die letzteren ihm hinterher. Das Wissen um die verschiedenen Chronotypen und ihr richtiger Einsatz in der Arbeitswelt hätte beträchtliche Auswirkungen, was die Regelung der Arbeits- und Freizeit, z.B. Nachtschichten, Wochenendarbeiten u.ä. betrifft. Die Berücksichtigung in der Arbeitszeitplanung könnte zumindest in großen Betrieben dazu führen, dass die Arbeitenden nicht ständig gegen ihre biologische Uhr verstoßen müssten, was sich nicht nur positiv auf die Gesundheit, sondern auch auf die Produktivität auswirken würde.[171]

Bezüglich des Menschen kennt man 150 Rhythmen wie Pulsschlag, Blutdruck, Körpertemperatur, Rhythmen von unterschiedlicher Länge, von extremer Kürze im molekularen Bereich, von größeren Zeiträumen, was die Lebensabschnitte betrifft. Die Synchronisation dieser Rhythmen mit den externen Zeitgebern wie dem Wechsel von Hell und Dunkel, dem Wechsel der Außentemperatur, dem Nahrungsangebot usw. muss täglich neu hergestellt werden, wobei eine gewisse Elastizität besteht, die dem Menschen Reisen über Zeitzonen hinweg ermöglicht ohne Jetlag. Die Flexibilität ist allerdings begrenzt. So hat der amerikanische Psychologe Martin Moore-Ede in seinem Buch *Die Nonstop-Gesellschaft* nachgewiesen, dass die Atomkatastrophen von Harrisburg und Tschernobyl, die Giftgaskatastrophe von Bhopal, die Kollision des Öltankers Exxon Valdez, die alle mitten in der Nacht geschahen, auf Konzentrationsmangel durch Übermüdung der Verantwortlichen zurückgingen.[172]

Während naturnah lebende archaische Völker – dasselbe gilt für die Vorneuzeit und die Agrargesellschaften mit ihrer regelmäßigen Feldbestellung, der Vorbereitung der Felder, dem Säen und Jäten, dem Ernten und der Über-

171 Vgl. Ingrid Weidner: *Arbeiten nach der inneren Uhr*, in: *Zeit online*, 16. September 2014; (https://www.zeit.de/karriere/beruf/2014-09/arbeiten-nach-der-inneren-uhr).

172 Vgl. Martin Moore-Ede: *Die Nonstop-Gesellschaft*. Risikofaktoren und Grenzen der menschlichen Leistungsfähigkeit in der 24-Stunden-Welt, München 1993.

winterung des Getreides oder der Beachtung der Fertilitätszyklen der Tiere bei Tierhaltung – weitgehend in Übereinstimmung mit den natürlichen Rhythmen wie dem Tag- und Nachtzyklus, dem Jahreszeitenzyklus, den Rhythmen von Nahrungsüberfluss und Nahrungsmangel leben, hat unsere gegenwärtige Kultur und Zivilisation diese inhärenten Systemzeiten außer Kraft gesetzt – z.B. mit der Aufhebung der Ladenschlusszeiten, der Flexibilisierung der Arbeitszeit usw. mit der Folge von Gesundheitsschäden für Leib und Seele. Die bei Kleinkindern zu konstatierenden Schäden einer in den natürlichen Schlaf-Wach-Rhythmus massiv eingreifenden Zeitökonomie, die sich nach dem Arbeitsrhythmus der Eltern richtet, waren in einem früheren amerikanischen Wahlkampf eines der großen Themen. Naturgemäß zu leben, den Eigenzeiten zu folgen, führte zweifellos zur Entlastung des modernen Menschen und seiner Gesunderhaltung, damit auch zur Einsparung von Krankenkassenbeiträgen; das Gegenteil ist jedoch der Fall in der gegenwärtigen westlichen Highspeed-Gesellschaft.

Philosophisch findet sich die zyklische Zeit bei Platon im *Timaios* 37d und im *Parmenides*-Dialog behandelt. So heißt es im *Timaios*, dass die zyklische Zeit das „in Zahlen fortschreitende ewige Abbild des im Einen verharrenden Ewigen" sei (μένοντος αἰῶνος ἐν ἑνὶ κατ᾽ ἀριθμὸν ἰοῦσαν αἰώνιον εἰκόνα). Zeit ist hiernach ein Zyklus, der, in die Linearzeit hineinversetzt, hinsichtlich seiner Iteration numerisch abzählbar ist, in seiner Reingestalt jedoch, ohne in die Linearzeit hineinversetzt zu sein, die von einem anderen Typus ist, als ewige Wiederkehr des Gleichen auftritt ohne Abzählung. Bei dieser zyklischen Zeit in Reingestalt liegt keine Linearzeit und kein von dieser vorgegebener Richtungssinn vor, keine spezifische Einsinnigkeit der Bewegung, sondern nur eine Bewegung, die fakultativ sowohl nach der einen wie nach der anderen Seite vorgestellt werden kann, was zur Folge hat, dass sie als eine in sich stehende Bewegung auftritt. Diese Zeit ist die des Alls, die sich nicht mehr abzählen lässt. Platon hat hierfür die Begriffe des Älter- und Jünger- und Gleichaltseins mit sich selbst gewählt, welche gleichbedeutend mit den Begriffen früher, später und gleichzeitig mit sich sind, die dem Temporalsystem angehören, aber in diesem Falle den totalen Zusammenfall demonstrieren, indem das, was älter wird und ist, zugleich auch das ist, was jünger wird und ist und gleichzeitig mit sich selbst wird und ist. Angewandt auf den Kosmos, das Universum, die Totalität des Seienden in ihrer Selbstbezüglichkeit, muss dasselbe, wenn es älter wird als es selbst, auch jünger als es selbst werden, und ebenso wenn es jünger als es selbst wird, auch älter als es selbst werden und somit gleichalt mit sich werden und sein. Diese geniale, wenngleich außerordentlich komplizierte und prima vista nicht ganz leicht zugängliche Darstellung zeigt, von welcher Seite man sie auch angeht, ob von Seiten des Älter- oder des Jünger-Werdens, sie eine Selbstbezüglichkeit aufweist und d.h. ein Stehen in sich.

(4.) Fließzeit der merkantilen und industriellen Gesellschaft

Unsere gängige Zeitauffassung, wie sie aus dem Alltag und aus der physikalischen Wissenschaft bekannt ist, ist die Fließzeit, die durch den Zeitpfeil repräsentiert wird. Mathematisch exakt lässt sie sich definieren als potentiell unendliche, homogene, kontinuierliche Zeit, die teilbar ist in immer wieder Teilbares, so dass alle Teile gleichartig und relativ sind. Diese Zeit ist die quantifizierbare, metrisierbare, die in Zeitteile, Stunden, Minuten, Sekunden eingeteilt werden kann, die wir durch den Umlauf der Planeten, der Sonne und des Mondes messen, also die astronomische Zeit, die wir auch in unseren Uhren abbilden[173] Diese Zeit ist nicht an irgendeinen Inhalt gebunden wie die bisher diskutierten qualitativen, inhaltlich bestimmten, sondern ein formales quantitatives Messinstrument in der Hand des Menschen, um Vorgänge, Abläufe und Dauern zu bestimmen. Mit dieser Zeit ist eine einzige unendliche, allumfassende Weltzeit gemeint, in die alle Ereignisse, Abläufe und Dauern eingeordnet werden können. Einem Gradnetz gleich werfen wir diese Zeit über die Wirklichkeit, um sie einzufangen und messbar zu machen. Exaktheit, Präzision und Pünktlichkeit sind mit ihr verbunden. Sie ergeben sich nicht aus dem Eigenverlauf der Natur, sondern aus der Messung iterierbarer Zeitteile, was diese Zeitauffassung zu einem Instrumentarium in der Hand des Menschen zur Manipulation der Natur und aller ihrer Vorgänge macht gemäß dem cartesischen Spruch, dass der Mensch *maître et possesseur de la nature* sei.

Wir müssen uns vergegenwärtigen, dass diese Zeitauffassung eine reine Hypothese darstellt. Obwohl schon in der Antike Zeitmessungen vorgenommen und diskutiert wurden, so unter anderem von Aristoteles in der *Physik*, war es doch erst Newton in der Neuzeit, der die Auffassung von einer gradlinig fortschreitenden Zeit theoretisch prägte, da er sie zur Erklärung seiner Physik, der Mechanik, benötigte. Um eine gradlinig gleichförmige Bewegung, die nicht durch irgendwelche äußeren Kräfte aus ihrer Bahn abgelenkt wird, erklären zu können, benötigte Newton zwei Weltschachteln, den unendlichen, homogenen, kontinuierlichen Raum und die unendliche, homogene, kontinuierliche Zeit (*tempus aequaliter fluit*). Beides waren phy-

173 Heute wird die Zeit allerdings durch den weitaus exakteren Molekülausschlag des Cäsiumatoms gemessen (Atomuhr), der 9.192.631.770 Schwingungen pro Sekunde beträgt.

sikalische Hypothesen, mentale Konstruktionen, um eine ebenfalls nicht beobachtbare gradlinig gleichförmige Bewegung erklären zu können. Newtons Absicht war es, auf diese Weise so heterogene Phänomene wie den Fall eines Apfels vom Baum und die Gravitationskraft der Erde auf den gleichen Nenner zu bringen, wozu er ein einheitliches Maß benötigte. Während sich Newton Raum und Zeit noch als objektive Behälter dachte, wurden sie bei Kant zu subjektiven Anschauungsformen, unter denen wir die Dinge der Welt interpretieren gemäß unserem subjektiven Erkenntnis- und Anschauungsapparat. Bezüglich seiner Raum- und Zeitkonzeption – einer allumfassenden, universellen, in die sich alle Ereignisse, Dauern und Verläufe packen und in ubiquitärer Gleichzeitigkeit überschauen lassen – war Newton jedoch ehrlich genug einzugestehen, dass diese Konstruktion keine endliche, menschliche, sondern eine absolute, göttliche ist, die ein transzendentes Wesen auf einem archimedischen Punkt außerhalb der Zeit voraussetzt, von dem aus alles überschaut werden kann. So bezeichnete Newton Raum und Zeit denn auch in seiner *Optik* als „Sensorium Gottes".[174] Das bedeutet im Blick auf die Zeit, dass sie extern, nicht intern betrachtet wird. Die hier als Fluss vorgestellte Zeit wird in ihrem gesamten Ablauf von einem auswärtigen festen Standpunkt überblickt. Denn solange man sich im Fluss befindet wie wir und gleichgeschwindig mit ihm schwimmt, bemerkt man das Fließen nicht. Dieses wird erst konstatierbar, wenn man sich aus dem Fluss herauskatapultiert hat ans feste Ufer und von dort aus den Strom als ganzen überblickt.

Kulturhistorisch und soziologisch gesehen waren nicht unerhebliche Entwicklungen des generalisierenden, abstrahierenden und beziehenden Denkens nötig, um die mathematische Zeitauffassung zu entwickeln. Dazu beigetragen hat zweifellos die gesellschaftliche Differenzierung und Komplexifizierung, nicht weniger die Urbanisierung und Kommerzialisierung sowie die immer größer werdenden politischen und sozialen Verflechtungen, die entsprechend größere Bezugsrahmen mit fortlaufendem Ordnungsmuster verlangten. Es ist diese Zeitauffassung, mit der seit der Neuzeit operiert wird. Orientierte man sich in der Vorneuzeit an dem objektiven Stand der Sonne oder des Mondes, an astronomischen Konstellationen also, so ermöglichte die Erfindung der mechanischen Uhr die Unabhängigkeit des menschlichen Handelns von den natürlichen Vorgängen. Dienten zunächst Turmuhren zur Orientierung bei der Arbeit und bei den Geschäften, also öffentliche Uhren, so wurden diese mehr und mehr ersetzt durch persönliche Taschen- oder Armbanduhren, die jeder bei sich trug und die jedem exakt Stunde, Minute, Sekunde anzeigten. Verselbständigung der Zeit von

174 Isaac Newton: *Optics:* or A treatise of the Reflections, Inflections and Colours of Light, in: *Opera omnia* quae extant omnia, Faksimile-Neudruck der Ausgabe von Samuel Horsley., London 1779-1785 in 5 Bden., Stuttgart-Bad Cannstatt 1969, S. 262.

den Naturvorgängen, Entrhythmisierung, Vertaktung, Zeitkontrolle und, damit einhergehend, Beschleunigung der Prozesse sind die norminierenden Zeitstrategien moderner Lebensführung. Mechanische Gleichförmigkeit, die sich im Takt der Maschine als des maßgeblichen Zeitgebers ihren Ausdruck verschafft, avancierte zum Ideal der modernen Zeitauffassung. In der Gerade gibt sie sich ihr Bild; denn die von einem Anfang zu einem Ziel gerichtete Gerade ist der kürzeste und schnellste Weg; er ist zweckrational, effektiv, verspricht Optimierung und Maximierung. Die Schnellstraße ist bekanntlich die historische Konsequenz dieser Auffassung, ebenso die Rücksichtslosigkeit und aggressive Beschleunigung. Es ist dieser äußerst folgenreiche neuartige Umgang mit der Zeit, der unsere Epoche zur Neuzeit bzw. zur modernen Zeit hat werden lassen. Deren auffälligstes Charakteristikum ist der zunehmend größere Ordnungsaufwand gegenüber zeitlichen Prozessen. Will man Ordnung schaffen und sich nicht nur an eine vorgegebene Ordnung anpassen, so muß man eine eigene Vorstellung von dieser Ordnung entwerfen. Sie besteht einerseits, wie ausgeführt wurde, in der Gradlinigkeit und linearen Verkettung aller Ereignisse, andererseits in der absoluten Kontrolle aller Ereignisse durch Zeitmessung. Linearität und Effektivität, Zeitmessung und Zeitkontrolle sind für die moderne Zeitvorstellung prägend, wohingegen das vom geraden Weg Abweichende, das Krumme oder Unebene, bei einer solchen Vorstellung diskriminiert wird; es ist unerwünscht. Der gradlinige Verlauf des Lebens, der Arbeit, des Betriebes wird zum anzustrebenden Ideal. Ihm werden Individuen und Arbeitsabläufe untergeordnet. Auf diese Weise werden sie zu Gliedern einer Uhrkette, zu Sklaven der Uhr.

Diese Ordnung der Zeit hat uns viele Vorteile, aber auch Nachteile beschert. Der Exaktheit, Präzision, Pünktlichkeit und Schnelligkeit, die mit dieser linearen quantifizierbaren, kontrollierbaren Zeitauffassung verbunden sind, verdanken wir unseren Güterwohlstand und Reichtum. Dass wir mit mehr Schnelligkeit größeren materiellen Erfolg erringen, wurde für uns zur Selbstverständlichkeit, und so treiben wir uns und andere um dieser Zielsetzung willen zu einem Dauergalopp an nach dem Motto ‚immer schneller, immer mehr, immer besser'. Zudem verspricht uns diese Zeitstrukturierung eine gewisse Sicherheit, indem wir zu jeder Uhrzeit über alles informiert sind und das Richtige zu tun vermögen.

Inzwischen werden aber auch die Nachteile dieser Auffassung sichtbar. Die Zeiten sind weniger farbig, sie sind eintöniger, monotoner, zeitliche Umwege sind kaum mehr erlaubt und nur noch mit schlechtem Gewissen zu begehen. Bei der Quantifizierung unseres Lebens geht die Qualität unserer Existenz verloren. Emotionale Qualitäten wie Zuneigung, Liebe, Dankbarkeit, Güte können nicht mit quantifizierbarer Zeit berechnet werden, sie benötigen andere Zeitformen. Unsere angeblichen Zeitgewinne, die wir für Freiräume nutzen wollten, gerinnen uns unter der Hand zum trügerischen Schein. Was bleibt von den Zeitgewinnen übrig? Diese Frage wird inzwischen nicht mehr nur leise gestellt. Die Vermutung, dass die Zeitgewinne zum Teil trügerisch sein könnten und nicht unbedingt das erwartete oder versprochene Mehr an Lebensqualität mit sich bringen, wandelt sich zur Gewissheit, dass die moderne Zeitordnung so vernünftig nicht ist, wie sie sich gerne gibt. Ist die alltägliche kräfteverzehrende Anstrengung, das Zeitliche zu ordnen, es unter Kontrolle zu bringen, eventuell eine Strategie, die uns vom Ziel des guten, erfüllten Lebens abbringt?

(5.) Akzelerierende Zeit der technologisch-informatorischen Gesellschaft

Die moderne Technologieentwicklung mitsamt der Informatik und Digitalisierung hat uns einen neuen Schub in der Zeitauffassung gebracht und zum Typ der akzelerierenden, sich zunehmend beschleunigenden Zeit geführt, welcher die moderne bzw. postmoderne Gesellschaft bestimmt. In der Soziologie ist die Bezeichnung rasender Stillstand üblich geworden – man könnte auch von einem Paradox, einer in sich ruhenden Bewegung oder einer in sich bewegten Ruhe sprechen – da hier eine Geschwindig erreicht ist, bei der unsere Wahrnehmungsfähigkeit überfordert ist, da diese nur eine beschränkte Anzahl von Daten innerhalb einer bestimmten Zeitsequenz detailliert zu rezipieren vermag. Die durch die moderne Technologie ermöglichte Nachrichtenübertragung in Echtzeit stachelt unser sowieso schon herrschendes Motto ‚immer mehr, immer schneller, immer weiter' noch mehr an, führt zur Tempoversessenheit und zur Produktionsgeschwindigkeit, was sich beim Kauf eines neuen Computers dahingehend bemerkbar macht, dass er am Tag seines Kaufs bereits veraltet ist und in Kürze durch einen Neukauf ersetzt werden muss, oder bei Maschinen, dass sie, ohne verbraucht zu ein, durch eine neue Maschinengeneration ausgewechselt werden, oder bei Bluejeans, dass sie, um modern und verschlissen auszusehen, bereits in der Fabrik mit Löchern und Fransen versehen werden. Laut Statistiken hat sich die Zahl der Publikationen in den Wissenschaften exponentiell ins Unermessliche gesteigert, so dass keiner mehr in seinem Fachgebiet alle Publikationen überblicken, geschweige denn lesen kann. Medizinische und physikalische Ergebnisse, die in der angesehenen Zeitschrift *Nature* publiziert werden, sind am Tage ihrer Publikation bereits überholt. Nicht nur die Zahl der Wissenschaften, sondern auch die in ihnen beschäftigten Angestellten und Wissenschaftler sind mit der Arbeitsteilung und Spezifikation in die Höhe geschellt.

Die akzelerierte Entwicklung der Zeit ist jedoch noch nicht alles, hinzu kommt zu dieser Linearentwicklung eine Breitenentwicklung in den Raum hinein durch das sogenannte Multitasking, das die Fähigkeit des Menschen oder des Betriebssystems beschreibt, mehrere Aufgaben (Tasks) zur gleichen Zeit, quasi nebeneinander auszuführen und die Produktivität somit nicht nur in der Zeit, sondern auch in den Raum hinein auszubreiten. Der Grundgedanke dieser Optimierung ist die vollständige Auslastung. Bei einem durchschnittlichen Computer bleibt ein minimaler Rest der Rechenzeit ungenutzt, weil häufig auf verhältnismäßig langsame externe Ereignisse gewartet werden muss, beispielsweise auf den nächsten Tastendruck des Benutzers. Um die Wartezeit nicht ungenutzt verstreichen zu lassen, ist man auf die Idee gekommen, die Wartezeit zwischen zwei Prozessen durch gleichzeitige, simultane Arbeit zu nutzen. Der Mensch weist gegenüber Maschinen zwar nur eine begrenzte Kapazität für Multitasking auf, kann diese aber, wie Experimente gezeigt haben, steigern, d.h. zugleich mit Verstand einen Text lesen, ein klassisches Musikstück hören, ein Telefonat führen und Notizen niederschreiben. Das Telefonieren bei Steuerung eines Autos, das zwar verboten ist, ist inzwischen bereits zur Alltagsgewohnheit geworden.

Diese Möglichkeit führt zu einem ganz anderen Zeitmodell wie dem der Multitemporalität, das im Folgenden anhand der Novelle *Garten der Pfade, die sich verzweigen (El jardín de senderos que se bifurcan)* des argentinischen Romanciers Jorge Luis Borges anschaulich gemacht werden soll.[175] In dieser phantastischen Erzählung wird das abgründige Zeitproblem und insbesondere der neue Typ der Multitemporalität durch das Symbol des Labyrinths der sich verzweigenden Pfade zur Anschauung gebracht.

Der Inhalt dieser Novelle besteht darin, dass die Welt ein unendliches Labyrinth ist, nicht nur räumlicher, sondern auch zeitlicher Art. Der Garten der sich verzweigenden Pfade ist das Symbol einer sich verästelnden Zeit, wobei jeder Pfad Ausgangspunkt weiterer Verzweigungen ist. Manchmal streben die Pfade auseinander, manchmal zusammen, manchmal laufen sie parallel. Es ist ein unendliches „Schwindel erregendes Netz auseinander und zueinander strebender und paralleler Zeiten“, ein Webmuster, das „alle Möglichkeiten“[176] umfasst, wobei Multitemporalität und Multidimensionalität einander überlagern. Während in der gewöhnlichen Linearzeit ein Mensch angesichts verschiedener Alternativen sich für eine bestimmte ent-

175 Jorge Luis Borges: *Garten der Pfade, die sich verzweigen* [1991], in: *Gesammelte Werke*. Erzählungen, Teil 1, hrsg. von Gisbert Haefs und Fritz Arnold, München, Wien 2000, S. 161-173.

176 A.a.O., S. 172.

scheiden muss und damit die anderen übergeht, entscheidet er sich in der Labyrinthzeit gleichzeitig für alle, obwohl er auch hier nur im Bewusstsein *einer* Welt lebt. Der Widerspruch zwischen fiktiver Labyrinthzeit und realer linearer Normalzeit löst sich dadurch, dass der Mensch zwar in beiden Zeiten lebt, unbewusst in der Labyrinthzeit, bewusst in der realen Zeit, in der er auch die Konsequenzen seiner Entscheidung zu tragen hat.

Ein zweites Beispiel stammt aus der Malerei. Während die verbale, sukzessiv verfahrende Literatur die Simultaneität mehrerer Zeitverläufe über grammatikalische Tempusverbindungen wie ‚während', ‚unterdessen' erreicht, verfährt die nonverbale, an sich schon räumlich-simultane Malerei so, dass sie die zeitlichen Phänomene gleichzeitig präsentiert. Das ist seit etwa 1880 der Fall in der Malerei Cézannes, van Goghs, Picassos, Severinis und anderer. In seinen Landschaftsgemälden von Sainte-Victoire in der Provence führt Cézanne die Mehrperspektivität ein, indem er das feste Gebirgsmassiv, die soliden Häuser und Bäume in Farb- und Gestaltflecke auflöst und unter ständig wechselnden Perspektiven zu verschiedenen Tages- und Jahreszeiten wieder zusammensetzt, überlagert, übereinanderschichtet und so die Morphologie der Landschaft, die Gesteinsschichten, den Aufbau der Häuser, die Baumschichten transparent werden lässt. Bei Picasso findet sich ein ähnlicher Malstil auf den *Profil-en-face*-Simultanbildern wie dem Porträt *Dora Maar*, *Le Marin*, *Femme assise dans un fauteuil*. Die Dislozierung von Augen, Nase und Mund hat ihren Grund in der Simultaneität, der gleichzeitigen Präsentation von Frontal- und Seitenansicht, die man normalerweise nur im sukzessiven Herumgehen erblickt und die hier synoptisch präsentiert werden, was den Raum transparent macht. Zur Höchstform gesteigert findet sich diese Darstellungsweise bei Gino Severini in einem Bild mit dem Titel *Ballerina ossessiva* von 1911, das eine Tänzerin in allen Posen des Tanzes, vergangenen, gegenwärtigen und zukünftigen, zeigt und in der Zusammennahme der Fragmente den Eindruck des Herumwirbelns erzeugt, wodurch der Raum und die Zeit durchsichtig werden. Es ist eine universelle Momentaufnahme von Bewegung, von Multiperspektivität und Multitemporalität.

Im Übergang von der die merkantile und industrielle Gesellschaft kennzeichnenden Linearzeit zur akzelerierenden Zeit der Postmoderne ist uns die Übersichtlichkeit und Manipulierbarkeit der Zeit verloren gegangen. Durch den Versuch, die Zeitversessenheit noch mehr zu steigern, in die vorhandene Lebens- und Arbeitszeit noch mehr Aktivitäten und Arbeitsvorgänge hineinzupacken, ist bei vielen Bürgern und nicht nur bei Managern das Empfinden entstanden, hier an eine Grenze gelangt zu sein, die heute den Namen *hurry sickness*, Hetzkrankheit, trägt und sich in den typischen physiologischen Krankheiten des Burnout, des Herzinfarkts, der psychischen Überforderung niederschlägt. Es steht zu vermuten, dass der Mensch als solcher diesen Anforderungen nicht mehr gewachsen ist, sondern hierzu Roboter, KI-Forschung, Großrechner u.ä. bedarf, um in Kombination mit diesen in Form des Maschinen-Menschen, des Androiden oder Cyberspace-Wesens die Aufgaben erfüllen zu können. Damit ist der Eintritt in ein posthumanes, postbiologisches Zeitverständnis anvisiert.

(6.) Einheit der Zeit oder Vielheit von Zeiten?

Zum Abschluss sei auf die schwierige Frage nach dem Status der verschiedenen Zeittypen eingegangen.

Die Darstellung der verschiedenen Zeittypen wirft uns auf die Anfangsfrage zurück, was Zeit sei und wie sich die verschiedenen, überaus heterogenen Zeitmodelle miteinander in Einklang bringen lassen. Fest steht, dass es einen Oberbegriff ‚Zeit' nicht gibt, unter den die anderen als Unterbegriffe fallen, sowenig wie es eine ausgezeichnete Zeitvorstellung gibt, der gegenüber die anderen als Entwicklungs- oder Dekadenzstadien interpretiert werden können. Damit ist auch klar, dass Zeit, in welcher Form auch immer, keine anthropologische Konstante ist, die durchgängig allen Menschen inhärierte, die angeboren wäre und in der alle Menschen übereinstimmten. Der Versuch, ein spezifisches Kriterium, etwa das Fließen, als ein zeittypisches ausfindig zu machen, scheitert, da es etliche Zeitkonzepte gibt wie die Allpräsenz, das *nunc stans*, den Zeitstillstand, die Zyklik, die auf eine Ständigkeit weisen und letztlich mit dem Raum zusammenfallen.

Um das totale Auseinanderbrechen der diversen Zeitvorstellungen in selbständige, inkomparable Konzepte zu verhindern, hat man nach Vereinigungsmodellen Ausschau gehalten, z.B. ein genealogisches Modell angeführt, das eine Bewusstseins- und Entwicklungsgeschichte der Menschheit mit unterschiedlichen Stadien der Zeitentwicklung unterstellt, wie dies Jean Gebser getan hat.[177] In Betracht käme auch die Überlegung, ob es sich bei den Zeittypen um kulturspezifische und kulturhistorische Erscheinungsweisen handle. Es könnte ja sein, dass die Sinnesdaten gänzlich undeterminiert wären und erst durch die nachträgliche kognitive Verarbeitung die jeweilige Zeitstruktur erhielten. Da bekanntlich die kognitive Verarbeitung von Interessen, Wünschen, Absichten, ethnischen, geographischen, klimatischen und anderen Eigenheiten abhängt, könnte es sich bei den jeweiligen Zeitvorstellungen um kulturspezifische epistemische Verarbeitungsweisen eines an sich indifferenten Datenmaterials handeln. Diese Vermutung gewönne

177 Vgl. Jean Gebser: *Ursprung und Gegenwart*, 3 Bde., Schaffhausen 1986, 2. Auf. 1999, Bd. 1.

dann Plausibilität, wenn sich analoge Verhältnisse auch auf anderen Gebieten der Wissenschaft, Kunst, Religion, Sprache usw., fänden, was in der Tat der Fall ist.

Man hat es hier nicht nur mit verschiedenen Zeittheorien psychologischer, physikalischer, biologischer, mathematischer Art zu tun, sondern mit Zeitparadigmen, was in die Richtung von Denkformen weist, um mit Hans Leisegang[178] zu sprechen, in die Richtung kulturbedingter Welterschließungsweisen. Ob die Welt zeitlos erfahren wird in ewiger Präsenz oder als ein Auf- und Abstieg wie in der Frühzeit der Menschheit oder zyklisch als ewige Wiederkehr des Gleichen wie von Völkern der Agrarstufe oder fließend gemäß der zeitlichen Abfolge wie in der Neuzeit oder akzelerierend, multitemporal, multidimensional wie in der Gegenwart, jede Erfahrung erfolgt aufgrund unterschiedlicher Deutungsmuster der Wirklichkeit, ist letztlich nicht objektiv vorgegeben, sondern subjektiv konzipiert und in das individuelle und gesellschaftliche menschliche Vermögen gestellt.[179]

1. In den gestalttheoretischen Zeitformen, dem Auf und Ab und der Zyklik dokumentiert sich eine Seinseinstellung des Menschen, nach der dieser noch eins mit der Natur und ihren Rhythmen ist, an denen er im lebendigen Umgang partizipiert. Es ist noch keine Subjekt-Objekt-Spaltung, noch keine Distanzierung des Menschen vom Sein eingetreten, vielmehr ist der Mensch integriert in die Lebens- und Naturvorgänge, die er lebend und erlebend mitvollzieht. Sein Leben spielt sich noch in der unmittelbaren Präsenz der Gegenwart ab, allenfalls mit kurzen Rückblicken auf Vergangenes und Vorblicken auf Zukünftiges wegen der Vorsorge für die Zukunft. Noch steht er mit dem Rücken zur Zukunft. Damit mag zusammenhängen, dass sprachgeschichtlich und grammatikalisch das Futur in den meisten Sprachen die jüngste aller Sprachformen ist und sich archaische Sprachen nicht der Zeitmodi von Vergangenheit, Gegenwart und Zukunft bedienen, sondern der Aktionsarten und Aspekte wie des Durativen oder des Perfektiven oder des Ingressiven und Effektiven, die entweder ein dauerhaftes Sein, ein Beharren,

178 Vgl. Hans Leisegang: *Denkformen*, Berlin, Leipzig 1928 (s. Titel).

179 In diese Richtung zielen meine eigenen Forschungen, wie ich sie in verschiedenen Büchern dargelegt habe, z.B. in *Zeit. Eine Morphologie* (2006), *Kulturüberschreitende Philosophie. Zum Verständnis unterschiedlicher Denk- und Handlungsweisen* (2012) oder *Denkformen und ihre kulturkonstitutive Rolle* (2016). Ich meine, dass in den diversen Zeitparadigmen mindestens *drei* verschiedene Stadien der Weltsicht aufweisbar sind, wobei ich letztlich nicht entscheiden möchte, ob es sich um *historische* Stadien oder einfach um *andersartige kulturelle Weltinterpretationen* handelt, wovon die moderne Ethnologie ausgeht, um Diskriminierungen gegenüber anderen Völkern und Kulturen zu vermeiden und nicht einem Eurozentrismus zu erliegen, der *Entwicklungsstufen* annimmt und die westliche technisch-technologische für die fortgeschrittenste hält.

oder die Bewegung des Ergreifens und des Abschlusses einer Handlung ausdrücken oder die Art und Weise von Handlungen interpretieren.

2. Mit der Homogenität der Linearzeit und der Akzeleration der beschleunigten Zeit sind formale Zeitstrukturen erreicht, die vom Inhalt abgelöst sind und zur Strukturierung desselben dienen. Sie machen deutlich, dass es sich bei ihnen nicht mehr um natürliche Formen handelt, sondern um Mittel in der Hand des Menschen, die als Maßstab der Zeiteinteilung fungieren. Die Einheit von Subjekt und Objekt sowie der direkte Mitvollzug des Subjekts mit den an sich seienden Natur- und Lebensvorgängen ist zerbrochen; das Subjekt hat sich aus der Umklammerung mit dem Sein gelöst, ist dem Objekt gegenübergetreten und hat sich von ihm distanziert. Mit Descartes zu sprechen: Das Ich hat sich zum Herrn und Meister der Natur aufgeschwungen und die Natur unterworfen, wie es der neuzeitlichen Wissenschaftshaltung im Unterschied zur antiken und mittelalterlichen Lebenseinstellung entspricht. Das Subjekt betrachtet die Dinge nicht mehr intern, sondern nur noch extern, nicht mehr als Dinge an sich, sondern in ihrer Erscheinungsweise.

3. Mit den artifiziellen Formen der Superbeschleunigung in der KI-Forschung oder der ihr entgegengesetzten Totalentschleunigung in der Meditation und Mystik von Religionen und Weisheitslehren wie dem Taoismus, Buddhismus und anderen Richtungen treten übermenschliche, transhumane Zeitformen auf den Plan, wenngleich in unterschiedlicher Gestalt, in technisch-technologischer in der KI-Forschung, in meditativ-versenkender in zumeist östlichen und fernöstlichen Systemen.

Wie die Analysen gezeigt haben, ist die Zeitauffassung nicht definitiv festgelegt. Weder ist sie eine angeborene, natürliche noch eine apriorische Bedingung der Möglichkeit der Erkenntnis, wie Immanuel Kant meinte, vielmehr handelt es sich um bewusstseinstheoretische, kulturell bedingte Sicht- und Interpretationsweisen, nicht anders, als man sie auch beim Raum finden würde, dessen kulturelle Prägung noch offensichtlicher ist als bei der Zeit.

13. Westliche und östliche Natureinstellung

Gegenwärtig ist die Menschheit, insbesondere die westliche Kultur, über die Folgen ihres eigenen, selbstverschuldeten Umgangs mit der Natur bestürzt und entsetzt. Insbesondere in der jüngeren Generation hat sich ein Bewusstsein von dem desaströsen Umgang mit der Natur breit gemacht. Seit dem Ende des 19. Jahrhunderts und der damals einsetzenden Industrialisierung ist der Energiebedarf und der Verbrauch fossiler Brennstoffe exponentiell gestiegen, so dass eine Klimaerwärmung zusätzlich zu der sowieso schon bestehenden Wärmeperiode der Erdgeschichte, in der wir uns befinden, eingetreten ist. Die Folge ist das Schwinden des Permafrostes, was zu Bergrutschen und Bergabstürzen führt, zur Abschmelzung der Gletscher und Anstieg des Meeresspiegels mit der drohenden Gefahr des Untergangs kleinerer pazifischer Inseln und der Überflutung tiefer gelegener Länder wie Bangladesch oder der Niederlande, ganz abgesehen von der Luftverschmutzung und den gesundheitlichen Schäden durch den Schadstoffausstoß der Industrie. Dazu kommt das immer häufigere Auftreten abnormer Wettererscheinungen wie Orkane und Taifune, Dauerregen und Dürreperioden, und nicht zuletzt der Raubbau an Rohstoffen, der infolge unseres steigenden Gebrauchs digitaler Technologie zu immer größeren, desaströseren Eingriffen in die Natur führt. Dies alles hat zumindest bei der jüngeren westlichen Generation zu einem Umdenken geführt, das auch die Politik erfasst hat. Nicht nur ist man um eine Reduktion der Schäden und der Abstellung der Ursachen bemüht, sondern hält auch Ausschau nach anderen Umgangsweisen mit der Natur, die diese Konsequenzen nicht mit sich bringen.

Auf dieser Suche bietet sich der fernöstliche Taoismus an, der eine gänzlich andere Einstellung gegenüber der Natur pflegt. Von seinem Ursprung her hat er zwar nichts mit der Naturphilosophie und Naturreligion der Chinesen und Japaner zu tun, die schon immer eine Verehrung für die Natur aufbrachten, Mammutbäume und andere Baumriesen für heilig hielten, ehrfürchtig bestaunten und mit Wimpeln und Fähnchen schmückten. Die Verbindung mit der Naturverehrung lag daher nahe, so dass der Taoismus früh die dualistischen polaren Prinzipien bzw. Kräfte Yin und Yang übernahm und aus deren Verbindung die Weltentstehung und den Aufbau der Natur erklärte. Bis heute ist die taoistische Einstellung zur Natur in Ostasien lebendig und bildet den Hintergrund aller Verhaltensweisen und Handlungen gegenüber der Natur. Obwohl er keine Religion im westlichen Sinne ist, weder eine Offenbarungsreligion wie Judentum, Christentum und Islam, noch auch eine Liturgie und Gebete besitzt, keine monotheistische oder polytheistische Götter- und Dämonenverehrung kennt, ist er im Bewusstsein und in der Haltung der Asiaten tief verankert, was freilich nicht verhindert dass angesichts der Überbevölkerung Japans der natürliche Lebensraum immer mehr schwindet und die Natur nicht untangiert bleibt, doch hält man an der Naturverehrung noch auf minimalsten Raum fest, beispielsweise in Form der Bonsaikultur oder der harmonischen japanischen Gartenarchitektur, des kunstvollen Arrangements von Himmel, Erde und Wasser.

Im Folgenden möchte ich die unterschiedlichen Einstellungen und Verhaltensweisen in West und Ost durch je vier markante Merkmale charakterisieren, im Westen *erstens* durch das Symbol der Maschine (die Maschinenvorstellung von der Natur und ihren Mechanismus), *zweitens* durch die erkenntnistheoretische Voraussetzung der Subjekt-Objekt-Spaltung und die damit verbundene Akzentuierung des Ich-Subjekts, *drittens* durch die Experimentalmethode und *viertens* durch das Herrschafts-Knechtschaftsverhältnis. Handelt es sich bei den ersten drei um theoretische und praktische Einstellungen, so bei dem letzten um das ethische Verhalten. Ihnen stehen auf der anderen Seite in Fernost gegenüber *erstens* die Kennzeichnung der Natur durch das Tai dji, *zweitens* das Yin-Yang-Symbol, *drittens* die Harmonie der Gegensätze, *viertens* das Wu Wei-Prinzip (das Prinzip des Nicht-Handelns) und *viertens* der Rückgang in den Ursprung als Leib- und Geistbeherrschung durch Meditation (Versenkung).

(1.) Das westliche Paradigma

a. Natur als Maschine

Das wohl auffälligste Merkmal des westlichen Paradigmas ist die Kennzeichnung der Natur als Maschine und ihrer Wirkweise über mechanischen Druck und Stoß. Als *machina coelestis* (Himmelsmechanik) zunächst auf das Planetarium angewandt, wird die Maschinenvorstellung zunehmend auf das gesamte Weltgebäude und alle seine Teile ausgedehnt. Von René Descartes und bereits in der vorkartesianischen Philosophie von dem Arzt Gómez Pereira wurden tierische und menschliche Körper als Maschinen bzw. Automaten beschrieben. Thomas Hobbes übertrug im 17. Jahrhundert die Maschinenvorstellung auf den Staat und Johann Friedrich Herbart erklärte im 19. Jahrhundert sogar das Seelenleben auf mechanistische Weise. Wohlgemerkt handelt es sich hier nicht um eine bloße Metaphorik, einen Vergleich der Natur mit der Maschine, sondern um eine Identifikation. Die Natur wird nicht nur nach Art einer Maschine gedacht, sondern ist eine Maschine, ein hochkomplexes und hochkompliziertes, aus Teilen zusammengesetztes Gefüge, das über das Kausalverhältnis von Druck und Stoß wirkt. Insbesondere die Uhr wurde zum präferierten Modell, so schon bei Nikolaus Oresme, der das Weltall mit einer Uhr verglich,[180] oder bei Johannes Kepler, der in einem Brief vom 10.2.1605 an Herwart von Hohenburg schrieb:

> „Mein Ziel hierbei ist es zu zeigen, daß die himmlische Maschine nicht eine Art göttlichen Lebewesens ist, sondern gleichsam ein Uhrwerk […], insofern darin nahezu alle die mannigfaltigen Bewegungen von einer einzigen ganz einfachen magnetischen Kraft besorgt werden, wie bei einem Uhrwerk alle die Bewegungen von dem so einfachen Gewicht. Und zwar zeige ich auch, wie diese physikalische Vorstellung rechnerisch und geometrisch darzustellen ist […].“[181]

Beliebt waren insbesondere die großen astronomischen Uhren, wie sie an Domen, Münstern und Rathäusern angebracht werden, die nicht nur die Tages-, sondern auch die Jahreszeiten, den planetarischen Stand von Sonne, Mond, Venus, Merkur und anderen Planeten anzeigten, desgleichen einen Reigen von König, Fürsten, Edelleuten und Bürgern vorführten und so die kosmische Hierarchie vom Höchsten bis zum Niedersten versinnbildlichten.

Der Begriff *μαχανά/μηχανή* hat selbst eine Wandlung durchgemacht. Bedeutete er griechisch zunächst ‚Kunst‘, ‚List‘, ‚Täuschung‘, dann die geschickte Anwendung von Werkzeugen und schließlich diese Werkzeuge selbst, vor allem wenn es sich um komplizierte, zusammengesetzte Werkzeuge handelte, wie Hebewerkzeuge, Bewässerungsmaschinen, Wasser- und Sonnenuhren, Armillarsphären, und wurde entsprechend die Mechanik als Wissenschaft von den unnatürlichen, widernatürlichen Bewegungen der Physik als Wissenschaft von den natürlichen Bewegungen und ihren Gesetzen konfrontiert, so änderte sich dies in der Neuzeit spätestens seit Galilei, insofern die Mechanik zur Physik selbst avancierte und die widernatürlichen Bewegungen sich als keine anderen als die natürlichen erwiesen. Die Identifizierung der Mechanik mit der Physik hat die Auffassung der Natur als Maschine zur Voraussetzung. Mit der Applikation des mechanistischen Erklärungsmusters auf alles und jedes, auf Anorganisches wie Organisches, verband sich ein Monopolisierungsanspruch, der das mechanistische Mo-

180 Nikolaus Oresme: *Tractatus de commensurabilitate vel incommensurabilitate motuum celi*, in: *Nicole Oresme and the Kinematics of Circular Motion*, ed. with an introduction, English translation and commentary by Edward Grant, Madison, Milwaukee, London 1971, Part III, S. 294.

181 *Johannes Kepler in seinen Briefen*, hrsg. von M. Caspar und W. von Dyck, Bd. 1, München, Berlin 1930, S. 219.

dell zum szientifischen Paradigma werden ließ, das seit Beginn der Neuzeit das westliche Denken dominiert. Dadurch dass das mechanistische Paradigma zum universellen Strukturmodell erhoben wurde, kann man zu Recht von einer Ideologisierung sprechen.[182]

Die Maschinenvorstellung ist mit einer Reduktion der Natur verbunden. Aus der Fülle der Qualitäten, der visuellen, auditiven, taktilen, olfaktorischen und gustatorischen, werden ausschließlich die mathematisch fassbaren quantitativen als die eigentlichen und wesentlichen herausgehoben, während die übrigen als uneigentliche, als sogenannte sekundäre Sinnesqualitäten degradiert werden. Das Resultat ist die Abstraktion aller Eigenschaften außer den mathematischen der Zählbarkeit, Messbarkeit und Wägbarkeit. Da die Mathematisierung der Natur auf deren Interpretation als Relation zwischen Relata basiert, der physikalisch am besten der Atomismus entspricht, welcher letzte, irreduzible Bausteine der Welt unterstellt, die als konstant und invariant gelten und beliebig zu Komplexen zusammengesetzt und wieder getrennt und neu zusammengesetzt werden können, ist die atomistische Theorie innerhalb des mechanistischen Denkens die am meisten präferierte. Raum, Materie und Bewegung nach Kausalitätsgesetzen sind die Grundannahmen mechanistischen Denkens, Analysis und Synthesis der materiellen Bestandteile sind die methodischen Prinzipien dieser Erklärungsweise.

Diese mathematisch konstruktive Methode hat auch vor dem Organischen nicht halt gemacht. Selbst wenn die Bausteine der Analysis und Synthesis organisch Lebendiges bleiben, versteht sich die heutige Gentechnologie auf die Trennung und Wiederzusammensetzung und Neuanordnung der Gene. Seitdem nicht nur die Entschlüsselung des menschlichen Genoms gelang, sondern auch die Entdeckung von Restriktionsenzymen, mittels deren Gene mit ihrem Code zerschnitten und in anderer Kombination wieder zusammengesetzt werden können, stand der genetischen Rekonstruktion und Konstruktion nichts mehr im Wege. Sie verschaffen dem Menschen die Möglichkeit, gottgleich in den genetischen Haushalt von Lebewesen Menschen, Tieren und Pflanzen – einzugreifen, um Geschöpfe seiner Phantasie zu erzeugen. Auf diese Weise lassen sich nicht nur gentechnisch bedingte Erbkrankheiten wie cystische Fibrose, das Tay-Sachs-Syndrom, die Huntingtonsche Chorea und andere genetisch bedingte Defekte durch Austausch der Gene beseitigen, sondern auch Pflanzen und Tiere nach dem individuellen Gustos züchten. So gelang die Zucht einer Hybride aus Kartoffel

182 Vgl. Carolyn Merchant: *Der Tod der Natur.* Ökologie, Frauen und neuzeitliche Naturwissenschaft (Titel der amerikanischen Originalausgabe *The Death of Nature.* Women, Ecology and Scientific Revolution, 1980), München 1987, S. 276; Karen Gloy: *Das Verständnis der Natur,* Bd. 1, a.a.O., S.162 ff.

und Tomate, die sogenannte Tomoffel bzw. Kamate, das Klonen von Schafen oder die Züchtung einer Chimäre aus Schaf und Ziege, die sogenannte Schiege oder das Zaf. Das lebendig Organische wird wie eine Maschine behandelt, beliebig separiert und neu kombiniert, nur dass man hier noch genetisches Material verwendet, während die weitergehende Forschung auch dieses organische Material zu konstruieren versucht und sich die Aufgabe gestellt hat, die Bausteine des Lebens, Großmoleküle, künstlich zu produzieren, wie in der Biotechnologie.

b. Die Subjekt-Objekt-Spaltung

Die epistemologische Voraussetzung für diese massiven Eingriffe in die Natur ist die Subjekt-Objekt-Spaltung, die als generelles Schema dem Verhältnis Mensch – Natur supponiert wird. Die Natur wird als Gegenüber des Menschen aufgefasst, als das Andere, Fremde; sie gilt ihm als ‚Gegen-Stand' oder Objekt, wie es die Bedeutung von lateinisch *obicere* = ‚sich gegenüberstellen', ‚vor sich hinstellen', ‚vor sich aufstellen' besagt, die so auch unsere wissenschaftlichen Vorstellungen beherrscht. Emotional ist damit nicht selten eine Feindseligkeit gegenüber der Natur verbunden.

Ihre religiöse Wurzel hat diese Vorstellung in dem alttestamentlichen Bericht vom Sündenfall des Menschen und seiner Vertreibung aus dem Paradies. Der Mythos bringt den Abfall des Menschen von seiner ursprünglichen Einheit mit der Natur und mit Gott, das Herausfallen aus seiner Geborgenheit im Sein, aufgrund einer metaphysisch verstandenen Schuld zum Ausdruck. Die Natur begegnet ihm seither nicht mehr als das Bergende und Schützende, sondern als das Widerspenstige und Feindselige, dem mit Mühe die eigene Existenz abzuringen ist, denn die Vertreibung aus dem Paradies erfolgt unter dem Fluche: „Im Schweiße deines Angesichts sollst du dein Brot essen" (*Genesis* 3,19). Die Natur ist dem Menschen seither zur Bearbeitung und Gestaltung aufgegeben. Sie ist das Feld seiner Aktivität. Seit der Okkupation der griechisch-römischen Kultur durch die jüdisch-christliche Religion ist diese Vorstellung zum Leitbild des Abendlandes geworden. Ihre Entwicklung hat sich über Stufen vollzogen, die kurz zu skizzieren sind:

1. Im Unterschied zur jüdisch-christlich geprägten Auffassung herrschte in der griechischen Antike der Gedanke der Einheit vor. Der Kosmos wurde, wie aus Platons *Timaios* 30b f. hervorgeht, als (*ζῷον*) betrachtet, als lebendiges organisches Ganzes, zu dem alles Lebendige einschließlich des Menschen als integrativer Teil gehört. Wenn es eine Differenz zwischen dem vor-

gegebenen, immer schon vorfindlichen Kosmos und dem Menschen gibt, dann nur in epistemologischer Hinsicht, insofern der Kosmos Gegenstand der Erkenntnis des menschlichen Subjekts ist.

Für die weitere Entwicklung ist der Umstand wichtig, dass Erkenntnis nach einer in der abendländischen Tradition dominierenden Meinung nicht als Rezeptivität, sondern als Produktivität in Analogie zum handwerklichen und künstlerischen Vorgang verstanden wird. Wie der Handwerker oder Künstler in einer realen Handlung gemäß einem vorgängigen Plan die vorgegebene Materie formt, so eignet sich der Erkennende in einem intellektuellen Rekonstruktionsprozess, d.h. im gedanklichen Nachvollzug, die geformte Materie erkennend an. Dahinter steht die Einsicht, dass man nur das wirklich versteht, was man auch selbsttätig hervorbringen könnte. Die Natur wird damit nicht nur zum Relat einer Erkenntnisrelation bezüglich des Subjekts, sondern zum intellektuellen Produkt eines intellektuellen Produktionsprozesses des Subjekts.

Wenn Platon im *Timaios* einen Schöpfungsbericht vorstellt, demzufolge Gott in Gestalt eines Handwerkergottes die Welt aus vorgegebenem Material gestaltet, so weist dieser Mythos nur äußerlich Ähnlichkeit mit dem biblischen auf, während er sich tatsächlich radikal von ihm unterscheidet, insofern es hier nicht um einen realen Schöpfungsprozess geht, sondern um den metaphorischen Ausdruck eines intellektuellen Aneignungsprozesses eines ontologisch immer schon Bestehenden. Der Mythos stellt in Form einer Genese, einer Hervorbringung der differenten Dinge der Welt, vor, was an sich immer schon existiert, um im geistigen Nachvollzug dieser Genese die Aufbaugesetze der Natur zu verstehen. Indem das *physei on* als *techne on* interpretiert wird, wird es möglich, die Konstruktionsgesetze zu erkennen und zu begreifen.

2. Mit dieser technischen Naturauffassung und konstruktivistischen Erkenntnistheorie ist Platon zum Begründer einer weitreichenden Tradition geworden, die unter der Dominanz der jüdisch-christlichen Religion und dem Einfluss ihrer Glaubensüberzeugungen auf die alteuropäische Welt zunehmend radikalisiert wurde. Sie kehrt wieder in Laktanz' Ausspruch: „Quis scire nisi artifex potest cui soli opus suum notum est?" („Wer, wenn nicht der Künstler, kennt sein Werk?"),[183] bei Nikolaus Cusanus in *Idiota de mente*,[184], wo angeführt wird, dass der Mensch aufgrund seiner Fähigkeit, den göttli-

183 F. Lactantius: *De officio dei*, lib. 14,9, in: *Opera omnia*, recensuerunt Samuel Brandt et G. Laubmann, Pars II, Fasciculus I, Prag, Wien, Leipzig 1893, S. 50.

184 Nikolaus Cusanus: *Idiota de mente*, cap. 7, fol. 86, in: ders.: *Philosophisch-theologische Schriften*, hrsg. und eingeführt von Leo Gabriel, übersetzt und kommentiert von Dietlind und Wil-

chen Schöpfungsprozess nachzukonstruieren, denselben exakt zu verstehen vermag, dann hypostasiert in der Produktionsformel Immanuel Kants in der *Kritik der reinen Vernunft* und im *Opus postumum*, dass wir die Erfahrung selber machen, statt sie uns vorgeben zu lassen. „Wir selbst sind Schöpfer der Naturgesetze, von denen wir wähnen[,] sie aus der Erfahrung gelernt zu haben."[185] Im *Opus postumum* kehrt stereotyp die Formel wieder: „Wir [machen] die Erfahrung [...] selbst [...,] von der wir wähnen[,] durch Observation und Experiment gelernet zu haben."[186] Und in der *Kritik der reinen Vernunft* heißt es: :

> „So übertrieben, so widersinnig es also auch lautet, zu sagen: der Verstand ist selbst der Quell der Gesetze der Natur, und mithin der formalen Einheit der Natur, so richtig und dem Gegenstande, nämlich der Erfahrung, angemessen ist gleichwohl eine solche Behauptung."[187]

> „Die Ordnung und Regelmäßigkeit also an den Erscheinungen, die wir *Natur* nennen, bringen wir selbst hinein, und würden sie auch nicht darin finden können, hätten wir sie nicht, oder die Natur unseres Gemüts ursprünglich hineingelegt."[188]

> „Es ist also der Verstand nicht bloß ein Vermögen, durch Vergleichung der Erscheinungen sich Regeln zu machen: er ist selbst die Gesetzgebung für die Natur, d.i. ohne Verstand würde es überall nicht Natur, d.i. synthetische Einheit des Mannigfaltigen der Erscheinungen nach Regeln geben: denn Erscheinungen können, als solche, nicht außer uns stattfinden, sondern existieren nur in unserer Sinnlichkeit."[189]

Die Natur, die der griechischen Antike ontologisch noch als Vorfindliches galt, wird auf der zweiten Stufe gemäß dem Schöpfungsbericht der Genesis zum realen Produkt eines real verstandenen Schöpfungsgottes, das der Mensch aufgrund seiner Ebenbildlichkeit mit Gott bzw. seiner Sohnschaft

helm Dupré, Studien- und Jubiläumsausgabe, lateinisch-deutsch, 3 Bde., Wien 1964-1967, Bd. 3, S. 532 ff./533 ff.

185 Immanuel Kant: *Opus postumum*, in: *Gesammelte Werke* (Akademie-Ausgabe), Bd. 22, Berlin 1938, S. 362.

186 A.a.O., Bd. 22, S. 362 u.ö..

187 Immanuel Kant: *Kritik der reinen Vernunft*, A127.

188 Immanuel Kant: *Kritik der reinen Vernunft*, A125.

189 Immanuel Kant: *Kritik der reinen Vernunft*, A126 f.

im Nachvollzug der göttlichen Gedanken verstehend sich anzueignen und zu reproduzieren vermag. Mit dieser Konzeption hat sich die Spaltung der ursprünglichen Einheit, die reale Abtrennung der Natur und des Menschen von Gott, vollzogen, aber so, dass der Mensch innerhalb der Seinshierarchie eine privilegierte Stellung bewahrt, als Krone der Schöpfung gedeutet wird, dem die übrige Natur Untertan zu sein hat.

3. Mit dem Säkularisationsprozess der Neuzeit verblasst Gott als Schöpfer der Welt immer mehr, an seine Stelle tritt der selbstherrliche Mensch, der zum *alter deus* avanciert. Die Natur wird zu seinem Produkt und Gemächte, und dies nicht nur in abstrakt epistemologischer, sondern in real praktischer Hinsicht. Seine Machenschaft folgt dem Motto „Alles lässt sich machen und alles wird gemacht." Dies gilt nicht allein für die imitierende Produktion anorganischer Stoffe und Vorgänge – man denke an die unzähligen Kunststoffe anstelle der natürlichen und an die unzähligen künstlichen Bewegungen und Vorgänge mittels der Technik anstelle der natürlichen: Fließband, Rolltreppe, Roboter in der Autoindustrie –, sondern das gilt in zunehmendem Maße auch für die imitierende Produktion organischer Stoffe und Prozesse. Wir sind heute in der Lage, eine Vielzahl natürlicher Lebensvorgänge wie Blutregulierung, Blutreinigung, Atmung usw. durch entsprechende Maschinen wie Herz-Lungen-Maschine, Herzschrittmacher, künstliche Niere u.ä. artifiziell zu bewerkstelligen. Selbst intelligente Leistungen wie Lesen, Schreiben, Rechnen, Schachspielen, Planen, Irrtumssteuerung u.ä. können heute von entsprechenden Computern und Robotern vollzogen werden. Zum Faszinosum unseres Jahrhunderts ist der lesende, schreibende und sprechende Computer mit seiner künstlichen Intelligenz geworden, ganz zu schweigen von den sensitiv-sensiblen Leistungen, die selbstgesteuert Objekte umfliegen oder umgehen können. Selbststeuernde Autos sind gegenwärtig in der Erprobungsphase und werden in Zukunft immer mehr den Verkehr übernehmen. Die Vorstellung, eines Tages Maschinen konstruieren zu können, die nicht nur Fremdprodukte erzeugen und Fremdleistung erbringen, sondern autopoietisch sich selbst produzieren, regenerieren und reparieren, ist keine bloße Utopie und Zukunftsvision mehr. Auch wenn wir gegenwärtig in der Gentechnologie noch auf organisches Material zurückgreifen müssen, um durch Rekombination neue Geschöpfe mit neuen Eigenschaften zu erzeugen, so ist doch nicht undenkbar, dieses Material eines Tages durch künstliche und selbstproduzierende Maschinen ersetzen zu können und so der Idee einer total künstlichen Welt immer näher zu rücken.

c. Die Experimentalmethode

Unabdingbar verbunden mit der Maschinenvorstellung der Natur, d.h. der Auffassung der Natur als künstliches Produkt, ist das Experiment. Markanterweise hat das Experiment erst in der beginnenden Neuzeit Bedeutung gewonnen, während es in der Antike aufgrund anderer ontologischer und epistemologischer Prämissen keine Rolle spielte oder sogar wie in Platons *Timaios* (68d) abgelehnt wurde. Das Experiment ist eine operative Methode zur Herstellung eines bestimmten, nicht natürlichen Aspekts an der Natur oder sogar der Natur als eines Artefakts. Eine der erhellendsten und bekanntesten Beschreibungen und Analysen des experimentellen Vorgangs hat Kant in der Vorrede zur 2. Aufl. der *Kritik der reinen Vernunft* (B XII ff.) geliefert. Statt wie bisher den Lernvorgang am Lehrer-Schüler-Verhältnis zu orientieren, bei dem der Schüler dem Lehrer alles nachspricht, was dieser vorsagt, und sich gleichsam von diesem am Leitbande gängeln lässt, verkehrt Kant das Verhältnis in eine Gerichtssituation, bei der der Richter die Fragen stellt und den Angeklagten – die Natur – nötigt, auf vorformulierte Fragen zu antworten, nicht beliebig oder ausweichend, sondern strikt mit Ja oder Nein. Das bedeutet, dass die Natur nicht in ihrem Ansichsein, in der Fülle ihrer Qualitäten, Quantitäten, Habitualitäten und Werte belassen, sondern unter einem ganz bestimmten künstlichen Ausschnitt betrachtet wird, während alle anderen Aspekte bewusst und gewollt ausgeblendet werden.

Für die neuzeitliche Experimentalmethode ist dreierlei charakteristisch: *erstens* auf Seiten des Subjekts eine bestimmte Einstellung auf das Objekt nach einem a priori gefassten Plan, der einem bestimmten Theoriesystem oder einer bestimmten wissenschaftlichen Hypothese entspricht, *zweitens* auf Seiten des Objekts die Ausrichtung desselben gemäß diesem Plan bzw. dieser Hypothese, was mit einer Isolierung des Gegenstandes aus seiner natürlichen Umgebung verbunden ist, und *drittens* hinsichtlich der Subjekt-Objekt-Beziehung die logische Abblendung oder Abstraktion, die einen eindeutigen, unverwechselbaren Bezug zwischen Subjekt und Objekt herstellt und alles nicht hierher Gehörige oder momentan nicht Interessierende ausblendet. Aufgrund dieser Vorkehrungen erscheint der experimentell behandelte Gegenstand nicht in seiner Natürlichkeit und Verflochtenheit mit der Umwelt, sondern als das künstlich präparierte Objekt der Wissenschaft. Im Experiment begegnet nicht die Natur an sich in ihrer Eigenheit und Einmaligkeit, in der Fülle ihrer Qualitäten, sondern als artifizielles Objekt unter diesem oder jenem Aspekt. Dasselbe gilt für Experimentator, der im Moment des Eintritts in das Experiment entindividualisiert und entpersonalisiert und zu einem anonymen, allgemeinen Subjekt wird, das unter denselben Konstellationen jederzeit dieselben Beobachtungen machen kann. Die

Entindividualisierung von Objekt und Subjekt ist der Grund für die beliebige Reproduzibilität des Experiments zu jeder Zeit an jedem Ort und für jedermann.

Das Künstliche,Verstellte und Verschrobene der Experimentalmethode hat wohl niemand drastischer geschildert als Goethe in seiner Kritik an Newtons Farbentheorie und Experimentalauffassung zur Erklärung der bekannten Spektralfarben aus dem weißen Licht.

> „Damit nun diese bunten Lichter zum Vorschein kommen sollen, setzt er [Newton] dem weißen Licht gar mancherlei Bedingungen entgegen: vorzüglich brechende Mittel, welche das Licht von seiner Bahn ablenken; aber diese nicht in einfacher Vorrichtung. Er gibt den brechenden Mitteln allerlei Formen, den Raum, in dem er operiert, richtet er auf mannigfaltige Weise ein; er beschränkt das Licht durch kleine Öffnungen, durch winzige Spalten, und nachdem er es auf hunderterlei Art in die Enge gebracht, behauptet er, alle diese Bedingungen hätten keinen andern Einfluß, als die Eigenschaften, die Fertigkeiten des Lichts rege zu machen, so daß sein Inneres aufgeschlossen und sein Inhalt offenbart werde.“[190]

Der Vorwurf zielt auf die Widernatürlichkeit der Experimentalmethode, die für Goethe auch der Grund war, Apparate wie Fernglas, Mikroskop u.ä., die die Wirklichkeit verstellen und verfälschen, abzulehnen. Im geschilderten Experiment wird das Licht nicht in seiner natürlichen Umgebung unter freiem Himmel belassen, wie es sich dem Auge darbietet, sondern im abgedunkelten Versuchszimmer untersucht. Statt in seiner Einheit und Ganzheit betrachtet, wird ein isolierter Teil herausgegriffen, statt in seinem freien Lauf belassen, wird es durch künstliche Öffnungen gepresst und gezerrt. Was resultiert, ist nicht Natur an sich, sondern eine künstlich präparierte, vergewaltigte Natur, ein Gemächte oder Gestell, wie Heidegger[191] dies in seinem Technikaufsatz bezeichnet.

190 *Johann Wolfgang von Goethes Selbstanzeige seines Werkes ‚Zur Farbenlehre‘ in ‚Cottas Morgenblatt‘*, Extrabeilage Nr. 8, 6. Juni 1810, in: Johann Wolfgang Goethe: *Werke* (Hamburger Ausgabe), Bd. 13, Hamburg 1955, 5. Aufl. 1966, S. 528.

191 Vgl. S. 24 f. dieser Arbeit.

d. Herrschafts-Knechtschaftsverhältnis

Gemäß der These, dass Seins- und Sollensaussagen ein Implikationsverhältnis bilden, derart dass ein bestimmter deskriptiver Theorierahmen, z.B. ein bestimmtes Naturverständnis, bestimmte normative Handlungsimplikationen, sowohl Anreize wie Hemmungen, involviert und ebenso umgekehrt bestimmte Verhaltensweisen auf bestimmte dahinterstehende Schemata schließen lassen, ist nach den ethisch-praktischen Implikationen des bisher geschilderten Naturverständnisses zu fragen. Die Ethik, die sich auf ein Naturbild gründet, welches die Natur als artifizielles, manipulierbares und dirigierbares Objekt des Menschen betrachtet, interpretiert das Verhältnis Mensch – Natur, Subjekt – Objekt als ein Herrschafts-Knechtschaftsverhältnis mit der Dominanz des Menschen und der Subordination der Natur. Seit Descartes' berühmtem Ausspruch, dass die Menschen *maîtres et possesseurs de la nature* zu sein oder zu werden hätten,[192] steht die Devise für den Menschen gegenüber der Natur fest.

Diese anthropozentrische Ausrichtung ist religiös motiviert. Sie hat ihren Ursprung in dem alttestamentlichen Bibelwort „Machet sie [die Erde] euch untertan und herrschet über die Fische im Meer und über die Vögel unter dem Himmel, über alles Getier, das auf Erden kriecht",[193] einer Stelle, die häufig als Magna Charta der technischen Beherrschung der Natur betrachtet wird. Sie legitimiert den Herrschaftsanspruch des Menschen über die Natur, der von Bearbeitung, Gestaltung und Nutznießung bis hin zu Ausbeutung und Vergewaltigung reicht.[194]

In seinem Buch *Die Tragweite der Wissenschaft*[195] hat Carl Friedrich von Weizsäcker die These vertreten, dass ohne den christlichen Horizont und die anthropozentrische Ausrichtung die rapide Ausbreitung des neuzeitlichen mechanistischen Weltbildes nicht möglich gewesen wäre. Nicht zufällig hat der Begründer der neuzeitlichen Naturwissenschaft und Technik, Francis

192 Vgl. S. 23 dieser Arbeit.

193 *Genesis* 1,28 (Luther Bibel), vgl. auch *Galather* 4,1-7..

194 Allerdings gibt es in der Geschichte auch die Auffassung wie bei Franz von Assisi (1182-1226) im *Sonnengesang*, dass alle Geschöpfe Mitbrüder und Mitschwestern seien. „Sei gelobt, mein Herr, mit all Deinen Geschöpfen, besonders meinem Herrn, dem Bruder Sonn […], sei gelobt, mein Herr, durch Schwester Mond und die Sterne. Am Himmel hast [Du] sie geformt, klar und kostbar und schön. Sei gelobt, mein Herr, durch Bruder Wind und durch Luft und Wolke und heiteres und jedes Wetter, durch welches [Du] deinen Geschöpfen gibst Erhaltung usw." in: E.-W. Platzeck: *Das Sonnenlied des heiligen Franziskus von Assisi.* Zusammenfassende philosophisch-interpretative Untersuchung mit ältestem Liedtext und erneuter deutscher Übersetzung, 2. Aufl. Werl i. W. 1984, S. 13-18.

195 Carl Friedrich von Weizsäcker: *Die Tragweite der Wissenschaft.* Bd. 1: *Schöpfung und Weltentstehung.* Die Geschichte zweier Begriffe, Stuttgart 1964, S. 196.

Bacon, den Anspruch zur Beherrschung der Natur durch Wissenschaft und Technik religiös motiviert. Wie der Mensch die mit dem Sündenfall verlorengegangene Unschuld wiedererlangen kann durch den religiösen Glauben, so kann er die einstige Einheit mit Natur und die gottgleiche Herrschaft über die Natur wiedergewinnen durch „Künste [Technik] und Wissenschaften" (*per artes et scientias*),[196] dadurch dass er immer tiefer in die Natur eindringt und seine Kenntnis über sie erweitert und sie so unter seine Botmäßigkeit bringt. Bacon hat sich nicht gescheut, von einer Versklavung der Natur zu sprechen.[197] Da die Natur ihre Geheimnisse nicht freiwillig preisgibt, müssen sie derselben entlockt werden, was nicht immer schmerzlos und unglimpflich, nicht ohne Nötigung und Qual abgeht. Zum Vorbild für die neue Klasse von Naturforschern wählt er Bergleute und Schmiede, die ersteren, weil sie beim Bergbau ins Innere der Natur dringen und die „Eingeweide der Natur untersuchen", die letzteren, weil sie die Natur „gleichsam über dem Amboss" bearbeiten und formen.[198]

Sein Alterswerk *Nova Atlantis* (1624) ist zudem eine Fundgrube für alle damals bekannten oder erhofften wissenschaftlichen Resultate und Manipulationen und somit ein illustratives Beispiel für die Naturaneignung und bewältigung. Aufgezählt werden sämtliche Vorgänge der Herstellung sowohl von Anorganischem wie Organischem: die künstliche Erzeugung vom Blitz und Donner, Wind und Wellen, Brunnen und Bergen, die künstliche Erzeugung von Erhitzungs- und Abkühlungsprozessen, von Vermehrung und Verminderung, Vergrößerung und Verkleinerung von Pflanzen und Tieren, die künstliche Umwandlung von Stoffen ineinander, kurzum, der ganze Zauberkasten der modernen Technik. Was damals in mancher Hinsicht noch Utopie war, ist inzwischen für uns zum wissenschaftlichen und technischen Alltag geworden.[199]

Viele neuzeitliche und moderne Wissenschaftler und Techniker, so auch Friedrich Dessauer in seinem 1927 erschienenen Buch *Philosophie der Technik,* haben das Urhumanum in der geistigen und realen Befreiung des Menschen aus den Zwängen der Natur sowie in ihrer technischen Bezwingung erblickt, und dies nicht nur in der industriellen und postindustriellen Na-

196 Francis Bacon: *Neues Organon,* Teilbd. 2, hrsg. und mit einer Einleitung von Wolfgang Krohn, lateinisch – deutsch, Hamburg 1990, S. 613 (Aphorismus 52 Ende).

197 Vgl. Francis Bacon: *Temporis partus masculus,* in: *The Works of Francis Bacon,* Baron of Verulam, Viscount St. Albans, and Lord High Chancellor of England, collected and edited by James Spedding, Robert Leslie Ellis, and Douglas Denon Heath, New Edition, 14 Bde., London 1861-1883, Bd. 3, S. 528.

198 Francis Bacon: Über die Würde und den Fortgang der Wissenschaften, verdeutschet und hrsg. von Johann Hermann Pfingsten, Pest 1783, reprografischer Nachdruck Darmstadt 1966, S. 302 f. (Buch 3, Kap. 3).

199 Vgl. Karen Gloy: *Das Verständnis der Natur,* Bd. 1, a.a.O., S. 181 ff.

turbeherrschung, sondern bereits in der präindustriellen, ja, in allen Form der Naturbeherrschung durch den Menschen als *homo investigator, homo inventor* und *homo faber*. Fasziniert von den Errungenschaften und dem Fortschritt der Technik, hat er wie viele andere außer ihm nur das Positive, nicht auch das Negative von Wissenschaft und Technik gesehen. Heute, da Bewunderung und Fortschrittsoptimismus dem Bewusstsein der weitgehend zerstörerischen Potenz des westlichen Wissenschafts- und Technikkonzepts gewichen sind, ist nicht nur der Segen, sondern auch der Flucht dieser Einstellung sichtbar geworden.

Das Weltbild des Westens lebt von der Herrschaftsrolle des Menschen über die Natur. Das gesamte, zumindest das neuzeitliche Naturverständnis zielt auf Unterwerfung der Natur unter die Interessen und Absichten des Menschen, auf ein Herrschafts-Knechtschaftsverhältnis, dessen Folgen sich heute mehr und mehr zeigen, da sich die Natur nicht knechten lässt, sondern zurückschlägt.

(2.) Das fernöstliche taoistische Paradigma

Von gänzlich anderer Art ist die asiatische Einstellung zur Natur auf dem Hintergrund des Taoismus. Dessen Hauptschrift ist das *Tao-te-king*, das *Buch vom Weltgesetz und seinem Wirken*, das Lao-tse (zwischen dem 6. und 3. Jahrhundert v. Chr.) zugeschrieben wird und wohl zunächst für Herrscher verfasst war, sich aber wegen seiner Allgemeinheit für alle eignete. Es besteht aus 5000 Zeichen, zerfällt in zwei Bücher von insgesamt 81 Kapiteln, von denen das erste das Tao, das Namenlose, beschreibt, den Weg, der kein Weg ist, das zweite das Te, das Wirken des Tao. Es ist in Aphorismen und formelhaften Wendungen verfasst Hinzu kommen die Schriften der Schüler Lao-tses, zum einen das *Wahre Buch vom quellenden Urgrund* von Lieh-tsi, der im 5. Jahrhundert v. Chr. gelebt haben soll, des Weiteren das *Wahre Buch vom südlichen Blütenland*, eigentlich das *Wahre Buch von Nanhua*, das von Chuang-tse (360-286 v. Chr.) verfasst wurde.

Lao-tse und der wohl etwas ältere Konfuzius, die nach Überlieferung oder genauer nach der Legende etwa zur selben Zeit im 6. Jahrhundert v. Chr. gelebt haben sollen – selbst von persönlichen Begegnungen ist die Rede –, sind Begründer zweier großer Schulrichtungen, die allerdings Kontrahenten waren. Sie lebten und wirkten zur Zeit der sogenannten Streitenden Reiche, in denen China in Chaos und Unordnung versank. Ihr Bemühen war darauf gerichtet, dem Land wieder eine Ordnung zu geben, jedoch in verschiedener Richtung: Konfuzius die staatliche, die bis heute als Staatsdoktrin nachwirkt und in einer Hierarchie von Herrscher und Untertanen, von dem Vater als dem Familienoberhaupt und den Familienmitgliedern, von Mann und Frau, älterem und jüngerem Bruder usw. besteht, während Lao-tse die metaphysische Einordnung des Menschen in die Natur und ihr Geschehen anstrebte. Ich werde versuchen, das Naturverständnis Lao-tses und des Taoismus von dem Symbol des Tai-dji her aufzuschlüsseln.

a. Das Symbol des Tai-dji

Das Symbol des Tai-dji (wörtlich ‚Symbol der Äußersten bzw. Höchsten', d.h. ‚des Allerhöchsten') ist das Zeichen des chinesischen Universalismus. Es besteht im Innern aus einem leeren Kreis, der Leere bedeutet und als Ursprung oder Urgrund von allem, besser als Ermöglichungsgrund von allem, angesehen wird und gleichzeitig als Ziel und Abgrund fungiert. Aus ihm gehen eine helle und eine dunkle Figur mit verdicktem Kopf und auslaufendem Schwanz hervor, die bekannten Yin- und Yang-Zeichen, die schon aufgrund ihrer Farbgebung: dunkel und hell (schwarz und weiß) als polare Kräfte erkennbar sind, sich jedoch nicht wie im Westen als Gegensätze widersprechen und aufheben, sondern komplettieren. Zwar ringen sie miteinander um die Vormacht, jedoch treten sie stets zusammen auf und wirken zusammen, was durch ihr Ineinanderübergehen bzw. Ineinanderfließen symbolisiert wird. Indem sie aus dem Kreis hervorgehen und wieder in den Kreis zurückgehen und im Zusammenwirken alle Dinge der Welt hervorbringen, erweist sich der Kreis als „Mutter aller Dinge", der „zehntausend Wesen", die auch wieder in den Kreis zurückkehren. Das Aufeinanderangelegtsein und Ineinanderübergehen von Yin und Yang dokumentiert sich bereits in dem jeweils gegenteiligen schwarzen oder weißen Punkt im hellen oder dunklen Feld, das den Samen symbolisiert, aus dem das jeweils andere erwächst.

Die Figur ist durch und durch dynamisch, nicht statisch (wie die Gegensätze im Westen), insofern die beiden polaren Figuren aus dem Kreis entspringen, ineinander übergehen und wieder in den Kreis münden. Das ursprüngliche Leere, das Nichts, ermöglicht gleichwohl die Fülle, das All, indem es Entstehungs- und Ermöglichungsgrund von allem ist. In dieser paradoxalen Situation stellt das Tao (oder auch Dao) einen Verlegenheitsausdruck Lao-tses dar, etwas, das nicht benennbar und definierbar ist, da es dadurch begrenzt und beschränkt würde.

> „Da ist etwas, vollendet und verschwommen [besser: unbestimmt].
> Das existierte schon vor Himmel und vor Erde.
> Still, unsichtbar,
> Unveränderlich als eines feststehend,
> Unaufhörlich, immer kreisend,
> Vermag es die Mutter der Welt zu sein.
> Ich kenne seinen Namen nicht, benenne es mit Tao."[200]

Beschrieben wird damit ein Unbeschreibbares, ein Erstes oder Urprinzip, aus dem metaphysisch-ontologisch alles hervorgeht, die Wirklichkeit. Obwohl es alles Bestimmte bewirkt, kann es selbst nichts Bestimmtes und Benennbares sein, da andernfalls nicht ausnahmslos alles Bestimmte aus ihm resultierte. Das chinesische Zeichen 道 = Tao, das ursprünglich ‚Weg' bedeutet, wurde schon bald in Anspruch genommen für ‚Lehre', offensichtlich für die Lehre des richtigen Weges, den der Mensch zu gehen hat.

Yin und Yang bezeichnen ursprünglich die dunkle, schattige Seite eines Berges (das Schriftzeichen 今 = Yin setzt sich aus den zwei Zeichen Hügel und Schatten zusammen und meint den schattigen, dunklen, feuchten Ort, die Nordseite eines Berges), während das Schriftzeichen für Yang, bestehend aus Hügel und Strahlen der Sonne, auf sonnige Anhöhen, auf die Südseite der Berge deutet. Als polare Kräfte, die mit Hell und Dunkel verbunden wurden, attrahierten sie bald alles Gegensätzliche, so dass Yang mit dem Männlichen, Starken, Harten, Aktiven verbunden wurde, Yin mit dem Weiblichen, Weichen, Schwachen, Aufnehmenden, Passiven. Geographisch wurden sie mit Ost und West, Süd und Nord, klimatisch mit Frühling und Herbst, Sommer und Winter, farblich mit weiß und schwarz, rot und grün, gelb und blau usw. assoziiert und entsprechend auch mit Pflanzen und Tieren verbunden, so dass man sagen kann, dass alle Dinge aus diesen polaren Kräften, ihrem Über- oder Untergewicht bestehen. Nie sind sie getrennt, stets bilden sie zusammen ein Ganzes, wobei sie jedoch in ständigem Wandel begriffen sind. Hat eines seinen Höhepunkt erreicht, das andere seinen Tiefpunkt, so beginnt für das erste der Niedergang, für das letzte der Aufstieg, jedoch in ständiger Verbundenheit miteinander.

Umgeben ist das Yin- und Yang-Symbol von sogenannten Tetragrammen, die graphisch dargestellt werden durch lange, durchgehende, das Männli-

200 Chang Chung-Yuan: *Tao, Zen und schöpferische Kraft*, Düsseldorf, Köln 1981, S. 33.

che symbolisierende Striche und kurze, unterbrochene, das Weibliche darstellende, und in jeder möglichen Kombination der Striche das Yin- und Yang-Symbol umkreisen. Die ausgearbeitete Lehre, wie sie im *Yijing*, dem *Buch der Wandlungen*, vorliegt und zur Orakeldeutung benutzt wird, beruft sich auf die Kombination dieser beiden polaren Kräfte in 64 Hexagrammen, denen bestimmte Namen zugeschrieben werden wie Warten, Befreiung, Bedrängnis, aber auch Heer, Brunnen, Tiegel.[201]

b. Harmonie (Gleichgewicht der Kräfte)

Als polare gegensätzliche Kräfte oder Prinzipien stehen Yin und Yang in einer ständigen wechselseitigen Beziehung, die zur ununterbrochenen Zirkulation zwischen beiden führt. Es handelt sich um den unaufhörlichen Rhythmus von Entstehen und Vergehen, von Wandel.

Das Ziel, wenngleich nur momentan erreichbar, ist die Harmonie der Gegensätze, ihr absolutes Gleichgewicht, das nie lange währt, da sich der Prozess ständig im Umschlag befindet. Im Unterschied zu den polaren, einander widersprechenden und ausschließenden Prinzipien des Westens, so auch in der Subjekt-Objekt-Spaltung, bleiben Yin und Yang stets miteinander verbunden und komplementär. Das schließt nicht aus, dass es ein Übergewicht des einen Seite und ein Untergewicht des anderen geben kann, aber nie dauerhaft, sondern die Situation kehrt sich alsbald in ihr Gegenteil um.

So nimmt es nicht wunder, dass diese Vorgänge und ihre Kräfte zur Erklärung der heterogensten Gebiete dienen, vor allem der traditionellen chinesischen Medizin, in der sie zur Erklärung der Entstehung von Krankheiten wie auch der Wiederherstellung von Gesundheit Anwendung finden. Ein Zuviel des Yang, des hellen, starken Prinzips, führt zu Erhitzung und Schwellung, ein Zuviel des Yin, des schwachen Prinzips, zu Schwäche und Mattigkeit. Die Suche nach einem stabilen Zustand, in der die gegensätzlichen Kräfte ausgeglichen sind und sich in Harmonie befinden – in einer Harmonie der Gegensätze, nicht des Gleichen –, ist daher Ziel der Medizin wie überhaupt des natürlichen Verhaltens des Menschen.

Die Einstellung wirkt bis in die Architektur, die Landschaftsgestaltung, die Siedlungs- und Häuserplanung, die Gestaltung der Bauten und Wohnungen, die Ausrichtung der Wohn- und Schlafräume, die Einrichtung und Möblierung von Zimmern hinein, wobei nicht nur die Luft- und Wasserzir-

201 Vgl. *Yin und Yang und die fünf Wandlungsphasen*, in: https://www.univie.ac.at/rel_jap/an/Texte/Yin_und_Yang, S. 5 von 17.

kulation, sondern auch die Ausrichtung nach den Himmelsgegenden eine entscheidende Rolle spielt. In der Lehre von Feng Shui – wörtlich der Lehre von ‚Wind und Wasser' – hat diese Einstellung ihr philosophisches Fundament gefunden. Sie bemüht sich, bei der Hausplanung die Zimmer, etwa Arbeits- und Ruhebereich zu trennen und nach dem Yin- und Yang-Prinzip, d.h. nach dem aktiven und passiven Prinzip auszurichten, so dass der Energiefluss mühelos durch sie hindurchgeht und nicht ins Stocken gerät. Zudem muss die Ausrichtung der Gebäude und Wohnräume nach den vier Himmelsrichtungen Norden, Süden, Osten, Westen erfolgen und deren weitere Unterteilung nach Nordosten, Nordwesten, Südosten, Südwesten berücksichtigen, um die von dort kommenden Einflüsse optimal zu nutzen. So ist der Süden mit Sonne und Helligkeit, mit Wärme und glühendem Rot, Feuer, Leben und Wohlergehen verbunden, der Norden mit Dunkelheit, Kälte und Nässe sowie Wasser, der Osten mit Sonnenaufgang, Tagesanbruch, erwachendem Leben, Jugend, Frühlingserwachen und daher grüner Farbe, der Westen mit Sonnenuntergang, Abend, Wintereinbruch, Unruhe und Krieg, weißer Farbe und silbrig-weißem Metall, wobei Analogien eine Rolle spielen. Feng Shui ist folglich die richtige Auswahl und Anordnung menschlicher Lebensräume in Übereinstimmung mit der Natur und ihren Gegebenheiten.[202]

Auch in der japanischen Gartenkunst und ihrem artifiziellen, jedoch harmonischen Arrangement zwischen Himmel, Erde und Wasser kehrt die Harmonie wieder, wobei auf kleinstem, engstem Raum die Harmonie des Großen imitiert wird. Im Mittelpunkt steht immer der Harmoniebegriff, der die bewusste Konformität mit dem Ganzen anstrebt und von dort Rückwirkungen auf den Menschen erwartet, sowohl auf seine physiologische Gesundheit wie auf sein psychisches Wohlbefinden, was sich in äußerer und innerer Ausgeglichenheit dokumentiert. Dissonanzen führen zu Störungen, Unwohlsein, Missbehagen, Krankheit, wogegen Harmonie und das natürliche Sich-Einlassen auf die Umgebung und die Natur ein harmonisches Leben, Wohlsein und Gesundheit versprechen.

Selbst die Geschichtsdeutung wird vom Yin- und Yang-Prinzip beherrscht, indem sie die Menschen gemahnt, in guten, prosperierenden Zeiten, etwa bei guter Ernte, nicht übermütig zu werden und für schlechtere Zeiten vorzusorgen, wie sie sie auch erinnert und ermutigt, in schlechten Zeiten, etwa bei Not und Krieg, die Hoffnung und den Mut nicht aufzugeben, da auf dunkle Tage wieder hellere, glücklichere folgen werden, so wie auf jede Nacht ein Tag folgt.

202 Zu Feng Shui vgl. Karen Gloy: *Wahrnehmungswelten*, Freiburg i. Breisgau 2011, S. 92 ff.

c. Wu Wei

Angesichts der Tatsache, dass in den östlichen Philosophien nie nur eine rein geistige Tätigkeit angestrebt wird wie im Westen, sondern die Geisteskultivierung stets zusammen mit der Körperkultivierung einhergeht, findet man dort eine Reihe taoistischer Praktiken wie Bogenschießen, Schwertertanz, dramatischer Tanz, Blumendekoration, bekannt als Ikebana, u.ä. Während der Westen den Weg in die reine Wissenschaft und Intellektualität mit Betonung des Verstandes gegangen ist oder, wie Jacques Derrida sich ausgedrückt hat, den Weg des Logozentrismus eingeschlagen hat, hat die östliche Philosophie stets die Leiblichkeit mit betont, so in Atemübungen, Sitzübungen, Handlungen überhaupt. Den Hintergrund bildet ein ganzheitliches Denken, dessen Ziel die Einheit von Körper, Seele und Geist ist und nicht die Präferenz eines einzigen Teils, sei es des Subjekts oder des Objekts. Das dominante selbstherrliche, begehrende Ich in seiner einseitigen Akzentuierung soll gerade eliminiert werden. Die Mitte zwischen den Gegensätzen zu erreichen, findet im Wu wei, im Handeln durch Nichthandeln, seinen expliziten Ausdruck.

Handeln im westlichen Verständnis bezeichnet eine intentionale Aktivität, die auf ein Ziel gerichtet ist und in dessen Verwirklichung besteht. So ist das Denken zielgerichtet auf ein Objekt, der Wille will etwas, die Handlung intendiert die Verwirklichung einer Absicht. Diese Zielgerichtetheit ergibt sich aus unseren Trieben und Begierden, die so lange das Ich bedrängen, bis die Bedürfnisse und Begierden befriedigt sind.

Im Unterschied zu diesem strategischen, auf Effizienz gerichteten Handeln geht das taoistische Verständnis nicht auf ein begehrendes, zielgerichtetes Handeln, das von der Disjunktivität zwischen Subjekt und Objekt lebt, sondern die Subjekt-Objekt-Spaltung gerade überwindet, so dass das Subjekt mit dem Objekt eins ist, in Einheit mit ihm existiert. Das von Trieben und Begierden gejagte Subjekt soll ausgeschaltet und in völliger Einheit mit dem Objekt in diesem ruhen.

Dieses für den Westen nur schwer nachvollziehbare Ideal lässt sich am plausibelsten anhand von Eugen Herrigels Buch *Zen in der Kunst des Bogenschiessens*[203] darlegen.

Herrigel, ein deutscher Professor, der eine Reihe von Jahren in Japan mit universitärer Vorlesungstätigkeit verbrachte, übte sich sechs Jahre lang in der Kunst des Bogenschießens unter Leitung eines Meisters. Die Lehre bestand zunächst in der Beobachtung und Imitation der Haltung und des Verhaltens des Meisters und galt Lockerungsübungen, damit die Muskulatur der Arme,

203 Eugen Herrigel: *Zen in der Kunst des Bogenschiessens*, München-Planegg, 8. Aufl. 1959.

des gesamten Körpers beim Hochhalten des Bogens nicht verkrampft, sondern locker erscheine. Dann musste der Bogen gespannt werden, und zwar so, dass er weder zu viel Spannung aufwies noch zu wenig, sondern genau die Mitte von Über- und Unterspannung traf. Ebenso musste der Finger an den Abschuss leicht und locker gelegt werden, so dass der Abschuss ohne Anstrengung, ohne Ruck, ohne Verwackelung mit Leichtigkeit erfolgen konnte. Es ging darum, das menschliche Verhalten und die menschlichen Bewegungen in völliger Einheit mit dem natürlichen Ablauf einzurichten, was selbstverständlich zunächst misslang. Herrigel, ungeduldig geworden, nach einem Jahr Übung noch immer nicht den richtigen Moment gefunden zu haben, übte während der Ferien am Strand in typisch westlicher Einstellung und Haltung, nämlich mittels höchster Konzentration und intensivster Beobachtung und Ausrichtung auf das Schwarze der Scheibe, den Schuss abzugeben und zu treffen. Zurückgekehrt, führte er dem Meister seinen Fortschritt vor. Der Meister bat, den Schuss zu wiederholen, und legte dann Pfeil und Bogen nieder und verweigerte den anschließenden Unterricht, da er sich getäuscht und hintergangen fühlte. Der Schuss hatte zwar ins Schwarze getroffen, aber durch das Gegenteil der östlichen Praxis, nämlich durch vermehrte Konzentration auf das Ziel, wohingegen die fernöstliche Einstellung gerade im Absehen und in der Abstraktion von jeder Gerichtetheit auf das Ziel, von jeder Konzentration, von jeder Absichtlichkeit beruht. Ausgeschaltet werden soll nach östlicher Vorstellung gerade die bewusste Ausrichtung des Subjekts auf das Objekt. Große Meister in Japan und China sind die, die mit geschlossenen Augen ohne die geringste Beobachtung des Ziels und ohne geringste Absichtlichkeit das Schwarze treffen in völliger Einheit von Subjekt und Objekt, von Ich und Natur. Für große Zen-Meister sind äußere Objekte wie Pfeil und Bogen, Schwert oder Degen nur Hilfsmittel, von denen im Zustand vollkommener Meditation abstrahiert werden kann. Es geht hier um das Abtrainieren des Ich-Bewusstseins, seiner Egozentrik und Intentionalität; erreicht werden soll vielmehr ein totales Loslassen vom Ich und Sich-Einlassen auf das Geschehen selbst, also ein ichloses Geschehenlassen in völliger Selbstaufgabe und Hingabe an den natürlichen Vorgang, eine Einbettung in das Naturgeschehen.

Man kann dies vergleichen mit einer Ballerina und ihren hundertfach geübten, gedrehten, gedrechselten, gezirkelten Bewegungen und Pirouetten, die zu einer solchen Vollkommenheit herangereift sind, dass sie wie natürlich erscheinen. Höchste Kunst und Technik fallen hier mit der Natur zusammen; das Künstliche erscheint als Natürliches und verliert den Anschein einer bewussten, gewollten Absichtlichkeit. Obwohl in China und Japan das Bogenschießen, das Fechten und der Schwerterkampf aus der kriegerischen Technik der Samurai stammen, bei der es um Leben und Tod ging, erlangten sie eine solche Meisterschaft und technische Vollkommenheit, dass sie zur zweiten Natur avancierten, anders gesagt, dass sie nach Verlust der ursprünglichen Unschuld und Unbefangenheit über die vollkommene Beherrschung der Technik eine zweite Unschuld wiedererlangten. Nicht zufällig taucht immer wieder die Metapher des Kindes und des Rückgangs in den Ursprung auf. Diese Paradoxie des Handelns, das kein Handeln ist – Wu Wei bedeutet Nicht-Handeln –, das freilich auch kein Nichtstun, keine Passivität, kein Quietismus, keine Stumpfheit der Sinne, keine Antriebslosigkeit u.ä. ist und mit diesen nicht verwechselt werden darf, findet sich in einer Reihe paradoxer Aphorismen und Redeweisen wieder. Bei Lao-tse im *Tao-te king* bedienen sich fast alle Sprüche dieser Paradoxie:

> „Tao ist ewig Nicht-Tun,
> und doch bleibt nichts ungetan.
> Wenn Fürsten und Könige (es) zu halten vermögen,
> werden alle Wesen von selbst sich umwandeln.
> Wandeln sie sich um und begehren doch zu tun,
> werde ich sie zurückhalten mit dem Namenlosen
> Einfachheit.
> Des Namenlosen Einfachheit
> Bringt auch Begehrenslosigkeit.
> Begehrenslosigkeit macht ruhn
> Und alle Welt von selbst recht-tun“[204]

> „Wer lernen tut, nimmt täglich zu;
> Wer Tao tut, nimmt täglich ab,
> nimmt ab und wiederum nimmt ab,
> um anzulangen im Nicht-Tun,
> ‚Nicht-Tun, und doch bleibt nichts ungetan.
> Übernimmt er das Reich,
> (so ist es) stets durch Nicht-Geschäftigkeit.
> Solange einer Geschäftigkeit hat,
> verdient er nicht, das Reich zu übernehmen.“[205]

Andere Beispiele und Gleichnisse operieren mit der Kraft und Härte des Wassers, des Weichsten und dennoch Unnachgiebigsten: „Nichts in der Welt ist weicher und schwächer als Wasser, und doch nichts, was was Hartes und

204 Lao-tse: *Tao te king*. Aus dem Chinesischen übersetzt und kommentiert von Victor von Strauss. Bearbeitung und Einleitung von W.Y. Tonn, Zürich 1959, Kap. XXXVII.

205 A.a.O., Kap. XLVIII.

Starkes angreift, vermag es zu übertreffen“[206] oder mit der Stärke des Weibes: „Das Weib überwindet stets mit Ruhe den Mann, mit Ruhe ist es untertan“[207] oder ganz allgemein mit der Kraft des Nachgiebigsten: „Weich und Schwach überwindet Hart und Stark“[208], „Der Welt Allerweichstes überwindet der Welt Allerhärtestes“,[209] „Das Weiche bewahren, heißt stark sein.“[210] Die Paradoxie bezieht sich auf alle Dinge, Handlungen und Verhältnisse in der Welt.

Befindet sich der Weise im Einklang mit der Natur, so lässt er den Dingen ihren Lauf, ohne in das natürliche Geschehen einzugreifen, da dieses zu unterbrechen, ihm entgegenzuwirken, Gewalttätigkeit, Entzweiung und Streit bedeutet. Der Weise vollzieht mit, was die Natur vollzieht; er handelt in Übereinstimmung mit ihr, nicht gegen sie. Es ist die exakt gegenteilige Einstellung zum westlichen Menschen, der in die Natur eingreift, sie manipuliert, sie konstruiert, sie nach seinen Wünschen und Bedürfnissen zurechtbiegt und verfremdet, deren Auswirkungen heute allzu bekannt sind.

Im Prinzip auf dasselbe hinaus läuft eine ganz andere Kunst, von der es der Europäer gar nicht vermutet, durch deren Schönheit er jedoch beeindruckt ist, die japanische Blumensteckkunst Ikebana aus dem Zen-Buddhismus. Auch sie ist ein Beispiel totaler Vereinigung und Aufhebung aller Differenzen, räumlich-geographischer wie zeitlich-existentieller, was den Zustand der Erleuchtung kennzeichnet.

Dazu benutzt sie Blumen: Blüten, Blätter, Stiele, Zweige. Diese verwendet sie auf drei Ebenen, welche Himmel, Erde und Unterwelt repräsentieren und damit räumliche Differenzen zum Ausdruck bringen. Zur Darstellung der Zeitlichkeit, und zwar der Zukunft verwendet sie Blütenknospen, noch geschlossene sowie aufgerollte Blätter, zur Repräsentation des Gegenwärtigen geöffnete Blüten und zur Darstellung des Vergangenen gelb-braune Samen und Fruchtstände. Damit sind alle Stadien des Zeitlichen wiedergeben. Ebenso deuten die Zustände auf die Lebensphasen: Jugend, Erwachsenenalter und Greisenalter wie auch auf die Prozesse des Sprießens, des Reifens und des Verwelkens. Durch ihr Arrangement vereint die Dekoration räumlich wie zeitlich Differentes und Getrenntes, und dies in einem Moment, dem zeitlosen Augenblick, der Symbol vollkommener Einheit ist. Als Punkt des Wandels, des Umschlags von Sein zu Nichtsein und umgekehrt ist er Nichts (Nirwana) und paradoxerweise zugleich Ursprung von Allem. Zumal in der fernöstlichen Mentalität nicht nur wie im Westen reine Erkenntnis

206 A.a.O., Kap. LXXVIII.

207 A.a.O., Kap. LXI.

208 A.a.O. Kap. XXXVI.

209 A.a.O. Kap. XLIII.

210 A.a.O., Kap. LII.

zählt, sondern stets Handlung impliziert ist und damit auch der existierende, handelnde Mensch, fungiert die vollkommene Ikebana-Kunst, deren Erlernung eine lebenslange Aufgabe ist, als Zustand der Erleuchtung, der völligen Einheit und Aufhebung aller Gegensätze und Spaltungen einschließlich der Subjekt-Objekt-Trennung. Trotz und in aller Vergänglichkeit erfreut Ikebana zugleich durch ihre Schönheit.

Die präferierte Pflanze ist der Lotus, dessen reine, strahlend weiße Blüten (sanskrit *anàsrav*a = ‚unbefleckt') auf schlammigem Grund (sanskrit *àsrava* = ‚befleckt') die Botschaft des Buddhismus vermitteln, dass Leid, welches dem Anhaften an das Irdische, Phänomenale geschuldet ist (Befleckung), überwunden werden kann. Das Blumenarrangement symbolisiert das Urerlebnis des Zeitlosen, des Ewigen, das im Wandel und in der Unruhe des Irdischen möglich ist: Es ist das Urerlebnis von Zeit- und Raumlosigkeit im Jetzt.[211]

d. Meditation

Verfolgt man die mehr geistige Seite der stets zwei Seiten umfassenden Haltung des Taoismus, so wird klar, dass diese sich nicht so sehr auf den Verstand, die rein intellektuelle Tätigkeit, abstützt, die den Subjekt-Objekt-Dualismus zur Voraussetzung hat und die einseitige Intentionalität des Subjekts auf das Objekt betont, sondern ganzheitliche Vermögen präferiert wie das Sehen und Schauen oder, sublimiert, die geistige Schau oder, um den Ausdruck der östlichen Philosophie zu wählen, die Meditation als Versenkung, als *in medias res*-Gehen, wobei immer auch Körperstellungen, Sitz- und Atemübungen, Konzentrationsübungen, körperliche und geistige Reinigungen u.ä. eine Rolle spielen. In den diversen Systemen, deren es zahllose gibt, wird dieser Weg über drei oder sieben oder neun Stufen beschrieben und als ein Weg von außen nach innen, also der zunehmenden Internalisierung und des Rückgangs in den Urgrund, in das reine Existieren, gekennzeichnet.

Es dürfte nicht uninteressant sein, einen Vergleich zwischen dem von Mircea Eliade[212] beschriebenen Yoga-System des Zen-Buddhismus, das Ähnlichkeit mit dem Taoismus aufweist und historisch mit ihm auch eine

211 Vgl. Eva Dungl: *Das Urerlebnis ‚Raum – Zeit – das erlebende Ich' (Reininger) und die ‚Drei Zeiten' sanze三世(Buddhismus) im Erleben des Schönen der ikebana,* in: Hisaki Hashi (Hrsg.): *Philosophie des Erlebens – Robert Reiniger* (*Komparative Philosophie für eine globale Welt*, Bd. 6), Wien 2021, S. 201-216.

212 Mircea Eliade: *Yoga*. Unsterblichkeit und Freiheit (Titel der Originalausgabe *Le Yoga*, Paris), aus dem Französischen übersetzt von Inge Köck, Frankfurt a. M. 1985.

Verbindung eingegangen ist, und dem westlichen Modell des Cusanus anzustellen, das dieser in der rationalen Behandlung und Aufarbeitung der *coincidentia oppositorum* vornimmt und ein rein spekulativer Weg ist.

Eliade beschreibt das auf Patañjali zurückgehende Yoga-System, das sich aus folgenden Stufen zusammensetzt, *erstens* den Bezähmungen *(yama)*, *zweitens* den Disziplinen (*niyama), drittens* den Körperhaltungen (*âsana*), *viertens* den Atemübungen (*prâṇ*âyâma), *fünftens* der Emanzipation und Befreiung der Empfindungen von der Herrschaft äußerer Objekte (*pratyâhâra*), *sechstens* der Konzentration (*dhâraṇâ*), *siebtens* der yogischen Meditation (*dhyâna*) und *achtens* der Stufe der Erleuchtung mit Stütze und *neuntens* der Erleuchtung ohne Stütze (*samâdhi*).[213]

Die ersten beiden Stufen sind nicht spezifisch yogisch, sondern stellen Präliminarien auch anderer Ethiken dar. Die fünf Bezähmungen drücken Verbote aus wie das Verletzungs- und Tötungsverbot, das Lügenverbot, das Diebstahlverbot sowie Vorschriften sexueller Abstinenz und Enthaltung von Habsucht. Sie verfolgen die Reinigung des menschlichen Zustandes. Demselben Zweck dienen auch die anderen Disziplinen, die teils physischer, teils psychischer, teils geistiger Art sind und auf Reinigung abzielen.

Erst mit der dritten Gruppe, den Körperhaltungen, beginnen die spezifisch yogischen Techniken. Dazu gehört der bekannte Lotussitz mit der Aufrechtstellung des Oberkörpers und der Kreuzung der Beine, der dem Körper Stabilität verschaffen und ihn aus dem übrigen Kosmos ausgrenzen soll. Absicht ist es, einen festen Block, ein geschlossenes, einheitliches Ganzes zu bilden, das durch äußere Fluktuation und Zerstreuung nicht mehr abgelenkt wird. Hierzu gehören auch Atemübungen, die auf die Disziplinierung des gewöhnlich unregelmäßigen Atems zielen, auf ein gleichmäßiges, langgezogenes, rhythmisiertes Ein- und Ausatmen, überhaupt auf Verlangsamung und Ruhigstellung, was sich vom Organischen auf die Gemütsbewegungen und Bewusstseinstätigkeiten überträgt. Eliade vermutet, dass hier der Winterschlaf der Tiere mit iher verlangsamten, vertieften und stillen Atmung imitiert werden soll.[214]

Auf der nächsten Stufe geht es um den Rückzug der Sinne, der Empfindungen und Gedanken, die gewöhnlich von der Außenwelt absorbiert werden. Der Yogi soll von der Faszination und Suggestion der äußeren Gegenstände und ihrer Fluktuation, die ihn ablenken, befreit werden. Es ist die letzte Stufe der physisch-psychischen Askese.

Alle diese Maßnahmen dienen der Ruhigstellung und Stabilisierung der Körper- und Gemütshaltung, der Abstraktion von herumschweifenden Sin-

213 Vgl. a.a.O., S. 56.

214 Vgl. a.a.O., S. 70

nesempfindungen und Gedächtnisassoziationen, der Konzentration auf sich selbst. Sie sollen dem Meditierenden helfen, einen Schutzwall gegen die Einflüsse und Eindrücke von außen aufzubauen und einen Zustand zu erreichen, in dem er sich ganz auf sich selbst konzentriert und damit einer Pflanze gleicht.[215] Das vegetative pflanzliche Dasein ist in der östlichen Vorstellungswelt nichts Negatives, wie die häufige Darstellung der Lotusblüte mit ihrer Knospe und ihren in die Tiefe reichenden Wurzeln zeigt, die ein Symbol kosmischer Manifestation und Verankerung ist. Die Autonomie gegenüber den Stimuli der Außenwelt ebenso wie gegenüber den Motivationen und Fluktuationen des Inneren, Unbewussten ermöglichen dem Yogi die Erprobung einer dreifachen Technik, die zu den nächsten Stufen führt.

Zur folgenden Stufe gehören Konzentrationsübungen, wobei Konzentration die Fixierung auf einen Punkt bedeutet, dessen einziger Sinn das Anhalten des psychisch mentalen Bewusstseinsstromes, das Zurückwerfen auf sich selbst und das Ruhen in sich ist.

Die nächste Stufe ist gekennzeichnet durch die Meditation, bei der der Geist rein auf sich selbst bezogen ist, ein in sich geschlossenes, in sich reflektiertes Ganzes bildet.

Das Ende des Stufenweges ist der *samâdhi*-Zustand, den wir mit Erleuchtung wiedergeben, der ein Zustand körperlicher Levitation, geistiger Helle und innerer Glückseligkeit sein soll. Er unterscheidet noch zwischen *samâdhi* mit und ohne Stütze, wobei der erstere unter Zuhilfenahme eines Objekts oder Gedankens geschieht, also einer Stütze bedarf, auf die sich das Denken richtet, während der letzte, höchste Zustand darauf verzichten kann. Er bedarf keiner Abstützung mehr.

Samâdhi als ein transhumanes Erleben und bloßes Existieren kann im eigentlichen Sinne nicht näher beschrieben werden, wiewohl häufig Bilder und Vergleiche herangezogen werden, nicht selten der Vergleich mit einem embryonalen Zustand des Menschen, da dieser einen Urzustand bezeichnet.

Vergleicht man einen Denker des Westens, Nikolaus Cusanus, damit der verschiedentlich in seinen theologisch-philosophischen Werken wie in *De docta ignorantia*[216] oder *De coniecturis*[217] einen graduellen Aufstieg über Gegensätze zur *coincidentia oppositorum*, zur absoluten, differenzlosen Einheit, verfolgt, dann fällt die Restriktion auf das rein Geistige, Rationale auf, das von allen Bezügen zum Körperlichen und Physischen abstrahiert. Zur Be-

215 Vgl. a.a.O., S. 76.

216 In: Nikolaus Cusanus: *Philosophisch-theologische Schriften*, 3 Bde., lateinisch-deutsch, hrsg. von Leo Gabriel, Dietlind und Wilhelm Dupré, Wien 1982, Nachdruck 1964-1967, Bd. 1, S. 191-517.

217 A.a.O, Bd. 2, S. 1-209.

schreibung seines vierstufigen Weges verwendet Cusanus die Begriffe Sein und Nichts (Nichtsein), *esse* und *non-esse,* und dies in Form einer Quadrilemmatik, die Position und Negation sowie das *tertium* in Form des Sowohl-als-auch wie dessen Negation, des Weder-noch, kennt und mit diesen operiert. Es handelt sich um begriffliche Setzungen und deren Negation sowie deren Kombination.

Die unterste Stufe, das Reich der *sensibilia,* ist gekennzeichnet als Seiendes; ihm ist die Negation fremd, sie kommt erst mittels des Verstandes hinein, der differenziert, begrenzt und entgegensetzt.

Auf der nächst höheren Stufe, der des Verstandes und der Begrifflichkeit, wird der kontradiktorische Gegensatz verwendet, nach dem das eine zutrifft, das Gegenteil nicht, bzw. das eine wahr ist, das andere falsch. Die Opposita werden hier kontradiktorisch, ausschließend verwendet.

Die dann folgende Stufe ist gekennzeichnet durch den *intellectus* bzw. griechisch den *nous,* deutsch die Vernunft, in welcher die Gegensätze nach der Sowohl-als-auch-Formel harmonisch bestehen. Hier gibt es keinen kontradiktorischen Gegensatz mehr, sondern nur die Einheit von Bejahung und Verneinung, die ungeteilt und unauflöslich ist.

Auf der letzten Stufe herrscht das Weder-noch von Sein und Nichts, die *coincidentia oppositorum.* Sie ist nicht als absolute Leere (Nichts) zu verstehen, sondern als das, was für den Geist unbegreiflich, unnennbar, unbestimmbar ist und bleibt. Der theologische Name hierfür ist Gott.[218]

Hier wird die Differenz zum Osten offensichtlich: die rein rationale Reduktion bei Cusanus gegenüber der existentiellen von Geist und Körper im Taoismus.

218 Hans P. Sturm hat in einem Beitrag *Tetralogos – Ein erster Versuch* in: *Einheit und Vielheit.* Das Verstehen von Kulturen, hrsg. von Notker Schneider, Ram Adhar Mall und Dieter Lohmar, Amsterdam, Atlanta 1998, S. 85-98, die vier Aussagepositionen und die vier Glieder des Geistes von Nikolaus Cusanus in *Ars coniecturalis* mit den indischen *Upanishaden*, besonders der *Mandukya-Upanishad* und ihrer vierfachen Negationslogik verglichen, die ebenfalls das Quadrilemma anwenden, und Beziehungen und Ähnlichkeiten aufgewiesen, wobei sich zweifellos eine Nähe zeigt, aber gerade in den älteren Teilen der *Upanishaden* keine reine Geiststruktur, sondern eine Beziehung auf Physisches und Psychisches vorkommt. Der Osten bleibt bei seinen rationalen Argumentationen in der Körperlichkeit fundiert, aus der diese allenfalls erwachsen.

Literatur:

Agrippa von Nettesheim, Heinrich Cornelius: *Die magischen Werke,* Wien 1997, 4. Aufl. Wiesbaden 1997.

Akizuki, Ryōmin: *Dōgen nyūmon* (*Dogen*. Eine Einführung), Kapitel 3, Tokio 2004.

Albert, Hans: *Traktat über kritische Vernunft*, 2., unveränderte Auflage, Tübingen 1969.

Aristoteles: *Opera* ex recensione Immanuelis Bekkeri, 2 Bde. Berlin 1831 ff.

Artikel *Kultur*: in: *Wikipedia*, https://de.wikipedia.org/wiki/Kultur.

Artikel: *Afrikanische Philosophie*, https://de.wikipedia.org/wiki/Afrikanische_Philosophie.

Aschoff, Jürgen und Wever, Rütger : *The Circadian System of Man*, in: Jürgen Aschoff (Hrsg.): *Biological Rhythms*, Boston 1981, S. 311-331.

Bacon, Francis: *The Works of Francis Bacon,* Baron of Verulam, Viscount St. Albans, and Lord High Chancellor of England, collected and edited by James Spedding, Robert Leslie Ellis, and Douglas Denon Heath, New Edition, 14 Bde., London 1861-1883.

Bacon, Franc Rationalität is: *Neues Organon,* hrsg. und mit einer Einleitung von Wolfgang Krohn, lateinisch - deutsch, Hamburg 1990.

Bacon, Francis: Über die Würde und den Fortgang der Wissenschaften, verdeutschet und hrsg. von Johann Hermann Pfingsten, Pest 1783, reprografischer Nachdruck Darmstadt 1966.

Bacon, Lord Francis: Über die Würde und den Fortgang der Wissenschaften, verdeutschet und hrsg. von J. H. Pfingsten, Pest 1783 (reprografischer Nachdruck Darmstadt 1966).

Bapp, Karl: *Aus Goethes griechischer Gedankenwelt.* Das Erbe der Alten, 2. Reihe, Heft 6 (1921).

Bocheński, J. M.: *Formale Logik*, Freiburg, München 3. Aufl., unveränderter Neudruck der 2., erweiterten Aufl. 1956.

Borges, Jorge Luis: *Garten der Pfade, die sich verzweigen* [1991], in: *Gesammelte Werke*. Erzählungen, Teil 1, hrsg. von Gisbert Haefs und Fritz Arnold, München, Wien 2000, S. 161-173

Briggs, John und Peat, F. David: *Die Entdeckung des Chaos*. Eine Reise durch die Chaos-Theorie (Titel der Originalausgabe *Turbulent Mirror*. An Ilustrated Guide in Chaos Theory and the Science of Wholeness, New York 1989), aus dem Amerikanischen von Carl Carius, München, Wien 1990.

Brucker, Jakob: *Historia Critica Philosophiae*, Leipzig 1742.

Busch, Hubertus: *Was ist Kultur*? Die vier historischen Grundbedeutungen, in: *Dialektik*. Zeitschrift für Kulturphilosophie 2000, Heft 1, S. 69-90.

Cassirer, Ernst: *Philosophie der symbolischen Formen*, 3 Bde., Bd. 1: *Die Sprache*, 9., unveränderte Aufl. Darmstadt 1988, reprographischer Nachdruck der 2. Aufl. 1953; Bd. 2: *Das mythische Denken*, 8., unveränderte Aufl. Darmstadt 1987; Bd. 3: *Phänomenologie der Erkenntnis*, 8., unveränderte Aufl. Darmstadt 1982, reprographischer Nachdruck der 2. Aufl. 1954.

Cassirer, Ernst: *Zur Logik der Kulturwissenschaften*, Hamburg 1980.

Cassirer, Ernst: *Versuch über den Menschen.* Einführung in eine Philosophie der Kultur, Hamburg 2007.

Chaos und Fraktale mit einer Einführung von Hartmut Jürgens, Heinz-Otto Peitgen und Dietmar Saupe, Heidelberg 1989.

Chung-Yuan, Chang: *Tao, Zen und schöpferische Kraft,* Düsseldorf, Köln 1981..

Cusanus, Nikolaus: *Philosophisch-theologische Schriften*, 3 Bde., lateinisch-deutsch, hrsg. von Leo Gabriel, Dietlind und Wilhelm Dupré, Wien 1982, Nachdruck 1964-1967.

Deleuze, Gilles, Guattari, Félix: *Rhizom*, in: dies.:*Tausend Plateaus.* Kapitalismus und Schizophrenie (Titel der Originalausgabe *Mille Plateaux*, Paris 1980), aus dem Französischen übersetzt von Gabriele Ricke und Ronald Voullié, Berlin 1992, S. 11-42.

Derrett, John Duncan Martin: *Artikel Gymnosophisten*, in: *Der kleine Pauly.* Lexikon der Antike, Bd. 2, München 1979.

Descartes, René: *Discours de la Méthode/ Von der Methode* des richtigen Vernunftgebrauchs und der wissenschaftlichen Forschung, übersetzt und hrsg. von Lüder Gäbe, Hamburg 1960.

Deutsche Mystiker, Bd. 1: *Seuse.* Ausgewählt und hrsg. von Wilhelm Oehl, Kempten, München 6.Tausend.

Die Merseburger Zaubersprüche, in: *Altdeutsche Sprachdenkmäler, mittelhochdeutsche Lyrik, Walther von der Vogelweide*, Karlsruhe 1953.

Dungl, Eva: *Das Urerlebnis ,Raum – Zeit – das erlebende Ich' (Reininger) und die ,Drei Zeiten' sanze* 三世 *(Buddhismus) im Erleben des Schönen der ikebana,* in: Hisaki Hashi (Hrsg.): *Philosophie des Erlebens – Robert Reiniger* (*Komparative Philosophie für eine globale Welt*, Bd. 6), Wien 2021, S. 201-216.

Durkheim, Émile: *De la division du travail social.* Etudes sur l'organisation du sociétés supérieures, Paris 1893, dt. *Über die Teilung der sozialen Arbeit.* Deutsch von Ludwig Schmidts, Frankfurt a. M. 1977.

Eibl-Eibesfeldt, Irenäus: *Die Biologie des menschlichen Verhaltens.* Grundriß der Humanethologie, München 1984, 3. überarbeitete und erweiterte Aufl. 1997.

Elberfeld, Rolf, Kreuzer, Johann, Minford, John und Wohlfahrt, Günther (Hrsg.): *Komparative Philosophie* (Schriften der Académie du Midi, Bd. 6), München 1998.

Eliade, Mircea: *Yoga.* Unsterblichkeit und Freiheit (Titel der Originalausgabe *Le Yoga*, Paris), aus dem Französischen übersetzt von Inge Köck, Frankfurt a. M. 1985.

Enk, Gerrit J. van and Vries, Lourens de: *The Korowai of Irian Jaya.* Their Language in Its Cultural Context, New York, Oxford 1997.

F. Lactantius: *Opera omnia,* recensuerunt Samuel Brandt et G. Laubmann, Pars II, Fasciculus I, Prag, Wien, Leipzig 1893

Foley, William A.: *The Papuan langagues of New Guinea*, Cambridge University Press 1986.

Fornet-Betancourt, Raúl (Hrsg.): *Kulturen der Philosophie.* Dokumentation des I. Internationalen Kongresses für interkulturelle Philosophie, Aachen 1996.

Furth, Peter: *Asymmetrische Gegensätze in der Sprache der Politik*, in: *Das Denken des Wider-*

spruchs als Wurzel der Philosophie, hrsg. vom Zentralinstitut für Philosophie, Berlin 1991, S. 18-31.

Gabriel, Werner: *Sein und Nichts*. Methodische Probleme des philosophischen Taoismus, in: Hisaki Hashi, Werner Gabriel, Arne Haselbach: *Zen und Tao*. Beiträge zum asiatischen Denken, Wien 2007, S. 67-81.

Gebser, Jean: *Ursprung und Gegenwart*, 3 Bde., Schaffhausen 1986, 2. Aufl. 1999.

Gehlen, Arnold: *Urmensch und Spätkultur*, Bonn 1956.

Gehlen, Arnold: *Anthropologische und sozialpsychologische Untersuchungen*, Reinbek bei Hamburg 1986.

Geldsetzer, Lutz: *Die klassische indische Philosophie* (Vorlesung an der HHU Düsseldorf, Sommersemester 1982, Wintersemester 1993/94, Wintersemester 1998/99), https://www.phil-fak.uni-duesseldorf.de/philo/geldsetzer/indotit.htm#Indische%20Philosophie

Gloy, Karen: *Bewußteinstheorien*. Zur Problematik und Problemgeschichte des Bewußtseins und Selbstbewußtseins, Freiburg, München 1989, 3. Aufl. 2004.

Gloy, Karen: *Das Verständnis der Natur*, Bd. 1: *Die Geschichte des wissenschaftlichen Denkens*, München 1995.

Gloy, Karen: *Vernunft und das Andere der Vernunft*, Freiburg, München 2001.

Gloy, Karen: *Zeit*. Eine Morphologie, Freiburg, München 2006.

Gloy, Karen: *Wahrnehmungswelten*, Freiburg i. Breisgau 2011.

Gloy, Karen: *Kulturüberschreitende Philosophie*. Das Verständnis unterschiedlicher Kulturen, München, Paderborn 2012.

Gloy, Karen: *Denkformen und ihre kulturkonstitutive Rolle*, Paderborn 2016.

Gloy, Karen: *Demokratie in der Krise?* Überlegungen angesichts der Corona-Krise, Würzburg 2020.

Gloy, Karen: *Macht und Gewalt*. Politik, Wissen, Psychologie, Geld, Netzwerk, Würzburg 2020.

Gloy, Karen: *Die Selbstsuspendierung des Individualismus*. Eine Auseinandersetzung mit unserer westlichen Kultur, Würzburg 2021.

Gmainer-Pranzl, Franz und Graneß, Anke (Hrsg.): *Perspektiven interkulturellen Philosophierens*. Beiträge zur Geschichte und Methodik von Polylogen, Wien 2012.

Goethe, Wolfgang: *Werke* (Hamburger Ausgabe), Hamburg 1948 ff, 5. Aufl. 1960 ff.

Habermas, Jürgen: „Wahrheitstheorien", in: ders.: *Vorstudien und Ergänzungen zur Theorie des kommunikativen Handelns*, Frankfurt a. M. 1995, S. 127-183.

Hagenbüchle, Roland: *Was heißt ‚paradox'?* Eine Standortbestimmung, in: Paul Geyer und Roland Hagenbüchle (Hrsg.): *Das Paradox*. Eine Herausforderung des abendländischen Denkens, Tübingen 1992, S. 27-43.

Hashi, Hisaki: *Die Welt der vergleichenden Philosophie*. Begegnung der Kulturen von Ost und West, Wien 2005.

Hashi, Hisaki: *Das Paradoxon in der Philosophie*. Zum Aufbau der humanistischen Welt (*Komparative Philosophie für eine globale Welt*, hrsg. von Hisaki Hashi und Karen Gloy, Bd. 5), Wien 2019.

Hashi, Hisaki: *Lebendiger Zen – lebendige Philosophie.* Dōgen: shōbō genzō – Besinnen im wahrhaften *dharma* Buddhas, Wien 2020 (*Komparative Philosophie für eine globale Welt*, hrsg. von Hisaki Hashi und Karen Gloy, Bd. 7).

Heidegger, Martin: *Die Frage nach der Technik*, in: *Die Künste im technischen Zeitalter.* Dritte Folge des Jahrbuchs Gestalt und Gedanke, hrsg. von der Bayerischen Akademie der Schönen Künste, München 1954.

Heidegger, Martin: *Was ist das – die Philosophie?* (1955), Pfullingen 1956.

Heidegger, Martin: „Nur noch ein Gott kann uns retten", *Spiegel*-Gespräch mit Martin Heidegger am 23. September 1986, in: *Der Spiegel*, Nr. 23, 1976, S. 193-219.

Heiss, Robert: *Der Mechanismus der Paradoxien und das Gesetz der Paradoxienbildung*, in: *Philosophischer Anzeiger*, Bd. 2 [1927/28], S. 403-433.

Herder, Johann Gottfried: *Auch eine Philosophie der Geschichte zur Bildung der Menschheit. Beytrag zu vielen Beyträgen des Jahrhunderts*, in: *Sämmtliche Werke*, Bd. 5, hrsg. von Bernhard Suphan, Berlin 1891, S. 475-586.

Herrigel, Eugen: *Zen in der Kunst des Bogenschiessens*, München-Planegg, 8. Aufl. 1959.

Herter, Hans: *Platons Akademie*, 2. Aufl. Bonn 1952.

Howald, Ernst: *Die Platonische Akademie und die moderne Universitas litterarum*, Bern 1921.

Immoos, Thomas: *Koan.* Das Paradox als Weg zur Erleuchtung, in: Paul Geyer und Roland Hagenbüchle (Hrsg.): *Das Paradox.* Eine Herausforderung des abendländischen Denkens, Tübingen 1992, S. 661-668.

Jaspers, Karl: *Vom Ursprung und Ziel der Geschichte*, München 1949.

Johannes Kepler in seinen Briefen, hrsg. von M. Caspar und W. von Dyck, Bd. 1, München, Berlin 1930.

Kagame, Alexis: *Sprache und Sein.* Die Ontologie der Bantu Zentralafrikas, Brazzaville und Heidelberg 1985 [1976].

Kahl, Willi: *Ballade*, in: Friedrich Blume (Hrsg.): *Die Musik in Geschichte und Gegenwart*, Bd. 1, Aachen, Kassel u.a. 1949, Spalte 1115-1138.

Kant, Immanuel: *Gesammelte Schriften* (Akademie-Ausgabe), Berlin 1900 ff.

Kant, Immanuel: *Kritik der reinen Vernunft*, unveränderter Neudruck der von Raymund Schmidt besorgten Ausgabe (nach der 2. durchgesehenen Aufl. von 1930), Hamburg1956.

Keller, Eugen von: *Management in fremden Kulturen.* Ziele, Ergebnisse und methodische Probleme der kulturvergleichenden Managementforschung, Bern 1982.

Kluge, Friedrich: *Etymologisches Wörterbuch der deutschen Sprache*, 18. Aufl. bearbeitet von Walther Mitzka, Berlin 1960.

Kohl, Karl-Heinz: *Ethnologie.* Die Wissenschaft vom kulturell Fremden. Eine Einführung, München 1993.

Kroeber, Alfred L. und Kluckhohn, Clyde: *Culture.* A critical review of concepts and definitions, New York 1952.

Küppers, Bernd-Olaf: *Zur Selbstorganisation informationstragender Systeme*, in: Günter Altner (Hrsg.): *Die Welt als offenes System.* Eine Kontroverse um das Werk von Ilya Prigogine, Frankfurt a. M. 1986.

Lacan, Jaqcques: *Seminar I-III,* ausgewählt und hrsg. von Norbert Hass, Olten, Freiburg i. Breisgau 1973-1980.

Lacan, Jaqcques: *Le Moi dans la théorie de Freud et dans la technique de la psychanalyse,* in: *Le Séminaire II,* texte établi par Jacques-Alain Miller, Paris 1978

Landmann, Michael: *Der Mensch als Schöpfer und Geschöpf der Kultur,* München 1961.

Lao-tse: *Tao te king.* Aus dem Chinesischen übersetzt und kommentiert von Victor von Strauss. Bearbeitung und Einleitung von W.Y. Tonn, Zürich 1959.

Leisegang, Hans: *Denkformen,* Berlin, Leipzig 1928.

Lévinas, Emmanuel: *Die Zeit und der Andere,* deutsch von Ludwig Wenzler, Hamburg 1984.

Lévinas, Emmanuel: *Zwischen uns.* Versuche über das Denken an den Anderen, deutsch von Frank Miething, München 1991.

Lévi-Strauss, Claude: *Das wilde Denken* (Titel der Originalausgabe: *La pensée sauvage,* Paris 1962), aus dem Französischen von Hans Naumann, 10. Aufl. Frankfurt a. M. 1997.

Longacre, Robert E.: *Hierarchy and universality of discourse constituents in New Guinea languages,* Vol. 1: *Discussion,* Washington, Georgetown University Press 1972.

Lüning, Jens: *Zwischen Alltagswissen und Wissenschaft im Neolithikum,* in: Johannes Fried und Thomas Kailer (Hrsg.): *Wissenskulturen.* Beiträge zu einem forschungsstrategischen Konzept, Berlin 2003, S. 21-56.

Lyotard, Jean François: *Der Widerstreit* (Titel der Originalausgabe: *Le Differend,* Paris 1983), übersetzt von Joseph Vogel, 2., korrigierte Aufl. München 1989.

Mall, Ram Adhar: *Das Konzept einer interkulturellen Philosophie,* in: *Polylog.* Zeitschrift für interkulturelle Philosophie, Bd. 54 (1998,) S. 54-69.

Martensen, Hans: *Meister Eckart.* Eine theologische Studie, Hamburg 1842.

Merchant, Carolyn: *Der Tod der Natur.* Ökologie, Frauen und neuzeitliche Naturwissenschaft (Titel der amerikanischen Originalausgabe *The Death of Nature.* Women, Ecology and Scientific Revolution, 1980), München 1987.

Misch, Georg: *Der Weg in die Philosophie,* Berlin 1926.

Müller-Funk, Wolfgang unter Mitarbeit von Chovanec, Johanna: *Theorie des Fremden.* Eine Einführung, Tübingen 2016.

Newton, Isaac: *Optics:* or A treatise of the Reflections, Inflections and Colours of Light, in: *Opera omnia quae extant omnia,* Faksimile-Neudruck der Ausgabe von Samuel Horsley, London 1779-1785 in 5 Bden., Stuttgart-Bad Cannstatt 1969

Nietzsche, Friedrich: *Kritische Gesamtausgabe,* hrsg. von Giorgio Colli und Mazzino Montinari, Bd. 1ff. Berlin, New York 1967ff.

Moore-Ede, Martin: *Die Nonstop-Gesellschaft.* Risikofaktoren und Grenzen der menschlichen Leistungsfähigkeit in der 24-Stunden-Welt, München 1993.

Novalis: *Werke,* hrsg. und kommentiert von Gerhard Schulz, München 1969, 3. Aufl. 1987 auf der Grundlage der 2., neu bearbeiteten Aufl. 1981.

Oresme, Nikolaus: *Tractatus de commensurabilitate vel incommensurabilitate motuum celi,* in: *Nicole Oresme and the Kinematics of Circular Motion,* ed. with an introduction, English translation and commentary by Edward Grant, Madison, Milwaukee, London 1971

Parsons, Talcott: *An Outline of the Social System*, in: *Theories of Society*. Foundations of Modern Sociological Theory, hrsg. von Talcott Parsons, New York 1965, S. 30-79.

Patra, Philippe: *Auf der Suche nach der verborgenen Zeit*, https://www.fz-juelich.de/portal/DE/Presse/beitraege/2020/2020-01-13-virtualtimes/artikel.html?nn=2297174.

Patzig, Günther: *Die Aristotelische Syllogistik*. Logisch-philologische Untersuchungen über das Buch A der ‚Ersten Analytiken', 1958, 3., verbesserte Aufl. Göttingen 1969.

Paul, Gregor: *Konzepte der Kritik und der kritischen Diskussion im älteren Konfuzianismus*. Thesen zur Entwicklung eines universalen Rationalitätsbegriffs, in: *Conceptus*, Bd. 20, Nr. 50 (1986), S. 7-30.

Paul, Gregor: *Equivalent Axioms of Aristotelian*, or Traditional European, and later Mohist Logic, in: Hans Lenk und Gregor Paul (Hrsg.): *Epistemological Issues in Classical Chinese Philosophy*, New York, 1993, S. 119-135.Paul, Gregor: *Argumente für die Universalität der Logik*. Mit einer Darstellung äquivalenter Axiome aristotelischer Syllogistik, spätmohistischer Logik und buddhistischer Begründungstheorie, in: *Horin*, Nr. 1 (1994), S. 57-86.

Paul, Gregor: *Logik, Verstehen und Kulturen*, in: Notker Schneider, Ram Adhar Mall und Dieter Lohmann (Hrsg.): *Einheit und Vielheit*. Das Verstehen der Kulturen (*Studien zur interkulturellen Philosophie*, Bd. 9), Amsterdam 1998, S. 111-132.

Paul, Gregor: *Einführung in die Interkulturelle Philosophie*. Darmstadt 2008.

Pétrequin, Pierre und Pétrequin, Anne-Marie: *Écologie d'un outil*: La hache de pierre en Irian Jaya (Indonésie), Paris 1993.

Pirie, Madsen: *The Book of Fallacy*. A Training Manual for Intellectual Subversives, London 1985; Gerhard Vollmer: *Paradoxien und Antinomien*. Stolpersteine auf dem Weg zur Wahrheit, in: Paul Geyer und Roland Hagenbüchle (Hrsg.): *Das Paradox*. Eine Herausforderung des abendländischen Denkens, Tübingen 1992, S. 159-189.

Platon: *Platonis Opera*, recognovit brevique adnotatione critica instruxit Joannes Burnet, 5 Bde., Oxford 1900 ff, wiederholte Aufl.

Platon: *Sämtliche Werke*, in der Übersetzung von Friedrich Schleiermacher und Hieronymus Müller, hrsg. von Walter F. Otto, Ernesto Grassi, Gerd Plamböck, 6 Bd., Reinbek b. Hamburg 1957 ff, wiederholte Aufl.

Platzeck, Erhard-Wolfram: *Das Sonnenlied des heiligen Franziskus von Assisi*. Zusammenfassende philosophisch-interpretative Untersuchung mit ältestem Liedtext und erneuter deutscher Übersetzung, 2. Aufl. Werl i. W. 1984.

Polikarov, Asari: *Strukturmodelle der Wissenschaftsentwicklung*, in: Friedrich Rapp (Hrsg.): *Naturverständnis und Naturbeherrschung*. Philosophiegeschichtliche Entwicklung und gegenwärtiger Kontext, München 1981, S. 11-119.

Reckwitz, Andreas: *Die Transformation der Kulturtheorien*. Zur Entwicklung eines Theorieprogramms, Weilerswist 2000, 2. Aufl. 2008.

Rimbaud, Arthur: *Seher-Briefe / Lettres du voyant*, übersetzt und hrsg. von Werber von Koppenfels, Mainz 1990.

Ryd, Ingve: *Snö*. Renskötaren Johan Rassa berättar, Stockholm 2007.

Schelling, Friedrich Wilhelm Joseph von: *Sämmtliche Werke*, hrsg. von Karl Friedrich August Schelling Stuttgart, Augsburg 1856, Bd. 8.

Schnädelbach, Herbert: *Vernunft und Geschichte.* Vorträge und Abhandlungen, Frankfurt a. M. 1987.

Schnädelbach, Herbert: *Transformation der kritischen Theorie*, Tübingen 1993.Schröder, Gerhart und Breuninger, Helga (Hrsg.): *Kulturtheorien der Gegenwart.* Ansätze und Positionen, Frankfurt a. M. 2001.

Schulz, Heinrich: *Mathesis universalis*, 2. Aufl., Darmstadt 1969.

Snell, Bruno: *Die Entdeckung des Geistes*, Göttingen 1975, 8. Aufl. 2000.

Stenzel, Julius: *Studien zur Entwicklung der Platonischen Dialektik von Sokrates zu Aristoteles,* 3. Aufl., unveränderter Nachdruck der 2., erweiterten Aufl. von 1931, Darmstadt 1961.

Stichweh, Rudolf: *Der Fremde.* Studien zur Soziologie und Sozialgeschichte, Berlin 2010.

Streitberg, Wilhelm: *Perfective und imperfective Aktionsart im Germanischen*, in: *Beiträge zur Geschichte der deutschen Sprache und Literatur,* Bd. 15 (1891), S. 70-177.

Sturm, Hans P.: *Tetralogos - Ein erster Versuch* in: *Einheit und Vielheit.* Das Verstehen von Kulturen, hrsg. von Notker Schneider, Ram Adhar Mall und Dieter Lohmar, Amsterdam, Atlanta 1998, S. 85-98.

Tucci, Guiseppe: *Pre-Dignaga Buddhist Texts on Logic from Chinese Sources*, Baroda 1929.

Wagner, Edgar: *Lebenszeit und Lebenszyklen.* Die moderne Chronobiologie, in: *Zeit-Zauber.* Reflexionen über die Zeit zur Jahrtausendwende, hrsg. von Wilhelm Richard Baier und Franz Manfred Wuketits, Graz 2001, S. 93-106.

Waldenfels, Bernhard: *Der Stachel des Fremden*, Frankfurt a. M. 1990.

Waldenfels, Bernhard: *Grenzen der Normalisierung.* Studien zur Phänomenolgie des Fremden 2, Frankfurt a. M. 1998.

Waldenfels, Bernhard: *Kulturelle und soziale Fremdheit*, in: *Studien zur interkulturellen Philosophie*, Bd. 9 (1998), S. 13-35.

Walleser, M.: *Die Mittlere Lehre des Nagarjuna,* Heidelberg 1912.

Weidner, Ingrid: *Arbeiten nach der inneren Uhr*, in: *Zeit online*, 16. September 2014; (https://www.zeit.de/karriere/beruf/2014-09/arbeiten-nach-der-inneren-uhr).

Weidtmann, Niels: *Interkulturelle Philosophie.* Aufgaben - Dimensionen - Wege, Tübingen 2016.

Weizsäcker, Carl Friedrich von: *Die Tragweite der Wissenschaft.* Bd. 1: *Schöpfung und Weltentstehung.* Die Geschichte zweier Begriffe, Stuttgart 1964.

Welsch, Wolfgang: *Transkulturalität.* Lebensformen nach der Auflösung der Kulturen, in: *Information Philosophie* (1992), Nr. 2, S. 5-20.

Wimmer, Franz Martin: *Interkulturelle Philosophie.* Eine Einführung, Wien 2004.

Yin und Yang und die fünf Wandlungsphasen, in: https://www.univie.ac.at/rel_jap/an/Texte/Yin_und_Yang.

Yousefi, Hamid Reza, Braun, Ina: *Interkulturalität.* Eine interdisziplinäre Einführung, Darmstadt 2011.

Index

Sachen

Personen